B
V
72

Atila Gajo Figura

Mittelspiel verstehen – mit Köpfchen

Langjährige Trainingsmaterialien von Atila Gajo Figura

Joachim Beyer Verlag

Danksagung

Mein Dank gilt allen Unterstützern – wie beispielsweise Reinhard Müller für gelegentlichen sprachlichen Input sowie dem Erstkorrektor Dr. Fritz Baumbach und meinem alten Schulkameraden, dem Zweitkorrektor Thomas Anulak Nowak. Außerdem danke ich meiner Lebensgefährtin Nathalie Neuner für ihre Geduld.

Ohne all dies hätte das Werk nie entstehen können.

ISBN 978-3-95920-155-1

1. Auflage 2022

Ein Imprint des Schachverlag Ullrich, Zur Wallfahrtskirche 5, 97483 Eltmann

Inhaltsverzeichnis

Vorwort

Als ich meine Trainertätigkeit begann (bereits als Teenager), stellte ich fest, wie schwierig es ist, interessierten Spielern ein Verständnis des Mittelspiels zu vermitteln. Und so begann ich damit, eigene Beispiele aus meiner Trainingspraxis zu sammeln und zu systematisieren.

Eine besondere Schwierigkeit bestand darin, unterschiedlichen Spielstärken Rechnung zu tragen. Deswegen habe ich im Nachgang häufig meinen Lösungsansatz beschrieben. So ist dieses Buch für fortgeschrittene Amateure bis hin zu FIDE Meistern geeignet – aber auch für Vereinsspieler.

Denn für den einen macht es Sinn, jede Variante im Kopf zu berechnen und die Fragen selbstständig zu lösen. Für den anderen bringt vielleicht das Nachvollziehen der Herangehensweisen bereits einen großen „Aha-Effekt".

Das Buch soll auf verschiedenen Wegen helfen, Ideen zu entwickeln. Dabei basieren die Herangehensweisen auf Grundgedanken, die bereits häufig in der Schachliteratur diskutiert wurden. So haben beispielsweise Mark Dworetzki und Artur Jussupow in ihren hervorragenden Büchern intensiv das prophylaktische Denken besprochen und auch Jacob Aagaard hat sich diesem Thema häufig gewidmet.

Weiterhin thematisiert der ehemalige Bundestrainer Sergiu Samarian in seinem Standardwerk „Systematisches Schachtraining" in einem kleinen Unterkapitel das Problem der starken und schwachen Felder. Gerade dieses Erkennen schwacher und starker Punkte schien vielen meiner Schüler schwer zu fallen. Diese positionelle Methode bildet die Basis, um dafür andere positionelle Methoden anwenden zu können.

Aus diesem Grund widme ich mich in diesem Buch ausführlich diesem Thema anhand von mehreren Beispielen. In den Folgekapiteln wird das Gelernte weiter vertieft, so dass der Übende sicherer werden sollte. Andere ebenso wichtige positionelle Verfahren (Abtausch, Verbesserung der Figurenstellung, prophylaktisches Denken) werden intensiv trainiert. Ich habe mich bemüht, taktische Themen von strategischen Fragen zu trennen. Jedoch bestehen zwischen Strategie und Taktik enge Beziehungen – mit strategischen Defiziten kann Taktik nicht funktionieren.

Diesem Sachverhalt sollte immer große Aufmerksamkeit geschenkt werden. Wenn Sie, geschätzter Leser, typische und immer wiederkehrende Motive erwarten, werden Sie in diesem Buch nicht enttäuscht werden. Ich habe eine Auswahl an Motiven getroffen, die zu einem positionellen Standardrepertoire gehören sollten.

Ich habe eigens für dieses Buch zahlreiche neue Übungen ausgearbeitet. Dadurch finden Sie viele Beispiele aus den Jahren 2018-2020. Weiterhin habe ich mehrfach

Partien aus dem Bereich des Fernschachs ausgewählt. Das hat verschiedene Gründe:

Einerseits sind die meisten Partien unbekannt. Dadurch bekommen Sie die Möglichkeit, die Aufgaben ohne Vorkenntnisse zu bearbeiten. Andererseits ist für einen hohen Grad an Objektivität gesorgt.

Die Problematik des Mittelspiels besteht darin, dass man nicht „auf fremdes Gedankengut" zurückgreifen kann. Im Mittelspiel ist ein kühler Blick erforderlich.

Mit diesem Buch möchte ich Ihnen daher ein Arbeitswerk an die Hand geben, das Ihnen helfen möge, ein besseres Stellungsverständnis zu erhalten.

„Das Geheimnis des Erfolges besteht darin anzufangen!"
Mark Twain

In diesem Sinne möge das Training nun beginnen.

1. Wie arbeite ich am besten mit diesem Buch?

Die Kapitel bauen grundsätzlich aufeinander auf. Daher empfiehlt es sich, das Buch chronologisch zu lesen. Jedoch können spätere Kapitel auch sofort bearbeitet werden.

In den ersten Kapiteln werden exemplarisch die elementaren Grundkonzepte erläutert und mit Übungsaufgaben versehen. Wie bereits erwähnt, sind für den Einstieg die ersten Beispiele relativ einfacher Natur. Das Niveau wird allerdings zunehmen. Daher müssen Sie entsprechend Ihres eigenen Ziels und Ihrer eigenen Stärke entscheiden:

Wollen Sie lediglich verstehen, worum es geht und die Beispiele sowie die ihnen innewohnende Ästhetik genießen?

Oder wollen Sie sich „hineinknien" und versuchen, Aufgabe für Aufgabe zu bearbeiten, um dadurch einen größeren Mehrwert für sich zu erzielen?

Entsprechend Ihrer Spielstärke kann es bereits hilfreich sein, lediglich der Hauptpartie zu folgen. Damit können Sie die resultierenden Probleme aufgrund der Erläuterung erfassen. Denn die Nebenvarianten weisen oft die Synergie von Strategie und Taktik auf. Dadurch steigen die Komplexität und die Schwierigkeit enorm an.

Weiterhin sind die Beispiele möglichst genau mit dem Schachcomputer geprüft worden, um Fehler zu vermeiden. Dennoch lege ich grundsätzlich immer einen hohen Wert auf den Lerneffekt. Deshalb kann es durchaus vorkommen, dass in bestimmten Fällen etwaige bessere Fortsetzungen nicht betrachtet werden, da diese eine Fokussierung auf den Kern der Sache vermeiden oder erschweren würde. Manchmal werden zum Teil schlechtere Varianten genauer geprüft, da sie den Leser rein von der Ästhetik her – so vermute ich – wesentlich mehr mitreißen werden. Zugleich stellen diese Alternativen mitunter typische Fehler dar und sind daher eine weitere Lernquelle.

Damit möchte ich die Erläuterungen abschließen und Ihnen nun viel Spaß wünschen!

2. Einführung in die grundlegenden Strategiekonzepte

„Aller Anfang ist schwer! Das mag in einem gewissen Sinne wahr sein; allgemeiner aber kann man sagen: Aller Anfang ist leicht, und die letzten Stufen werden am schwersten und seltensten erstiegen.“

Johann Wolfgang von Goethe

Wie im Zitat beschrieben, verhält es sich auch, was das Verständnis der Strategiekonzepte anbetrifft. Die ersten fundamentalen Beispiele werden leicht nachvollziehbar und logisch erklärbar sein. Mit zunehmender Vertiefung erfolgt die Begründung entsprechender Wege mit immer komplexer werdenden Varianten, teilweise aber durch reine Intuition. Da die Intuition als einzelner Begriff dem Lernenden wenig hilft, werde ich daher möglichst prägnant den Weg erklären. Dennoch werden in späteren Beispielen konkrete Varianten unumgänglich sein.

Im Rahmen dieser Einführung werden vier Kernstrategien vermittelt. Hierbei lernen Sie innerhalb der Strategie verschiedene weitere Themen, die in der Umsetzung Relevanz besitzen. Weitere Unterthemen folgen in den Anwendungskapiteln. Denn jede Anwendung für sich stellt bereits ein Unterthema dar.

Weiterhin mögen gerade die etwas anspruchsvolleren Beispiele zu neuen Erkenntnissen verhelfen, um so die Übungsaufgaben zu bestehen. Die zahlreichen Übungen und Wiederholungen von Motiven bezwecken den Effekt, dass gewisse Gedankengänge langfristig ins Unterbewusstsein gelangen. Hierfür ist die Kombination mit ausreichender Praxis (Schnell- und Turnierpartien) absolut notwendig.

2.1 Felderschwächen

Auf Basis von gegnerischen und eigenen Felderschwächen können sinnvolle Ziele für die Figuren formuliert werden. Dabei kann es sich ebenso um Bauernschwächen oder schlecht stehende Figuren handeln.

Schwächen befinden sich meistens auf (offenen) Diagonalen oder (halb-) offenen Linien. Oft hängen Bauernzüge mit den Schwächen zusammen.

Deshalb sollten diese Komplexe meist zunächst ermittelt werden. Auf dieser Basis kann geprüft werden, ob beispielsweise ein Verteidiger abgetauscht werden sollte oder die Figurenstellung verbesserungsbedürftig ist. In diesem Abschnitt wird der Fokus auf dem Erkennen von Schwächen liegen.

2.1.1 Lehrbeispiele

Vachier Lagrave – Bacrot
Nancy 2012

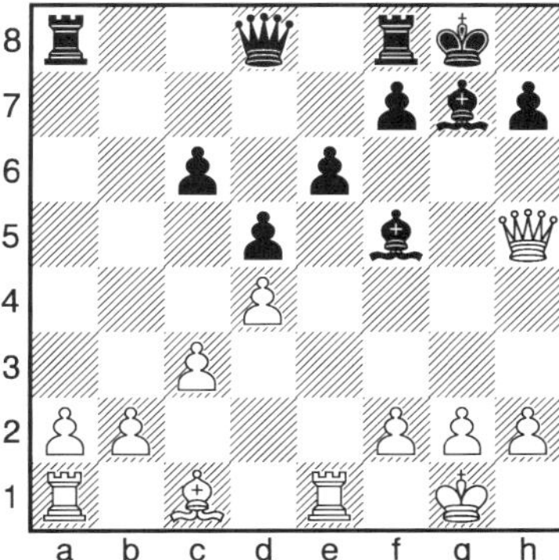

Aufgabe: Um Sie bereits ins kalte Wasser zu werfen: Beurteilen Sie die Stellung und überlegen Sie, worum es geht und was Sie als Weißer tun würden.

In dieser Partie zwischen zwei ehemaligen Wunderkindern und heutigen Weltklasse-Großmeistern ist die Lösung trotz der hochkarätigen Spieler recht fundamental.

Materiell ist die Stellung komplett ausgeglichen. Formal gesehen besitzt der Weiße sogar den schlechten Läufer, denn die Bauern b2, c3, d4 stehen auf dunklen Feldern und reduzieren somit den Aktionsradius des eigenen Läufers. Zudem ist die Entwicklung unvollständig. Die Frage nach der besten Position des Läufers ist noch offen. Bei Schwarz hingegen lässt sich lediglich ein kleiner Defekt in der Bauernstruktur feststellen: der Doppelbauer auf der f-Linie. Da dieser jedoch oft die Zentrumskontrolle verstärkt, kann er durchaus positiv beurteilt werden.

Ungeachtet dessen ist die Stellung für Weiß als klar gewonnen einzuschätzen. Mangelnde Königssicherheit ist die schwerwiegendste Schwäche, denn primitiv gesagt: Letztlich entscheidet *Matt* die Partie – und zwar ganz egal, wie ungleich die Materialverteilung auch sein mag.

In der vorliegenden Position geht der geringfügige Defekt der Bauernstruktur mit der Bauernschwäche auf h7 einher, die nur vom König gedeckt werden kann. Angesichts der halboffenen g-Linie, die mit der defekten Bauernstruktur einhergeht, verfügt Weiß über ein weiteres Angriffsziel.

Der minimale Entwicklungsnachteil bringt kein nennenswertes Risiko für Weiß mit sich, denn die Stellung ist relativ geschlossen und er kann freier manövrieren. Schwarz ist zwar vollständig entwickelt, verfügt jedoch über wenige Verteidiger am Königsflügel. Bedingt durch die eigenen Bauern kann er diese nur schlecht kurzfristig umgruppieren.

Es folgt **18.Te3!!** mit direkter Anvisierung der Angriffspunkte.

Ein zögerlicher Ansatz wie z.B. 18.Lf4 würde eine halbwegs funktionierende Verteidigung mit 18...Df6 19.Te3 Dg6 20.De2 Dg4 zulassen, wonach der Kampf noch fortgesetzt wird.

18...Df6 19.Tg3

Dies verhindert den Damentausch und stellt unmittelbare Drohungen auf der g-Linie auf.

Zur Vermeidung einer Niederlage ist es wichtig, den Gegner vor größtmögliche Probleme zu stellen. Dies gelingt dem Schwarzen nicht und nach einem weiteren Fehler stellt er den Widerstand ein.

Im weiteren Verlauf des Buches gibt es spezielle Fragen und Übungen, die dem Zweck dienen, Ihre Zähigkeit zu verbessern, denn dieser Aspekt gerät im Training oft zugunsten von ästhetischen Gewinnkombinationen in den Hintergrund.

Daher kann ich Ihnen gerade bei der Analyse eigener Partien sehr ans Herz legen, den Fokus auf Tiefgang zu legen, denn so können Sie einen detaillierten Einblick in die verschiedenen Verteidigungsressourcen erhalten und somit langfristig Ihre Abwehrkräfte verbessern.

Da die gegebene Stellung nicht mehr haltbar ist, wird hier auf eine entsprechende Übung verzichtet.

19...Kh8?? 20.Lf4 1-0

Nun ist es überdeutlich, dass die Drohung Lf4-e5 die Partie entscheidet. Mit dem Bauernopfer **19...f4** hätte Schwarz die Niederlage noch hinauszögern können, denn dadurch wird das Feld f5 für die Dame geräumt. Allerdings hält sich die Freude nach **20.Tg4 Df5 21.Tg5!** in Grenzen. Der Damentausch wird vermieden, da Weiß die stärkste Figur für den Angriff benötigt.

Techniker würden hingegen schlicht das Endspiel bevorzugen und den Mehrbauern sicher nach Hause bringen. Aus didaktischen Gründen wird die Entwicklung des Angriffs noch etwas weiter beleuchtet.

21...Dc2 22.Lxf4 f6 23.Tg3 Tf7 24.Te1

Alle Figuren wollen am Kampf teilnehmen!

24...Te8

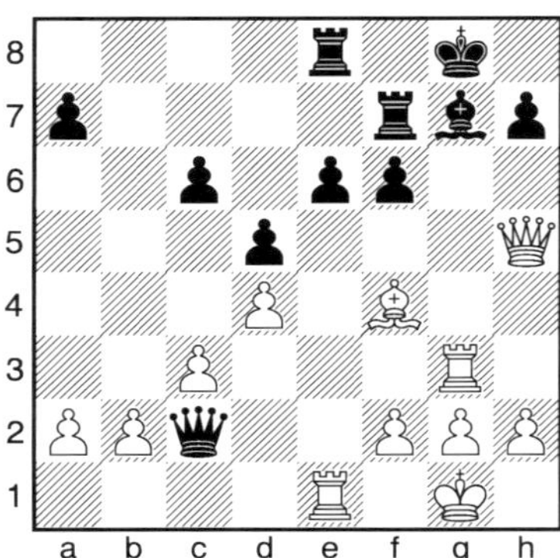

Aufgabe: Welcher Zug unterstreicht die Hoffnungslosigkeit der schwarzen Position am einfachsten? Beachten Sie dabei die potenzielle Schwäche der weißen Stellung!

Um diese Frage zu beantworten, ist zu prüfen, welche Probleme Weiß noch bekommen kann. Auffällig ist die gegnerische Dame. Sie kontrolliert die Diagonale b1-h7 und steht gleichzeitig gefährlich nah an der weißen Grundreihe. Genau das ist die größte Gefahr, die der Weiße mit einem typischen Zug aus der Stellung nehmen kann.

Das heißt, schon hier ist das prophylaktische Denken absolut notwendig – eine Waffe, die Sie immer wieder antreffen werden. Außerdem wird dieser Methode unter Punkt 1.4 noch einmal besondere Aufmerksamkeit gewidmet.

25. h4!!

Damit entledigt sich Weiß seiner Grundreihenschwäche und zugleich mutiert der Bauer zum Mauerbrecher. Dieser Begriff wird hier noch häufiger verwendet. Im gegebenen Fall geht es darum, mit dem Randbauern die gegnerische Bauernfestung aufzubrechen, was für ein rasches Ende sorgt.

Allerdings würde eine materialistische Herangehensweise ebenso zum Gewinn genügen. Beispielsweise bricht Schwarz nach der logischen Verteidigung **25...Dxb2 26.Dg4 Kh8 27.h5 f5 28.Dg5 Db7 29.h6 Lf6 30.Txe6! Tef8 31.Txf6! Txf6 32.Le5**+– sofort zusammen.

Insgesamt ist das Beispiel sehr elementar. Gleichzeitig ist es lehrreich zum Aufspüren gegnerischer Schwächen. Durch die eben gezeigte Nebenvariante wurde allerdings ebenso auf die Beachtung *eigener* Schwächen aufgmerksam gemacht.

Das nächste Beispiel dürfte Sie ebenfalls noch nicht überfordern.

Kovalenko – Oleksienko

Rumänien 2015

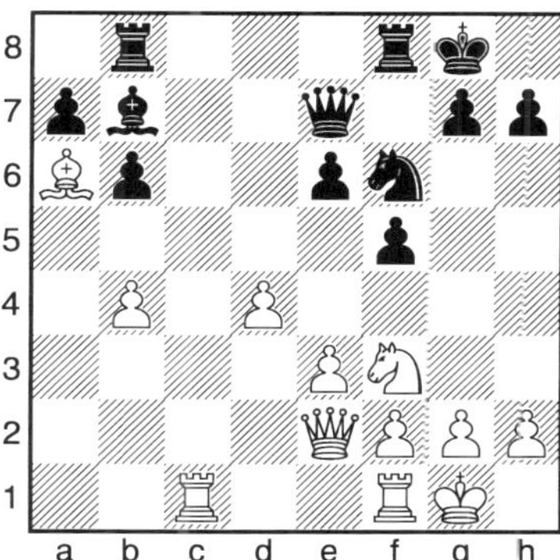

Was ist zu tun?

Augenscheinlich hängt einerseits der Bauer b4. Andererseits hat der Schwarze durch diverse Bauernzüge die Felder c6, d6, e5 und e6 arg geschwächt, denn diese können nicht mehr durch Bauern gedeckt werden. Daher sind diese Felder als statische Schwächen zu betrachten. Um diese Schwächen auszunutzen, müssen die Verteidiger logischerweise abgetauscht werden. Danach wird die Kontrolle umgehend gewonnen. Die Methode des Abtauschs ist im Übrigen oft hilfreich, um die Restdynamik aus der Stellung zu nehmen. In einem eventuellen Endspiel wiegen die statischen Schwächen schwerer – und deshalb folgt:

18.Lxb7

18.Se5!? ist eine grundsätzlich andere Methode. Statt durch Abtausch die Verteidigung zu schwächen, wählt der Weiße ein vorübergehendes Bauernopfer. Damit möchte er seine Figuren aktivieren; z.B. 18...Dxb4 19.Tc7 (19.Sc6!?) 19...Lxa6 20.Dxa6 Da5! 21.Dxa5 bxa5 und Schwarz hat ein schwieriges Endspiel.

18...Dxb7?!

Hiermit nimmt Schwarz selbst das Tempo aus der Stellung und schwächt zugleich sein Zentrum.

Stattdessen würde 18...Txb7 eine Verdoppelung auf der c-Linie vorbereiten. Dies ist bei weitem noch kein Ausgleich. Allerdings hat Schwarz durch die drohende Aktivität bessere Verteidigungschancen; z.B. 19.b5 Tc7 20.Se5 Tfc8 21.Tc6 Sd5 22.Dc4 Txc7 23.bxc6 Db4.

19.b5

Dies fixiert die Schwäche auf c6 und verhindert zugleich die Freibauernbildung auf der a-Linie.

19...Tbc8 20.Se5 Txc1 21.Txc1 Tc8 22.Tc6 Sd5

Hierauf hat sich der Schwarze möglicherweise verlassen. Er möchte unter Ausnutzung der weißen Grundreihenschwäche das letzte Turmpaar abtauschen. Damit kann er im Endspiel ums Remis kämpfen.

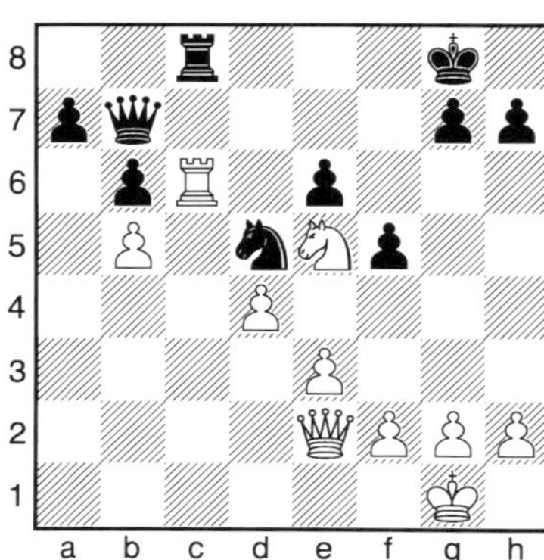

Aufgabe: Welches sind die entscheidenden Punkte bei der Stellungsbewertung? Wie würden Sie aufgrund dessen mit Weiß reagieren?

Da die weiße Grundreihe tendenziell anfällig ist, schafft ein Luftloch Abhilfe. Zudem sind wenige Figuren von Schwarz am Königsflügel positioniert. Deshalb geht Weiß noch einen Schritt weiter.

23.g4!!

Damit initiiert er ein Spiel auf beiden Flügeln und erzeugt weitere Schwächen am Königsflügel. Andererseits möchte er mit seinem Turm am Damenflügel bzw. im Zentrum eindringen.

23.h3!! wäre beispielsweise kein bisschen schwächer, da Schwarz nach 23...Txc6 24.bxc6 Dc8 25.g4! weiterhin vor unlösbaren Problemen steht. Das Spiel gegen mehrere Schwächen ist in den meisten Fällen ein entscheidender Faktor.

23...g6 24.h4! Kg7 25.gxf5 gxf5 26.e4 1-0

Da Weiß ohne Widerstand in die gegnerische Stellung eindringt, ist die Aufgabe berechtigt.

In den ersten beiden Partien waren die Probleme stets eindeutig, so dass die Verteidigung kaum Mühe bereitete. Nun folgt ein etwas komplexeres Beispiel, um die Anwendbarkeit des Konzepts 'Schwächen-Stärken' nicht nur auf elementare Probleme zu reduzieren.

Saric – Bosiocic
Batumi 2018

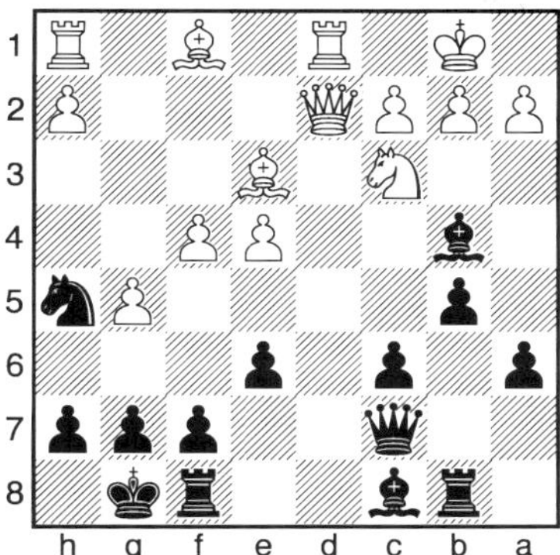

Aufgabe: Was würden Sie als Schwarzer tun? Gibt es irgendwelche nennenswerten Gefahren?

Zunächst zur allgemeinen Stellungsbeurteilung: Beide Seiten haben ihre Entwicklung nahezu abgeschlossen. Entsprechend können die Türme entweder auf der bereits offenen Linie oder auf noch zu öffnenden Linien postiert werden.

Auffällig ist die heterogene Rochadestellung. Der weiße Bauernsturm hat bereits Gestalt angenommen, was als Warnsignal interpretiert werden sollte. Der Schwarze muss seinen Angriff noch vorbereiten und braucht gewiss mehr Zeit für einen Bauernsturm.

Da dieser Sachverhalt schon auf die Bedeutung der Dynamik hinweist, sollte Schwarz auf rasches Figurenspiel setzen.

Auf der einzig offenen Linie verfügt Weiß derzeit über kein Einbruchsfeld. Dennoch sollte diese Linie beachtet werden, denn nach dem Abtausch von Verteidigern könnte Weiß womöglich doch noch darauf eindringen.

Währenddessen ist der schwarze Angriffsläufer auf b4 und der Springer auf h5 bereits aktiv tätig, was als eine Nuance der Dynamik angesehen werden kann. Hingegen üben die weißen Figuren stärkere Kontrolle auf das Zentrum aus.

Da sich ein Kampf 'Bauernsturm gegen Figurendruck' abzeichnet, muss Schwarz nach Möglichkeiten Ausschau halten, wie er seine untätigen Figuren (den Lc8 und die Türme) möglichst effektiv ins Spiel bringen kann. Denn nur so kann er sich ausreichende Anteile am Kampf um die Zentrumskontrolle sichern.

Der Partiezug **14...c5?** (siehe Seite 17 links) räumt zwar die Diagonale a8–h1, stellt jedoch keine Drohung auf, so dass Weiß mehr Freiheiten behält. Außerdem ist ein schwarzer Bauernsturm am Damenflügel in naher Zukunft noch nicht ersichtlich.

Außer dem Textzug käme nicht nur e6–e5 mit sofortigem Kampf um das eventuelle Springerfeld f4 in Frage, sondern auch der nüchterne Entwicklungszug Lc8–b7, um alsbald die d-Linie zu besetzen und so die weiße Harmonie zu stören.

Die Alternative **14...e5?!** wirkt auf den ersten Blick recht stark und logisch; z.B. **15.f5 Sf4**.

Aufgabe: Wie würden Sie mit Weiß fortsetzen?

1) Zu langsam wäre **16.Lg2**, um nach Damentausch die Türme auf der d-Linie zu verdoppeln.

a) 16...Sxg2? 17.Dxg2 Lxc3 18.bxc3 wäre nachteilig für Schwarz, denn sämtliche Dynamik ist verschwunden und der Doppelbauer stellt kein nennenswertes Angriffsziel dar.

b) Nach **16...Lb7! 17.Lf3 c5 18.Dd6 Dxd6 19.Txd6 c4** kämpft Schwarz mit seinen Leichtfiguren um die Kontrolle der d-Linie. Andererseits gibt es angesichts des Angriffsobjekts auf e4 und des Plans b5–b4–b3 genügend Ansätze für Gegenspiel.

2) Es ist wichtig, mit **16.a3!** umgehend den Verteidiger der schwarzen Felder zu belästigen, denn nur so wird dieser Farbkomplex zu einer wirklichen Schwäche.

16...Le7

(Hingegen würde 16...La5? die schwarzen Felder sofort schwächen, so dass 17.Lc5! nebst Ld6 gewänne.)

Aufgabe: Wie geht es nun weiter?

17.f6!

Das typische Bauernopfer in dieser Art Stellung! Je nach Festlegung des Ziels kann Weiß am Königsflügel angreifen oder im Zentrum nach einem sicheren Endspielvorteil streben.

17...gxf6 18.gxf6 Lxf6 19.Tg1+ (19.Df2!? nebst Se2!) **19...Kh8**

Aufgabe: Wie sollte Weiß nun weiter verfahren?

20.Dd6! Dxd6 21.Txd6

Aufgrund der weißen Aktivität steht Schwarz ein schwerer Kampf ums Remis bevor. Mittels Damentausch werden die letzten potenziell gefährlichen gegnerischen Figuren abgetauscht. Hiernach kann kaum noch aktives Spiel aufgebaut werden. Hier sehen Sie erneut die Bedeutung des prophylaktischen Denkens.

Dennoch: Ein schwieriges Endspiel ist noch kein Beinbruch und immer noch eine bessere Option als die Partie.

Nach der zweiten bereits genannten Alternative **14...Lb7** könnte sich das Spiel wie folgt entwickeln.

1) Mit **15.Dd7** dringt die Dame im Alleingang ins gegnerische Lager ein. Dabei wird die Verbindung der Türme (latente Grundreihenschwäche!) vernachlässigt. Gleichzeitig schwächt dieses kecke Vorgehen die Stellung des Springers c3, der jetzt nur noch vom Bauern geschützt wird. Daher folgt umgehend **15...Da5! 15.a3 Tfd8 16.Ld3 Le7 17.Df2 c5!** mit Gegenspiel!

2) Deshalb erscheint **15.Le2** analog zur Partie angebrachter. Mit der Besetzung der offenen Linie **15...Tbd8** kann Schwarz die Anzahl der Angreifer erheblich reduzieren: Abtausch als Verteidigungswaffe!

16.Dc1 g6 17.Lxh5 gxh5

Während Weiß in der Partie seinen Angriff am Königsflügel rasch durchführen konnte, hat Schwarz hier die Chance, die weißen Schwächen zu bekämpfen.

a) So erhält Weiß nach **18.f5 Lxc3 19.bxc3 Txd1 20.Dxd1 c5** nicht den Hauch eines Vorteils.

b) Sehr charakteristisch und lehrreich ist hingegen, wie Schwarz auf den prinzipiellen Versuch **18.Ld4!?** reagiert.

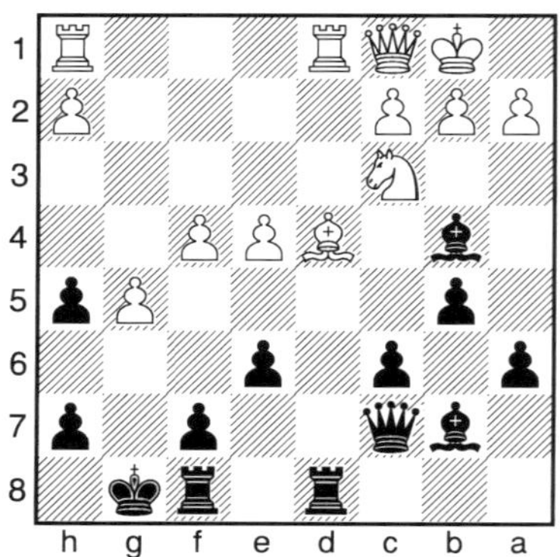

Aufgabe: Wie würden Sie nun fortsetzen?

18...Txd4!! 19.Txd4 Lxc3 20.bxc3 c5 21.Tdd1 Lxe4

Nach dem Qualitätsopfer sind sämtliche Angriffsideen des Weißen verschwunden! Hingegen kann Schwarz sich Gedanken machen, ob er am Damenflügel angreift oder die Stellung stabil hält. Insgesamt war die Ausgangsstellung des Schwarzen durchaus nicht chancenlos. Wichtig war es zu erkennen, wie groß die Bedeutung der schwarzen Felder ist und wie schnell das Gegenspiel organisiert werden kann.

Zurück zur Partie.

14...c5 15.Le2 g6 16.Lxh5 gxh5 17.f5

Nachdem der Weiße die weißfeldrigen Läufer abgetauscht hat, greift er über diese Feldfarbe an. Damit öffnet er Tür und Tor zum gegnerischen König.

Dies stellt ein sehr typisches und systematisches Vorgehen dar. Ähnlich wäre beispielsweise in der Eröffnungsvariante 1.d4 Sf6 2.c4 e6 3.Sf3 Lb4+ 4.Ld2 die generelle Vorgehensweise 4...Lxd2+ 5.Dxd2 d6 zu betrachten. Selbst wenn dies keine präzise Zugfolge darstellt, wird doch die Grundidee deutlich. Schwarz tauscht ebenfalls die Läufer einer Feldfarbe ab und stellt die eigenen Bauern danach auf genau diese Farbe. Dieses Herangehen erhöht den Aktionsradius des verbleibenden Läufers. Genauso geschieht es in der aktuellen Stellung.

17...Lb7

Schlecht wäre 17...exf5? wegen 18.Lf4!.

18.g6!

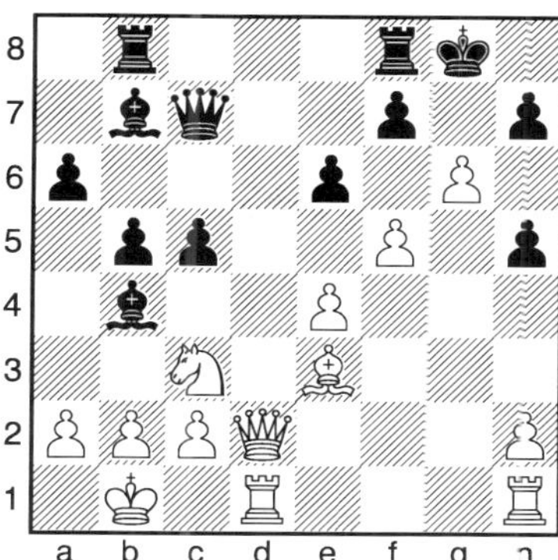

Der weißfeldrige Angriff

Weiß bleibt konsequent! Nach 18.f6 sind einfach durchschlagende Wege nicht zu erkennen. Letztlich schränken die Bauern den Aktionsradius des eigenen Läufers ein. Diese Feldfarbe kann Schwarz zudem mit seinem Läufer selbst kontrollieren. Deshalb setzt der Weiße auf die weißen Felder.

18...fxg6 19.fxg6

Aufgabe: In dieser kritischen Stellung ist präzises Handeln erforderlich. Können Sie die Stellungsprobleme lösen?

19...Lxc3? ist eindeutig zu optimistisch! Schwarz dachte, die geschlossene h-Linie würde in Verbindung mit einem aktiven Läufer auf e4 als Verteidigung genügen. Dabei ist sein schwarzfeldriger Läufer weit wichtiger als der untätige Springer auf c3.

Nach 19...hxg6! 20.Dg2 Lxc3 21.bxc3 Dg7 22.Thg1 wäre die Partie zwar noch nicht eindeutig entschieden, aber die Angriffschancen lägen klar bei Weiß. Denn angesichts der ungleichfarbigen Läufer werden die Angriffschancen begünstigt. Näheres dazu erfahren Sie in dem entsprechenden Anwendungskapitel.

20.gxh7+ Kxh7 21.Dxc3 Lxe4 22.Thg1

Weiß sucht seine Chancen offensichtlich über die schwarzen Felder auf der g-Linie. Also sollte der Schwarze dagegen etwas unternehmen.

22...Tf5?

Was er allerdings nicht tat! Die beste Chance bestand in 22...Lg6, um wenigstens das Feld g7 notdürftig abzuschirmen.

Nach dem Textzug dürfen Sie die entscheidende Gewinnidee finden.

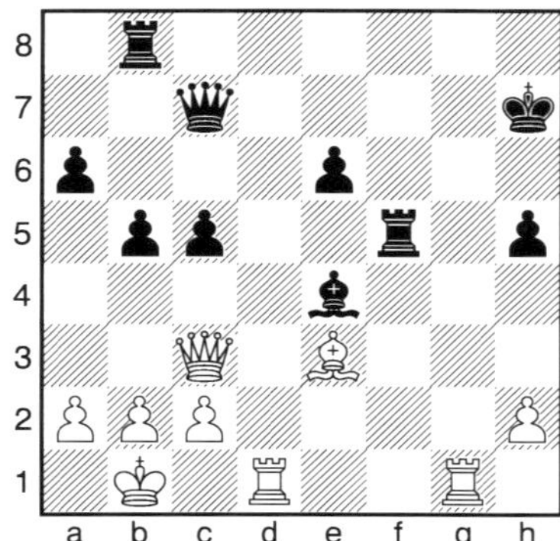

Aufgabe: Wie würden Sie den Angriff fortsetzen? Suchen Sie nach den konkreten Schwächen und überlegen Sie, wo Ihre Figuren hingehören!

23.Lc1!!

Schafft Platz für die Dame, um via 3. Reihe einzugreifen. Insbesondere kann die Diagonale c1–h6 von der Dame besetzt werden. In der Folge muss Weiß nur noch die entscheidende Idee finden.

23...Tf3 24.Dd2 Kh8

Aufgabe: Was passiert jetzt?

25.b3!!

Auch die Diagonale a1–h8 darf nicht vernachlässigt werden, da Schwarz die Schwäche g7 immer noch nicht unter Kontrolle gebracht hat!

25...Tbf8 26.Dh6+ Lh7 27.Td7 1–0

Ein hübscher kleiner Schlusszug, obwohl es schon mehrere Gewinnwege gab.

Damit Sie allmählich Zugang zu dem hier vorgestellten System finden, folgt ein weiteres Lehrbeispiel. Dieses Mal handelt es sich um kein Fragment, sondern Sie können die fließenden Übergänge im Kampf um Stärken und Schwächen in voller Länge nachvollziehen.

Kovalenko – Hector

Hamburg 2019

1.Sf3 d5 2.d4 Sf6 3.c4 c6 4.Sc3 dxc4 5.a4 Lf5 6.Se5 Sbd7 7.Sxc4 Dc7 8.g3 e5 9.dxe5 Sxe5 10.Lf4 Sfd7 11.Lg2 f6 12.a5!?

Statt des häufig gespielten 12...0–0 wählt Weiß hier einen konkreten Ansatz.

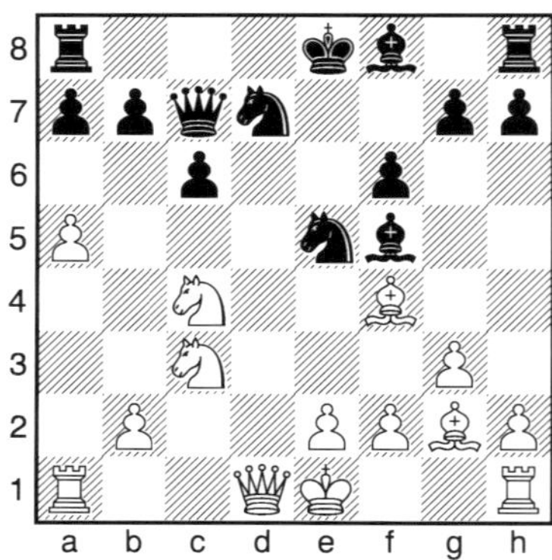

Aufgabe: Was steckt hinter dieser selten gespielten Idee? Nehmen Sie sich etwas Zeit und überlegen Sie, was Schwarz antworten könnte.

Weiß strebt ein klares Spiel gegen die schwarzen Schwächen am Damenflügel an. Zu diesem Zweck will er die Kette b7–c6 lockern oder ein paar schwarzfeldrige Schwächen provozieren, sofern a7-a6 folgt. Eine weitere Idee liegt in der Fixierung von langfristigen Schwächen, die später im Endspiel angreifbar werden.

Nun muss Schwarz reagieren.

12...Le6?!

Er entscheidet sich für eine forciert klärende Maßnahme, die dem Weißen allerdings Zeit gibt, seine Figurenstellung zielstrebig zu harmonisieren. Denn der Textzug schwächt akut die Kontrolle über die Diagonale b1–h7.

(Partiefolge auf Seite 20 links)

1) Die konsequente Fortsetzung **12...a6** stammt aus der Partie Baramidze – Balogh, Hamburg 2010. Zwar verhindert Schwarz die Drohung a5-a6, allerdings erhöht er nicht die Zentrumskontrolle. In Kombination mit der unvollständigen Entwicklung erhält Weiß die Chance, aktiv zu werden.

Aufgabe: Suchen Sie nach der besten Fortsetzung!

a) Nach **13.Se4! Lxe4 14.Lxe4 0–0–0 15.Db3** bedarf es der Analyse einiger Varianten, um verschiedene Gefahren darzustellen. Solche Ausführlichkeit wird hin und wieder notwendig sein.

a1) 15...Kb8 16.Dc3 g5 17.Le3 Sxc4 18.Dxc4 Te8 19.Lf5 Te5 20.Lxd7 Dxd7 21.Td1 Td5 22.Txd5 Dxd5 23.Dxd5 cxd5 24.h4 mit klaren Vorteilen für Weiß.

a2) 15...Sc5 16.Lf5+ Kb8 17.De3 Ld6 18.Lxe5 fxe5 19.0–0 g6 20.Lh3 The8 21.Tad1 mit klaren Vorteilen für Weiß.

a3) Einzig 15...Ld6! mildert die Probleme und nach 16.Sxd6+ Dxd6 17.Lf5 Dc5 18.Lh3 steht Weiß nur etwas besser, denn Schwarz hat eine aktive Stellung als kleine Kompensation für das Läuferpaar.

b) In der zitierten Partie folgte die langsame Fortsetzung **13.0–0**, wonach Schwarz allerdings mit **13...Sc5** den Kampf um die Zentrumskontrolle aufnehmen konnte.

b1) 14.Sxe5 fxe5 15.e4 Td8 16.Sd5 cxd5 17.exf5 exf4 18.Lxd5 fxg3 19.hxg3 h5 mit augenscheinlichem Gegenspiel am Königsflügel.

b2) 14.Sa4 Td8 15.De1 Se6 16.Lxe5 fxe5 17.Dc3 Sd4 mit Gegenspiel durch die aktiven Figuren.

2) Sinnvoller wäre die Aktivierung des Springers mit **12...Sc5!**. Schwarz verhindert mit Tempo das Aufbrechen der Kette b7–c6 und hält gleichzeitig die Kontrolle über die weißen Felder aufrecht.

13.0–0 Td8

Hier wurden bisher zwei Ideen probiert, von denen ich eine genauer betrachte. Wer sich für diese Spielweise interessiert, möge hier oder anstelle der Rochade oder auch im späteren Verlauf nach Verbesserungen suchen.

14.Sd2!?

Dieser Zug wirkt unlogisch, weil der Springer passiv wird. Außerdem lockte das Feld b6. Dennoch kann Weiß über e4 ein größeres Gefahrenpotential entwickeln.

Allerdings hat Schwarz genug Gegenspielchancen auf; z.B. **14...a6 15.Dc1 Df7 16.Td1 Le7 17.Sce4 Se6 18.Le3 0–0=**, Almarza Mato – Hessenius, Fernpartie 2017.

Zurück zur Partie.

13.Sxe5 ist ein prinzipieller Ansatz, denn da Schwarz mit seinem letzten Zug 12...Le6 eine Reaktion erzwang, lässt Weiß sich darauf ein. Entweder gewinnt er durch das gegnerische Zugeständnis etwas Zeit oder es wird eine strukturelle Schwächung erreicht.

Da solche Fortsetzungen sich sehr oft als „kritische Varianten" erweisen, erfordert ihre Berechnung und Einschätzung große Präzision. Denn es besteht stets die Gefahr, bei Ungenauigkeiten entweder nur Ausgleich zu erreichen oder in einer schlechteren Stellung zu landen. Oft gibt es „einfache" bzw. schablonenhafte Züge, bei denen das Risiko, in Nachteil zu geraten, reduziert ist. Allerdings gibt dies den Kampf um Vorteil auf.

Welche Entscheidung getroffen wird, hängt natürlich von der konkreten Stellung ab.

Psychologisch gesehen kann (je nach Situation) eine ruhige Fortsetzung manchmal die bessere Herangehensweise sein (beispielsweise in den Finalpartien verschiedener WM-Kämpfe wie z.B. Karpow – Kasparow, Kramnik – Leko usw.). Da dieses Thema jedoch ein eigenes Buch verdient, konzentrieren wir uns besser wieder auf die Partie. Mit diesem kleinen gedanklichen Ausflug wollte ich Ihnen lediglich einen Anhaltspunkt geben, woran Sie grundsätzlich arbeiten können.

13...fxe5

Wer A sagt, sagt auch B. Dies war von Schwarz beabsichtigt.

Nach der empfindlichen Schwächung des Damenflügels mit 13...Sxe5?! hat Weiß sämtliche Trümpfe in der Hand. Außerdem gewinnt der Zug kein Tempo wie die Partiefolge, so dass Weiß mit 14.a6 sofort die Initiative übernehmen kann.

1) 14...b6? 15.Sb5 Lb4+ 16.Kf1 Dd7 17.Lxe5 fxe5 18.Dxd7+ Kxd7 19.Td1+ Ld5 20.Lxd5 cxd5 21.Txd5+ Kc6 22.Txe5+–

2) Nach 14...Lc5 15.0–0 0–0 16.Lxe5! fxe5 17.Dc2 hat Schwarz deutliche strukturelle Bauernschwächen. Derweil bietet die weiße Stellung kaum Angriffsziele, so dass keine ernste Dynamik vom schwarzen Läuferpaar ausgehen kann. Zudem ist der schwarze König latent verletztlich, da er nur noch von den Bauern h7 und g7 verteidigt wird. Daher ist nicht nur der Sprung Se4-g5 denkbar, sondern auch ein Angriff entlang der Diagonale a2-g8.

14.Le3 Lc5

So möchte Schwarz sich des schwarzfeldrigen Läufers entledigen. Hinterher kann der Springer d7 via c5 nach b3 gelangen. Weiterhin soll die weiße Zentrumskontrolle streitig gemacht werden, denn durch den Abtausch der Läufer verschwindet ein Verteidiger von d4. Sollte Weiß mit e2–e3 um die Kontrolle dieses Feldes kämpfen, wird d3 zur Schwäche.

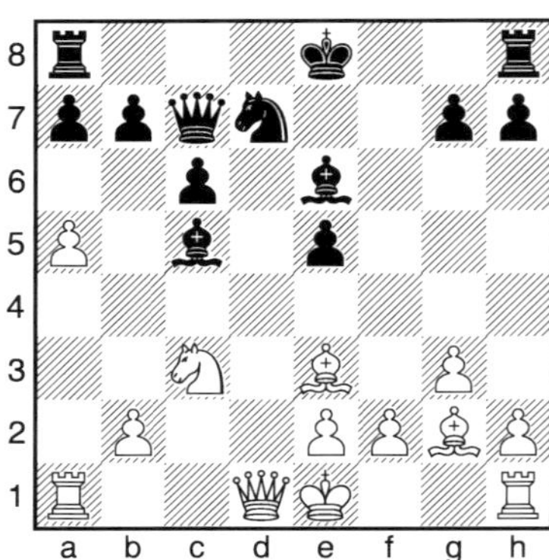

Aufgabe: Machen Sie sich Gedanken, wie Weiß nun reagieren sollte.

15.Dc1

Weiß möchte die Kontrolle des Feldes c5 aufrechterhalten. Gleichzeitig aktiviert er seine Dame, sei es entlang der c-Linie oder über e3. Dies kann seine taktischen Chancen begünstigen, und zwar nicht nur, weil die gegnerische Dame auf der c-Linie steht. Da der Läufer c5 nur unzureichend gedeckt ist, kann er latent als „lose Figur" bezeichnet werden – ein Ausdruck, den ich gerne beim Training verwende. Hier im Buch wird er jedoch seltener zum Einsatz kommen, da er sich vor allem auf Taktiktraining bezieht. Dadurch bekommen die Schüler ein Verständnis, auf welche Merkmale sie achten müssen.

(Partiefolge rechts)

Es gibt auch Alternativen zum Textzug.

1) Nach der unkonventionellen Methode **15.Se4?! Lxe3 16.fxe3** kann Schwarz das weiße Druckspiel im Zentrum sowie am Damenflügel (u.a. a5–a6 mit Schwächung des Bauern c6) relativ leicht neutralisieren.

Aufgabe: Erkennen Sie die diesbezüglich entscheidende Idee?

16...Ld5!

Die stärkste weiße Figur ist der Vorpostenspringer. Genau diesen muss Schwarz abtauschen, damit das Feld d6 gesichert wird. Danach hat Weiß keine mit dem Läufer kooperierenden Figuren, um rasch ein Druckspiel am Damenflügel zu bewirken. Da somit die Dynamik reduziert wird, steigt die Wertigkeit der statischen Schwächen in der weißen Stellung und nach **17.0–0 Lxe4 18.Lxe4 Sf6** hat Schwarz etwas Vorteil.

2) Alternativ zum Partiezug ist hingegen die Vermeidung des Abtausches mit 15.Ld2!? oder 15.Lg5!? echt sinnvoll. Damit bereitet Weiß schlicht die Umsetzung des Springers nach c5 vor. Auch würde der Läufer c5 nicht nur Löcher in die Luft schießen. Vielmehr kann durch die Räumung das Feld zwecks Tempogewinn ausgenutzt werden. Nach z.B. **15. Ld2 Sf6 16.0–0 0–0 17.Dc2 Df7 18.Sa4 Ld6 19.Sc5** würde Weiß besser stehen.

3) Und auch **15.Lg5!? h6 16.Ld2 Sf6 17.0–0 0–0 18.Dc2 De7 19.Sa4 Ld6 20.Le3** ist wegen des Druckspiels gegen den schwarzen Damenflügel vorteilhaft für Weiß.

Zurück zur Partie.

15...0–0

Schwarz bleibt konsequent bei seinem Plan und verzichtet auf 15...a6, was nach 16.0–0 0–0 17.Se4 Lxe3 18.Dxe3 für Weiß vorzuziehen wäre.

16.a6 b6

Damit blockt Schwarz vorläufig den unmittelbaren Druck auf c6 ab.

Eine andere Möglichkeit besteht in 16...Lxe3 17.Dxe3 b6 18.Tc1 Sc5.

Aufgabe: Wie würden Sie nun fortsetzen?

19.Sb5! cxb5 (19...Dd7 20.Td1!) 20.Lxa8 Txa8 21.b4 Dc6 22.f3 und in diesem Endspiel sollte Weiß stets die Rückgabe der Qualität im Hinterkopf behalten. Denn damit kann er oft die am Damenflügel entstehenden Gefahren neutralisieren. Gleichzeitig wird sein Angriff am Königsflügel beschleunigt. Eine beispielhafte Variante ist 22...e4 23.f4! Lc4 24.bxc5 bxc5 25.0–0 Dxa6 26.Dxc5 Db7 27.Txc4 bxc4 28.Dxc4+ Kh8 29.Ta1 mit gefährlichem Druckspiel.

In diesem Endspiel ist insbesondere der schwarze e-Bauer eine sehr kritische Schwäche, die nach eventuellem Damentausch unmittelbar fallen wird. Weiterhin auffällig ist der deutliche Unterschied hinsichtlich der Faktoren „Aktivität" und „Königssicherheit", die beide für Weiß sprechen. Insgesamt kann diese Stellung als Ausgangspunkt für Trainingspartien gewählt werden. Da es in diesem Buch jedoch um Mittelspiele geht, endet hiermit die Betrachtung dieser Variante.

17.0–0

Nach beiderseitigem Abschluss der Entwicklung ist die erste kritische Stellung erreicht.

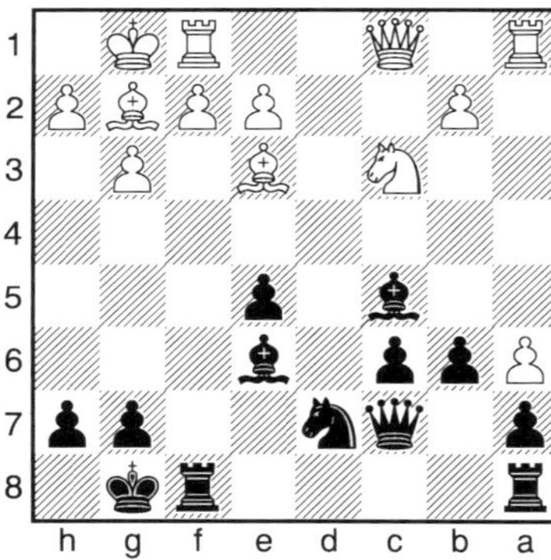

Aufgabe: Wie würden Sie als Schwarzer fortsetzen? Worauf sollten die Prioritäten gesetzt werden?

17...Tae8? ist im Sinne eines Königsangriffs gespielt. Allerdings unterschätzt Schwarz die Gefährlichkeit des weißen Gegenspiels.

(Partiefolge rechts)

Diese erfordert erhöhte Zentrumskontrolle und bietet ein weiteres Beispiel für die Verbindung von Strategie und Taktik – und zwar mit **17...Lxe3! 18.Dxe3**

1) Schwach wäre nun **18...Tae8 19.Tac1 Sb8 20.b4!**, denn Weiß behält sowohl nach **20...Td8 21.b5** als auch nach **20...Sxa6?! 21.Sb5 Db8 22.Lxc6** klaren Vorteil.

2) Deshalb muss Schwarz diese taktischen Nuancen beachten und **18...Tad8!** wählen, denn hier wird der Turm aus taktischen Gründen nicht durch den weißen Läufer bedroht. Zugleich kann der Läufer e6 sich via d7/d5 dem gegnerischen Läufer entgegenstellen. Damit behält Schwarz die besten Überlebenschancen.

a) Nach **19.Tac1** deckt **19...Sb8!** den eigenen Bauern und visiert den potenziellen Freibauerkandidaten auf a6 an. Wenn nun wieder Ta1 kommen müsste, hätte Weiß nichts erreicht. Daher beispielsweise **20.Tfd1 Sxa6 21.Txd8 Txd8 22.Sb5 Db8 23.Lxc6** (22.Txc6 Ld7!) **22...Sxb4** nebst a7-a5. Inzwischen wirkt die schwarze Stellung wieder recht brauchbar. Die Vereinfachungen kamen ihr folglich zugute.

b) Oder **19.Se4!? h6 20.Tfd1 Sb8!** mit ähnlichen Motiven wie in der Variante zuvor.

Zurück zur Partie.

Aufgabe: Wie würden Sie nach dem Textzug 17...Tae8 fortsetzen?

18.b4! Lxe3

Nach 18...Lxb4? 19.Sb5 Db8 20.Dxc6+– wird der Bauer a7 geschwächt.

19.Dxe3 Sf6 20.Tac1

Nachdem Weiß mit dem Beschleuniger b4 einige Tempi gewinnen konnte, muss Schwarz Präzision walten lassen, denn sonst landet er in einer strategischen Verluststellung.

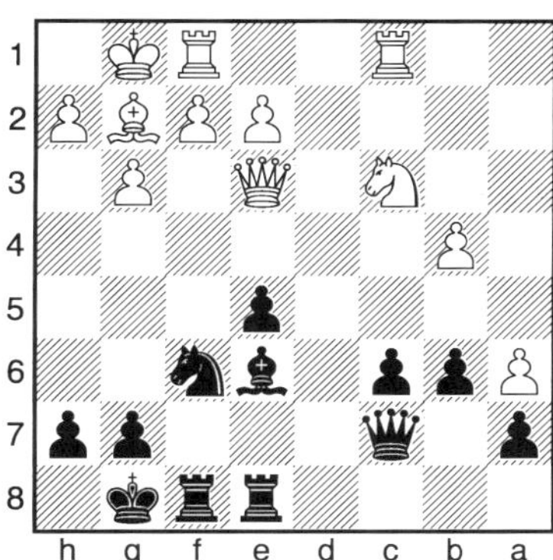

Ein kritischer Moment

20...Sg4?

Schwarz bleibt seinem Prinzip treu: Angriff, Angriff, Angriff um jeden Preis! Allerdings stehen seine Figuren dafür gar nicht optimal und außerdem hat Weiß kaum ernste Schwächen am Königsflügel. Auch vernachlässigt Schwarz die Zentrumskontrolle und dieser Faktor begünstigt den weißen Angriff.

(Partiefolge rechts)

Die Alternativen wirken zwar nicht begeisternd für Schwarz, allerdings hätte er noch kämpfen können. Dazu muss die Dame aus der Gefahrenzone in eine unangenehme Zone bewegt werden. Im Unterschied zur c-Linie kann Schwarz auf der d-Linie wenigstens versuchen, den Druck abzublocken und somit das Eindringen der weißen Figuren zu verhindern.

1) 20...Dd6?! erweist sich als Ungenauigkeit, denn nach **21.Se4 Sxe4 22.Lxe4 Tc8 23.Tfd1 Dxb4 24.Lxc6** sind die Schwäche auf e5 sowie der potenzielle Freibauer auf a6 Garanten für eine deutlich vorteilhafte Stellung.

2) 20...Dd7!

a) 21.Se4 Sd5!

Um sich eine Atempause zu verschaffen, plombiert Schwarz die d-Linie.

Nach **22.Dd2** kann er zwischen zwei Methoden wählen: Entweder hält er mit **22...h6** die Stellung oder er forciert den Kampf gegen den Bauern a6 mit **22...Sc7**. In beiden Fällen ist noch nichts entschieden.

b) 21.Tfd1 De7

Durch die Provokation des Turmzuges ist der Bauer f2 anfällig geworden.

22.h3 Lb3!

Bereitet mit Tempo die Harmonisierung der Figurenstellung mittels De6 vor. Deshalb ist **23.Lxc6** die kritische Herausforderung; z.B. **23...Lxd1 24.Lxe8 Txe8 25.Sxd1 Dxb4 26.Dd3 e4!** und im Gegensatz zur Schlussstellung nach 20...Dd6 kann Schwarz mit den verbleibenden Figuren sowohl gegen den weißen Königsflügel Druck ausüben, als auch u.a. mit Db5 den a-Bauern bekämpfen. Folglich bleiben die Überlebenschancen erhalten.

Zurück zur Partie.

21.De4 c5 22.Db7

Weiß penetriert die gegnerische Stellung, wodurch der Bauer a6 zu einem starken Freibauernkandidaten wird.

22...Dd8

Die Idee 22...Te7 scheitert an 23.Dxc7 (23.bxc5 Dxc5 24.Se4!? Db4 25.Tc7 Txc7 26.Dxc7+–)

23...Txc7 24.Sb5 Tcf7 25.bxc5 bxc5 nebst 26.Lh3!!+– zwecks Prophylaxe gegen das schwarze Gegenspiel.

23.Tcd1 De7

In solchen Gewinnstellungen genügt es, durch reines Berechnen von forcierten Varianten abzuwägen, welche Folge am sichersten zum Ziel führt. Idealerweise bleibt man auf dem prophylaktischen Pfad.

24.bxc5!?

Weiß wählt den Weg, seinen Springer rasch zu aktivieren und kämpft gleichzeitig um die weißen Felder für seinen Läufer.

24.Sd5 würde ebenfalls zu einem gewonnenen Endspiel führen, da Schwarz zu viele Schwächen zu betreuen hat; z.B. 24...Dxb7 25.axb7 Tf7 26.bxc5 Txb7 27.cxb6 axb6 28.Tc1+–.

24...Dxc5 25.Se4 Db4 26.Sg5 Sf6 27.Tb1

Auch 27.Sxe6 Txe6 28.Dxa7 wäre ausreichend gewesen.

27...De7 28.Sxe6 Dxb7

Damit versucht Schwarz, seinen Bauern a7 zu halten. Aber das kann die Partie nicht mehr retten.

29.axb7 Txe6 30.Tfc1 Tee8 31.Ta1

31.Lh3 Tb8 32.Le6+ Kh8 33.Tc8+–

31...e4 32.Txa7 Tb8 33.Lh3 Kf7 34.Tc8 Te8 35.Lf5 e3 36.f4 Ke7 37.Lxh7!? Kd6

37...Sxh7 38.Txe8+ Kxe8 39.Ta8+–

38.Lf5 b5 39.Ta8 1–0

2.1.2 Übungsaufgaben zu Felderschwächen

Im Anschluss an die Einführung folgen stets einige Übungsaufgaben zur weiteren Vertiefung. Hier wird empfohlen, zunächst die Stellungsmerkmale auszuarbeiten und dann konkret zu prüfen, was zu tun und wie dies zu bewerkstelligen ist.

(Lösungen ab Seite 140)

Übung 1

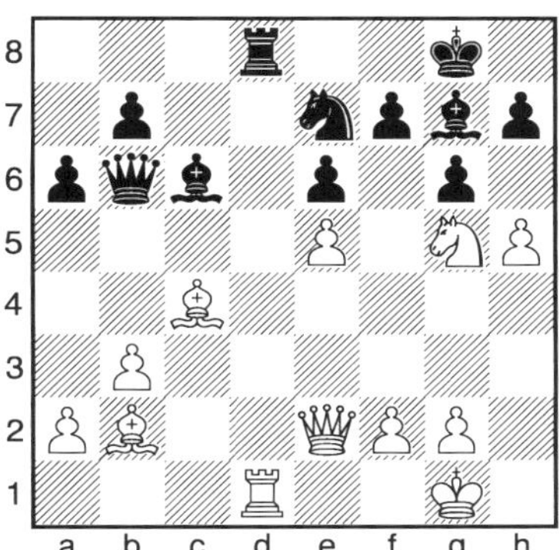

Übung 2

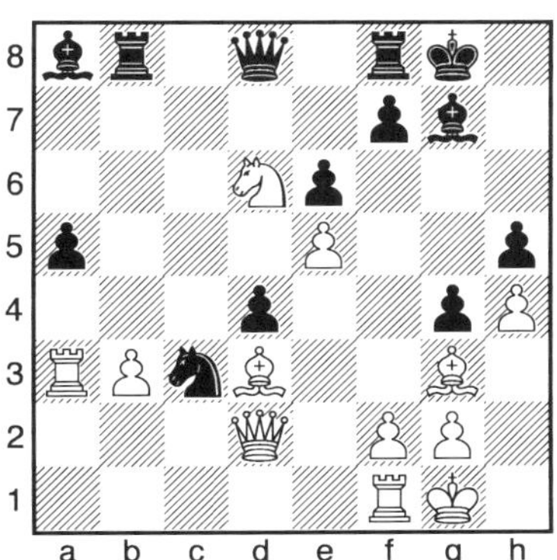

Übung 3

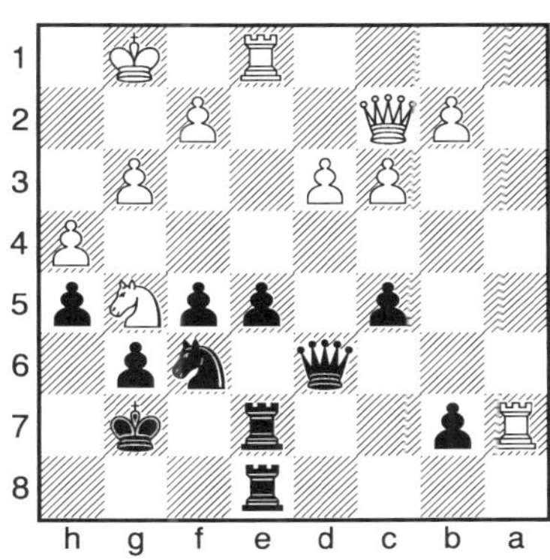

Übung 4

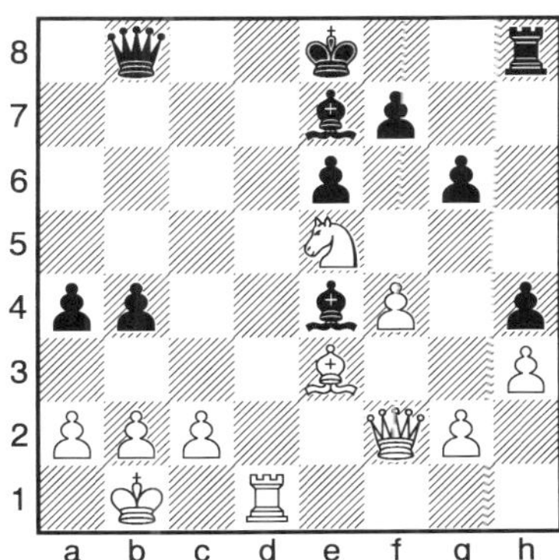

2.2 Was bleibt übrig? – Welche Figuren werden abgetauscht?

Die Überschrift beinhaltet bereits einen möglichen Grund für den Abtausch von Figuren: Es können vorteilhafte Endspiele resultieren, wenn der Gegner mit schlechten Figuren übrigbleibt. Als klassisches Beispiel kann ein Isolani dienen (siehe Muster 1) oder im Najdorf-Sizilianer ein guter Springer gegen einen schlechten Läufer (siehe Muster 2).

Muster 1

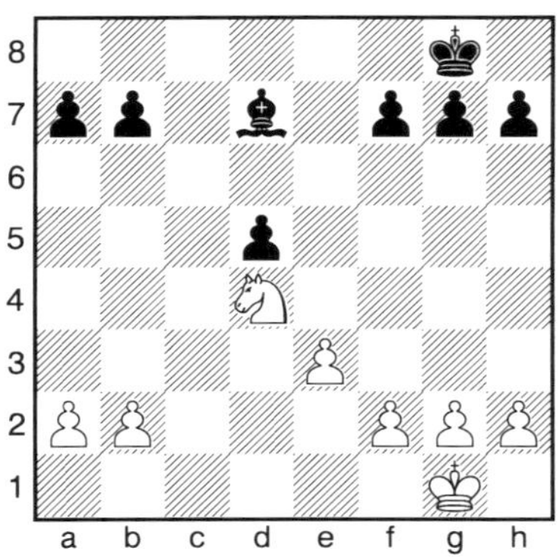

Muster 2

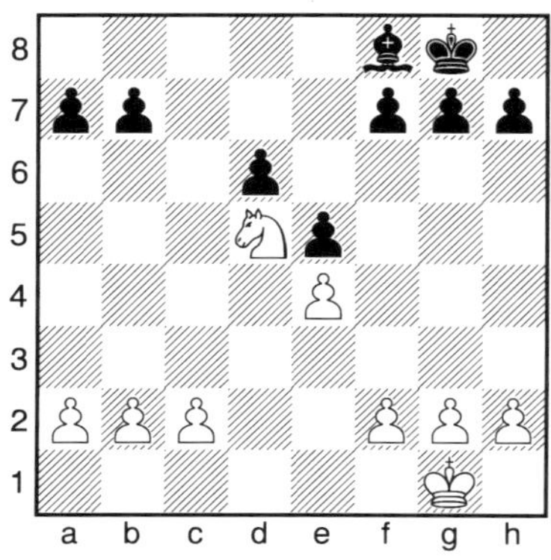

Natürlich ist dies kein Garant für den tatsächlichen Sieg, der ja auch von Faktoren wie Endspieltechnik, Nervenkraft, Zeitnot usw. abhängen kann. Dennoch wird die stärkere Seite in einem solchen Fall auf Gewinn spielen.

Zu dieser grundsätzlichen Motivation für Figurentausch folgt zum Einstieg ein recht einfaches Beispiel.

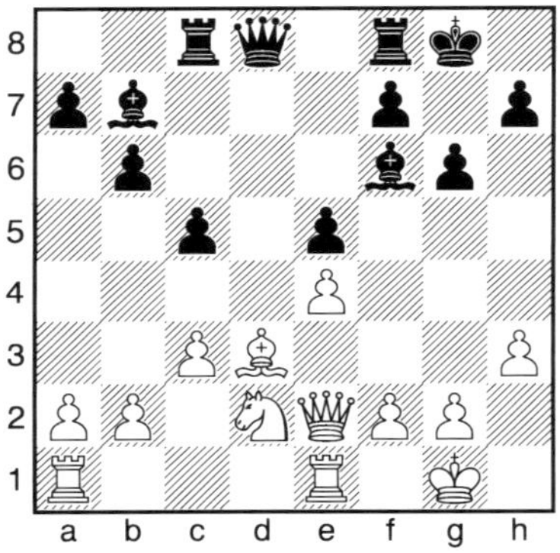

Aufgabe: Machen Sie sich über die Bedeutung der beschriebenen Motivation in Hinsicht auf diese Stellung Gedanken.

Ein direkter Abtausch scheitert wie so oft an Hindernissen, und so scheitert 16.La6 hier am ungedeckten Springer d2. Das lässt sich jedoch leicht beheben.

Übrigens wird auch in diesem Beispiel wieder deutlich: Die zahlreichen statischen Schwächen der schwarzen Stellung (Felderschwächen, schlechter Läufer), werden vor allem mit reduzierter Figurenanzahl immer schwerwiegender.

16.Ted1!

Mit diesem Zug deckt Weiß den Springer und strebt somit den Abtausch der weißfeldrigen Läufer an. Danach will er gegen den schlechten gegnerischen Läufer spielen, der ja keine Angriffsziele hat.

16...De7 17.La6! Tfd8

Aufgabe: Schwarz konnte den Läufer g5 nicht rechtzeitig loswerden. Nun geht Weiß zum nächsten Teilziel über: dem Eindringen in die gegnerische Stellung. Wie kann er das erreichen? Welches Problem hat Schwarz?

18.a4 Lg5

Schwarz wird auf den weißen Feldern Probleme bekommen, da er diese nicht mehr hinreichend kontrollieren kann. Dies erklärt den Partieverlauf.

18...h5!?, um den Bauern e5 gedeckt zu halten, ändert nichts an der Tatsache, dass Weiß über die weißen Felder eindringen wird; z.B. 19.Lxb7 Dxb7 20.Sc4 Dc6 21.b3 De6 22.Se3!± Dxb3? 23.Sd5!.

19.Lxb7 Dxb7 20.Sc4 Dc7 21.Td5 Lf6 22.Tad1 a6?!

Schwarz schwächt sich weiter. Da im passiven Verharren meist die Wurzel der Niederlage keimt, versucht er, sein Spiel zu aktivieren. Da Weiß jedoch keine Schwächen hat, ist aktives Spiel wenig erfolgversprechend. Allerdings ist die aktuelle Stellung ohnehin kaum noch haltbar.

Auch wenn in diesem Buch vorwiegend Mittelspiele betrachtet werden, gebe ich hier eine Mustervariante an. Hierbei werden einige immer wiederkehrende Motive thematisiert, die ich nicht vorenthalten möchte.

22...Txd5 23.Txd5 Td8 24.Dd3 Txd5 25.Dxd5 Kg7 26.Kf1 h5 27.Ke2 De7 28.Kd3 Dc7 29.Sd6 De7 30.Kc4 a6 (sonst Kb5 nebst Ka6) 31.Kb3 Lh4 32.f3 Lf2 33.a5 bxa5 34.Ka4 Die Bauern am Damenflügel sind nurmehr Fallobst und der König erweist sich als gewinnbringende Mehrfigur.

Mit **23.Se3!** nutzt Weiß den letzten Zug aus, um durch die entstandene Schwächung ein Tempo zu gewinnen.

23...Db7 24.Sg4 Kg7? 25.Df3?

Hier verpasst Weiß einen einfachen Gewinn und erlaubt dem Gegner, sich doch noch herauszuwinden.

Aufgabe: Eine kleine taktische Knobelei. Wie hätte man dem Schwarzen sofort den Garaus machen können?

Mit 25.Sxf6! Kxf6 26.Txd8+–.

25...Le7 26.Sxe5 f6 27.Td7? Tc7?

Damit verpasst Schwarz die letzte Chance, in der Partie zu bleiben.

Nach 27...Txd7 28.Txd7 Tc7 29.Txc7 Dxc7 hätte „nur“ einen Mehrbauern.

28.Txd8 fxe5 29.T8d5 b5 30.Dg4 bxa4 31.Td7 Dc6 32.Txc7 Dxc7 33.Td7 1–0

Über die bereits genannten Ziele hinaus kann es bei einem Abtausch auch um folgende Dinge gehen:

- Schwächung von Felderkomplexen,
- Schwächung von Bauern,
- Verminderung der gegnerischen Angriffskraft,
- Eliminierung der stärksten (aktivsten) gegnerischen Figur,
- Platz schaffen, um Raummangel zu beheben.

Anhand der folgenden Partie werden nun einige dieser Motive verdeutlicht. Im Speziellen geht es um Figurenabtausch im Zentrumskampf sowie um konkret gegebene taktische Gründe.

Visakh – Tran Tuan Minh
Mumbai 2019

1.Sf3 Sf6 2.c4 b6 3.g3 Lb7 4.Lg2 e6 5.0–0 Le7 6.d4 0–0 7.Te1 Dc8 8.Lg5 Te8 9.Lxf6

Weiß wählt eine typische Methode zur Schaffung einer beweglichen Bauernmasse, bei der Schwarz jedoch das Läuferpaar bekommt. Dies führt zu einem häufig anzutreffenden Kampf zwischen kurzfristigen statischen Vorteilen (Bauernmasse) und langfristigen Vorteilen (Läuferpaar). Schon Capablanca und andere führende Spieler aus vergangenen Tagen haben gezeigt, dass die Verteidigung auch mit wenigen Figuren geführt werden kann. So können sich die übrig gebliebenen Figuren am Angriff beteiligen. Entsprechend wird diese ökonomische Verteidigungsart gerne angewandt und genau diese strebt Schwarz auch in der vorliegenden Partie an.

9...Lxf6 10.e4 d6 11.e5?!

Diese Spielweise macht einen sehr schablonenhaften Eindruck. Nachdem Weiß sein Läuferpaar abgab, öffnet er ohne vollständige Entwicklung das Zentrum und die d-Linie. Offensichtlich vertraute er auf seine Angriffsmöglichkeiten am Königsflügel.

Nach 11.Sc3 Sd7 12.h4!? mit nun vollständiger Entwicklung gewinnt der Vorstoß e4–e5 in Verbindung mit konkreten Drohungen größere Kraft.

11...dxe5 12.dxe5

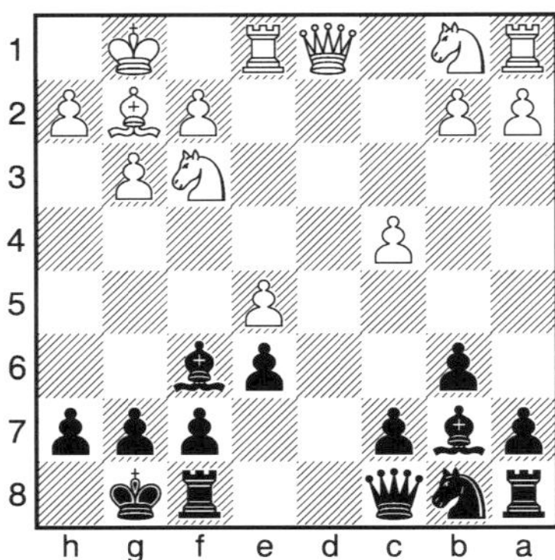

Durch den Abtausch wurden die d-Linie und die Diagonale c5-g1 geöffnet. Außerdem ist die Felderschwäche d3 als potenzielles Ziel für den Springer b8 entstanden.

Hier einige Kriterien, nach denen Sie nach langfristig nutzbaren Feldern für Ihre Figuren Ausschau halten können. Prüfen Sie:

– wo sich welche Bauern bewegt haben,
– welche Felder oder Felderkomplexe von diesen Bauern nicht mehr kontrolliert werden können,
– welche Ihrer Figuren derzeit untätig sind,
– wie diese Figuren unter Berücksichtigung taktischer Faktoren umgruppiert werden können.

12...Le7 13.Sc3 Sd7 14.Sd4?

Eine weitere und diesmal erheblich schwerwiegendere Ungenauigkeit. Der Zug ermöglicht zwar das Vordringen der Dame nach g4, schwächt jedoch immens die weißen Felder. Dies wird dem Weißen nun zum Verhängnis werden. Außerdem fällt auf, dass die Position des Springers auf d4 nicht stabil ist und dass dieser unter Tempoverlust weichen muss, wenn er unter Druck gerät.

14...Td8! 15.Lxb7 Dxb7 16.Dg4

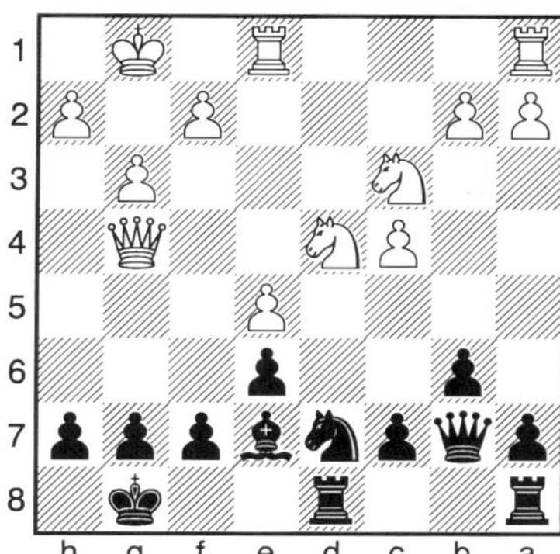

Aufgabe: Bei dem Bestreben, in die gegnerische Stellung einzudringen, muss Schwarz nun was beachten?

16...Lb4!!

Durch die Entfernung des ungedeckten Läufers von e7 werden prophylaktisch etwaige Opferideen auf e6 verhindert. Außerdem hat der Angriff auf den Springer c3 auch indirekten Einfluss auf die Felder e4 und d1, was ein erster Schritt im Kampf um die offene d-Linie ist.

Entweder erlaubt Weiß nun eine strukturelle Schwächung (Doppelbauer) oder die Figurenharmonie wird leiden. Ersteres ist meist hinzunehmen, um als Kompensation einen gewissen Zuwachs an Dynamik zu erhalten.

17.Tac1?

Weiß spielt sehr statisch, um die strukturelle Schwächung zu vermeiden. Dabei vernachlässigt er die dynamische Aktivität der gegnerischen Figuren. Geboten war es vielmehr, mit 17.Tad1! den Doppelbauern zuzulassen (was den Springer d4 stabilisieren würde), um auf konkrete und kombinierte Drohungen im Zentrum und am Königsflügel zu setzen.

1) 17...Lxc3?! 18.bxc3 Sf8 19.h4 h6 (19...Da6? 20.Sc6) 20.Kh2 c6 mit der Idee Td7 nebst Turmverdopplung (20...Tac8; 20...Td7? 21.Sxe6!).

2) Und nach 17...Sc5 (17...Sf8!?) 18.h4 h6 könnte Schwarz entscheiden, ob und wann er auf c3 abtauscht.

17...Sc5 18.Ted1 Lxc3 19.Txc3

Weiß hat es geschafft, seine Struktur intakt zu halten. Eine kurze Analyse ergibt jedoch auch allerlei andere Faktoren:

- kein Angriff am Königsflügel,
- nicht verbundene Türme,
- ein labiler Springer auf d4,
- eine Grundreihenschwäche, da nur ein Turm dort postiert ist,
- der Bauer e5 neigt in einem eventuellen Endspiel meistens zur Schwäche, weil er weiter vorgegangen ist und dadurch schneller u.a. vom König angegriffen werden kann, eventuell nach h7-h6 mittels Kg8–h7–g6–f5.

Entsprechend kann Schwarz jetzt innerhalb weniger Züge kräftige Drohungen aufstellen.

19...Td7! 20.b4

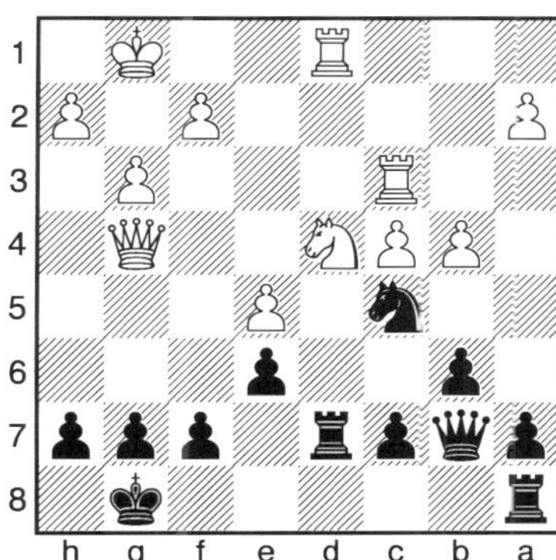

Aufgabe: Wie würden Sie in dieser kritischen Stellung fortsetzen?

20...De4!

Schwarz tauscht die einzige aktive Figur des Gegners ab, denn beim Kampf um die d-Linie hätte diese außerdem eine wichtige defensive Wirkung gehabt.

20...Tad8 21.bxc5 bxc5 22.Tcd3 cxd4 23.Txd4=

21.Dxe4 Sxe4 22.Te3 f5 23.exf6?

Dies verliert unmittelbar eine Figur. Nach dem besseren 23.Ted3! wäre es zu einer zähen Verteidigung im Endspiel gekommen; z.B. 23...Tad8 24.b5 Sc5 (24...g5!?) 25.T3d2 a6 und Schwarz greift via d- und a-Linie an.

23...Sxf6 24.Txe6 c5 0–1

Im nächsten Beispiel geht es um die Fragen, ob der Abtausch von Figuren ratsam ist und zu welchem Zeitpunkt dieser erfolgen sollte.

Gelfand – Harikrishna
Prag 2019

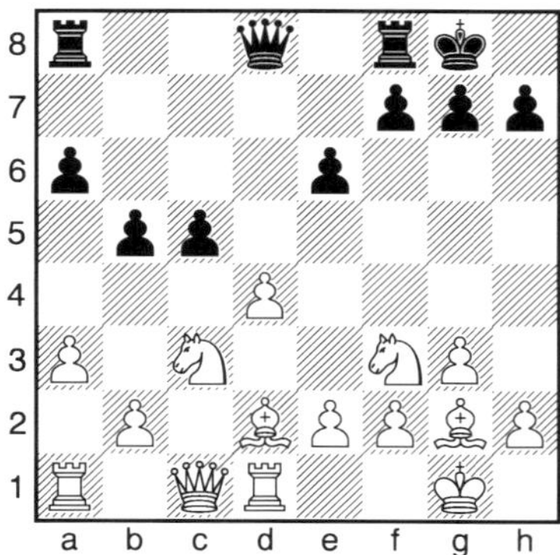

In dieser Stellung aus der „Katalanischen Eröffnung" haben sich beide Seiten voll entwickelt und Schwarz hat den befreienden Vorstoß c7–c5 durchsetzen können. Auffallend ist das Fehlen des weißfeldrigen Läufers am schwarzen Damenflügel sowie die Gegenüberstellung von Turm und Dame in der d-Linie.

Aufgabe: Kann Weiß aus diesen Faktoren Profit schlagen?

15.Le3!

Da Schwarz seinerseits in der c-Linie sofortige Drohungen gegen die weiße Dame aufzustellen drohte, räumt Weiß dieser umgehend zusätzliche Felder frei. Zudem schafft er seinem Springer Einbruchsmöglichkeiten über die dunklen Felder, um beispielsweise gelegentlich nach c6 zu gelangen.

(Partiefolge auf Seite 31 rechts)

Eine naheliegende Alternative ist **15.Se5**, aber da Schwarz genug Verteidiger im Einsatz hat, kann er mit **15...Tc8** zum Gegenangriff auf die weiße Dame übergehen. Dies ist rechnerisch festzustellen und zeigt die Synthese von Strategie und Taktik.

1) Falls Weiß mit **16.Sc6** reagiert, hat Schwarz eine typische Antwort in petto.

Aufgabe: Sehen Sie, wie er die Oberhand gewinnen kann?

Nach dem typischen Qualitätsopfer **16...Txc6!** erweist sich die Disharmonie unter den weißen Figuren am Damenflügel als verhängnisvoll; z.B. **17.Lxc6 cxd4 18.Sa2 Sc5** und Schwarz steht besser.

2) 16.Sxg6 hxg6 17.d5

Aufgabe: Wie sollte Schwarz nun reagieren: Die Stellung öffnen oder geschlossen halten?

a) 17...exd5!

Früher wurde gelehrt, in geschlossenen Stellungen sei die Springerpartei dem Läufer überlegen. Die Praxis hat jedoch gezeigt, dass diese Verallgemeinerung nicht gilt und dass der Läufer auch in geschlossenen Stellungen oft überlegen ist. Der Springer benötigt Vorposten und klar angreifbare Ziele, die er in der Folge am Damenflügel findet. Hingegen wirkt der nach der Schließung mit e6-e5 entstehende Freibauer raumgreifend und beschäftigt die schwarzen Figuren. Vor allem hat Weiß in diesem Fall volle Kontrolle über die Stellung und kann somit auf beiden Flügeln angreifen. In dieser konkreten Variante möchte der Nachziehende dieses Szenario vermeiden.

18.Sxd5 Sxd5 19.Lxd5

Aufgabe: Wie kann Schwarz seine Figurenstellung verbessern?

Mit **19...c4!** bereitet Schwarz etwaige Umgruppierungen via c5 vor. Nun kann Weiß zwar noch einen kleinen taktischen Trick versuchen, der jedoch keinerlei Vorteil verspricht.

20.Lf4 Db6 21.Lxf7+ Txf7 22.Txd7 De6 23.Td2 Lf6

Die schwarze Aktivität sowie die ständigen mit c4-c3 einhergehenden Drohungen sichern vollwertige Kompensation für den geopferten Bauern.

b) Nach **17...e5?!** mögen die folgenden Beispielvarianten ansatzweise das Druckspiel aufzeigen, welches aus dieser Schließung resultieren würde: **18.Lh3! Se8** (18...Ld6 19.Lg5 Tb8 20.Se4+=) **19.Se4 f5 20.Sg5 Lxg5 21.Lxg5 Sdf6 22.e4 Sd6 23.f3**+=.

3) Theoretisch kann Weiß auch mit **16.Le3** die Idee aus der Partie anwenden, was zur kritischen Fortsetzung in diesem Abspiel und zu interessanten Verwicklungen führt. Speziell, wenn Sie Ihren taktischen Blick und Ihre Verteidigungsfähigkeiten (aus Sicht des Schwarzen) schulen möchten, kann ich Ihnen die auf **16...b4!** folgenden Varianten sehr empfehlen.

a) 17.dxc5 bxc3 18.Sxd7 Sxd7 19.c6 cxb2 20.Dxb2 Lf6 21.Da2 Tc7 22.Tac1 Dc8 23.Db3!

23.cxd7 Txd7 24.Txd7 Dxd7 25.Lc6 Dd6+=

23...Td8

Nach 23...Sb8 24.Lb6 Ld8 erweckt die Passivität wenig Vertrauen.

24.Da4 h5 25.cxd7

25.h4 Se5 26.Lb6 Txd1+ 27.Dxd1 Sg4=

25...Tdxd7 26.Txd7 Dxd7 27.Lc6 Dc8 28.Lb6 Td7 29.Tc4 Td6

Die Initiative bleibt eindeutig bei Weiß und zudem dürfte der Druck zum Verlust des Bauern a6 führen. Dennoch ist Schwarz bei weitem noch nicht chancenlos, denn Weiß hat zahlreiche Figuren vom eigenen König entfernt. Außerdem bedeutet ein Minusbauer noch längst nicht den sofortigen Partieverlust.

b) 17.Sxd7 Sxd7 18.dxc5 bxc3 19.c6 cxb2 20.Dxb2 Lf6 21.Da2 Tc7

21...Lxa1? 22.Dxa1 Tc7 23.Lf4! Ta7 24.Dd4+–

22.Tac1 Dc8 23.Db3

23.cxd7 Txd7 24.Txd7 Dxd7±

23...Td8 24.Da4 h5 25.cxd7 Tdxd7 26.Txd7 Dxd7 27.Lc6 Dc8 28.Lb6 Td7

Über Zugumstellung ist die gleiche Stellung wie nach 17.dxc5 erreicht worden.

Zurück zur Partie.

15...Tc8?

Schwarz wählt die natürliche Reaktion: Da der Bauer auf c5 bedroht wurde, deckt der Turm ihn und verlässt gleichzeitig die Diagonale h1–a8. Dabei unterschätzt Schwarz jedoch das den dynamischen Möglichkeiten innewohnende Potenzial.

Nach dem Besseren 15...Dc7! 16.Se5 (16.dxc5 Sxc5!) ist mit 16...Sxe5! erneut ein Qualitätsopfer das Mittel der Wahl. Angesichts der Bauernmehrheit am Damenflügel und der Anfälligkeit des weißen Königsflügels, lässt sich die schwarze Stellung recht bequem spielen. Allerdings steht Weiß gesund und hat etwas mehr vom Spiel, schließlich ist eine Qualität nun mal eine Qualität; z.B. 17.dxe5 Sd7 18.Lxa8 Txa8 19.f4+=.

In der Partie reagierte Schwarz schablonenhaft und unterschätzte die dynamischen gegnerischen Möglichkeiten.

Aufgabe: Können Sie diese erkennen?

16.dxc5 Lxc5 17.Se5!

Das ist die Pointe! Weiß tauscht die Läufer noch nicht ab, sondern erhöht umgehend den Druck auf die gegnerische Stellung. Dieses Herangehen ermöglicht es ihm, über die schwachen Felder einzudringen.

Nach hingegen 17.Lxc5?! Txc5 wäre das Feld e5 gedeckt.

17...Dc7 18.Sc6 Tfe8?

Diese natürliche Verteidigung verliert sofort mindestens einen Bauern bei anhaltenden strategischen Problemen.

1) Ganz schlecht war auch 18...Kh8? 19.Lxc5 Sxc5 20.De3 Sb3 21.Sxb5!+–.

2) Die zäheste Verteidigung bestand in 18...Lxe3 19.Se7+ Kh8 20.Dxe3 Tce8 21.Sxg6+ hxg6 22.Tac1± mit weiterhin grenzwertiger schwarzer Stellung.

19.Lxc5

Jetzt ist der richtige Zeitpunkt, um den Gegner durch die Schwächung der schwarzen Felder zu überfordern.

19...Sxc5 20.De3

Weiß verhindert die Drohung Sb3 und aktiviert seine Schwerfiguren. Damit ist es praktisch aus und vorbei.

20...Sb7

1) 20...Sce4 21.Sxe4 Sd5 22.Dd2 Lxe4 23.Lxe4 Dxc6 24.Tac1 Dd6 25.Txc8 Txc8 26.Lxd5 Dxd5 27.Dxd5 exd5 28.Txd5 mit technisch gewonnenem Endspiel.

2) 20...Sb3 21.Sxb5! axb5 22.Dxb3+–

21.Sb4! Sc5 22.Lc6 Sfd7 23.Tac1 Dd8 24.Sxb5 1–0

Das Thema des nächsten Beispiels ist eine recht bekannte Methode in einer typischen Stellung mit einer Bauernkette.

Trent – Ninov
Granada 2014

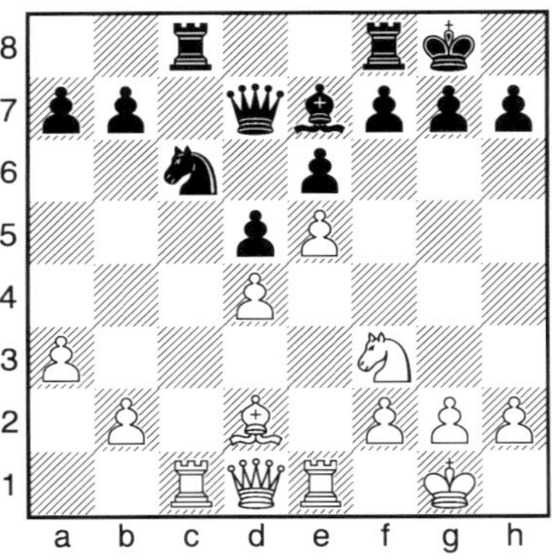

Aufgabe: Worum geht es in dieser Stellung? Wie sollte Weiß vorgehen?

Für das in der Partie verwendete Muster gibt es zahlreiche Vorgänger. Die Stellung weist die Form von Bauernkette auf, die üblicherweise in der „Französischen Verteidigung" entsteht. Nachdem es Schwarz jedoch gelungen ist, den weißfeldrigen Läufer abzutauschen, wird das Ganze als „verbesserter Franzose" bezeichnet. Allerdings meinen einige Verfechter der „Französischen Verteidigung", dass der „französische Läufer" dem Schwarzen eher fehlt. Diese Aussage ist allerdings nicht immer wirklich ernstzunehmen.

Aktuell ist die Bauernstruktur sehr solide, sodass Schwarz sein übliches Gegenspiel am Damenflügel anstreben wird. Schließlich ist der weiße Angriff am Königsflügel ohne den weißfeldrigen Läufer erheblich schwächer.

Aufgabe: Was bleibt dem Weißen infolge dieser strategisch wenig vorteilhaften Situation zu tun?

15.Tc3!

(Partiefolge rechts)

Gerade die Abwesenheit des Läufers und die statischen Schwächen erzwingen aktives und dynamisches Spiel. Deshalb sollte Weiß möglichst unmittelbar zum Königsangriff übergehen. Allerdings darf dies nicht mit dem Kopf durch die Wand erfolgen, sondern der Angriff muss strategisch fundiert bleiben. Denn immerhin verfügt Weiß über zwei fundamentale Vorteile.

1. Er hat mehr Raum – und wie bereits Nimzowitsch in seinem Buch „Mein System" lehrte, ermöglicht Raumvorteil schnellere Truppenverlegungen vom einem zum anderen Flügel.

2. Da das schwarze Gegenspiel gegen das weiße Zentrum ins Stocken geraten ist, kann Weiß seine Manöver nahezu gefahrlos durchführen. Für einen Angriff ist es von immenser Bedeutung, dass die Anzahl der Angreifer im Verhältnis zu den Verteidigern in der Überzahl bleibt.

Mit seinem letzten Zug 15.Tc3 bereitet Weiß nicht etwa die Verdoppelung auf der c-Linie vor, sondern will den Turm vielmehr zum Königsflügel überführen. Es ist dabei wichtig, den c-Turm zu wählen, da dieser sonst unter Umständen abgetauscht werden kann oder zur Passivität verurteilt wird.

Nach der weniger guten Alternative **15.Te3** können exemplarisch folgende Szenarien entstehen:

1) 15...a6!? (mit der Idee Sa7–b5, falls Lc3 folgen sollte) **16.h4 Sa7 17.Lc3 Sb5**

2) 15...f6!?

3) 15...Sb8 16.Lc3 Tc7 17.h4 Tfc8 18.h5 h6

Nun kann Weiß seinen Springer nicht von f3 wegbewegen, da er sich zunächst um den Spieß auf g5 kümmern muss. Prinzipiell kann man argumentieren: Weiß hat alle Zeit der Welt, da Schwarz ohne Gegenspiel ist. Das ist aber gar nicht der Fall. Schwarz muss lediglich seine Ideen konkretisieren, wie z.B. die Durchsetzung von b7–b5–b4 mittels Sc6 oder die Standardidee Kh8 nebst De8–g8–h7 usw. Deshalb sollte der weiße Angriff konsequent und vor allem effizient erfolgen, was nach 15.Te3 eben nicht der Fall ist.

Zurück zur Partie.

15...Sb8

(Partiefolge auf Seite 34 rechts)

Nach **15...f6** würde der zweite Vorteil von Tc3 ersichtlich: Weiß kann bequem über die e-Linie Druck gegen e6 aufbauen. Dabei fällt der theoretisch schlechte Läufer d2 gar nicht ins Gewicht, denn zumindest nimmt dieser dem gegnerischen Springer wesentliche Felder (u.a. a5). Somit handelt es sich um einen durchaus nützlichen Läufer. Außerdem kann der Druck über die dunklen Felder zunehmen.

1) Nach **16.Tce3?! fxe5 17.Sxe5 Sxe5 18.Txe5 Lf6 19.Txe6 Lxd4** hat Schwarz keine Probleme.

2) 16.Lf4 f5!?

3) 16.exf6!

a) 16...Txf6

Im Gegensatz zur Partie wurde Schwarz im Zentrum aktiv, um eine Niederlage aufgrund mangelnden Gegenspiels zu vermeiden. Dies ist grundsätzlich eine sinnvolle Strategie, weshalb seitens des Weißen Präzision erforderlich ist.

Die Lage ist ähnlich wie in der Ausgangsstellung: Weiß hat Raumvorteil, dafür jedoch den schlechten Läufer. Hier können Sie nun versuchen, das in Kapitel 2.1 angeeignete Wissen anzuwenden. Suchen Sie nach möglichen Schwächen. Allein die Mühe, das krtitische Hinterfragen und die durch die Lösung vermittelte Erkenntnis werden Ihnen einen Mehrwert bringen, und zwar selbst dann, wenn Sie nicht alle Schwächen erkennen.

Aufgabe: Wie sollte Weiß fortsetzen?

Mit **17.Dc1!!** verdoppelt Weiß einerseits auf der c-Linie, um die Grundreihenschwäche aufzudecken. Andererseits plant er seinen schwarzfeldrigen Läufer via g5-h4-g3 abzutauschen oder um die dunklen Felder zu kämpfen.

b) 16...Lxf6

Aufgabe: Welche Reaktion wäre hierauf zu empfehlen?

Hier ist der Abtausch mittels **17.Lg5!** erstrebenswert, denn die Reduzierung der Dynamik sorgt dafür, dass die statischen Schwächen an Bedeutung gewinnen. Weiterhin möchte Weiß die Kontrolle über die schwarzen Felder erobern und deshalb den guten gegnerischen Läufer beseitigen.

Zurück zur Partie.

16.Td3!

Dies war die Kernidee des letzten weißen Zuges: Weiß vermeidet den Abtausch und deckt den Bauern d4, damit sein Springer mobilisiert werden kann.

16...Dc6?!

Der Springer b8 wird umgesetzt und visiert (angesichts des auf c3 zu erwartenden Läufers) das Feld a4 an. Allerdings kostet dies Zeit – und somit ein kostbares Gut, wenn der Gegner seine Manöver schneller durchführen kann.

17.Lc3

Nachdem die weißen Figuren gedeckt sind, kann der Königsangriff beginnen.

17...Sd7 18.h4!

Droht neben h5–h6 auch Sg5 nebst Dh5, um hinterher mittels Tg3 ein paar kleine Drohungen aufzustellen. Eine Idee, die Sie hier ja nicht zum ersten Mal sehen.

18...h6

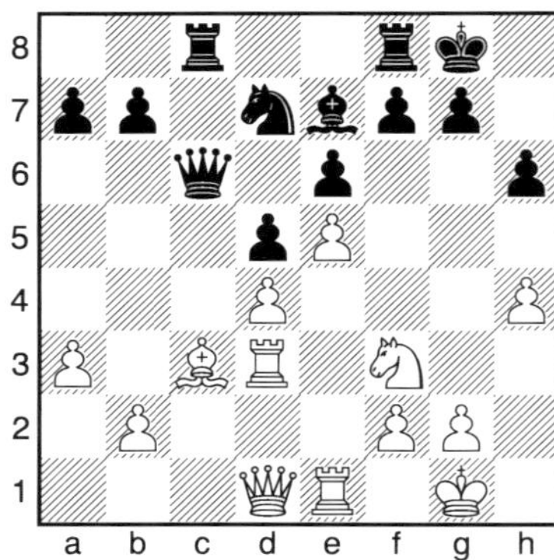

Aufgabe: Mit welchem Standardmanöver kann Weiß nun den weiteren Angriff organisieren?

Mit dem Zug h7-h6 hat Schwarz eine schwarzfeldrige Angriffsmarke geschaffen. Daher gruppiert Weiß seine Figuren dergestalt um (der Turm geht nach g3), dass der Angriff auf den dunklen Feldern ablaufen kann. Das passt bestens dazu, dass er keinen weißfeldrigen Läufer mehr besitzt, denn somit ist er geradezu gezwungen, über die andere Feldfarbe zu operieren.

19.Sh2! Lxh4??

Das ist zu optimistisch, denn nun gewinnt Weiß einige Tempi für seinen Angriff, wodurch dieser durchschlagend wird. Es war eher eine radikale Maßnahme wie f7-f5 erforderlich.

20.Dh5 Lg5 21.Tg3 g6?

Dieser Zug verliert letztlich forciert. Die letzte Chance bestand in 21...Lf4 22.Tg4 Lxh2+ 23.Kxh2 f5 nebst Sf8, auch wenn hierbei der Bauer h6 verloren geht und Weiß weiterhin seinen Vorteil aufrechterhält.

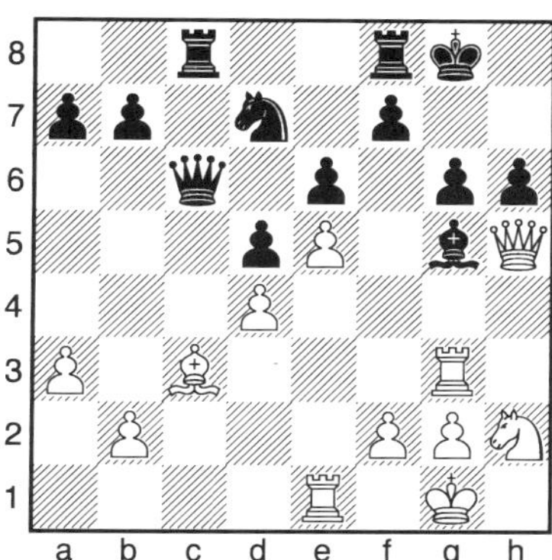

Aufgabe: Wie krönt Weiß nun seinen Angriff?

22.Txg5! hxg5 23.Dh6 f5 24.Dxg6+ Kh8 25.Sf3 Tce8 26.Sxg5 Te7 27.Te3 Tg7 28.Th3+ Kg8 29.Dh6 1–0

Im nächsten Beispiel wird es etwas anspruchsvoller und möglicherweise überraschender. Dies hängt jedoch von Ihren Vorkenntnissen ab.

Tukmakow–Iwanow
UdSSR 1980

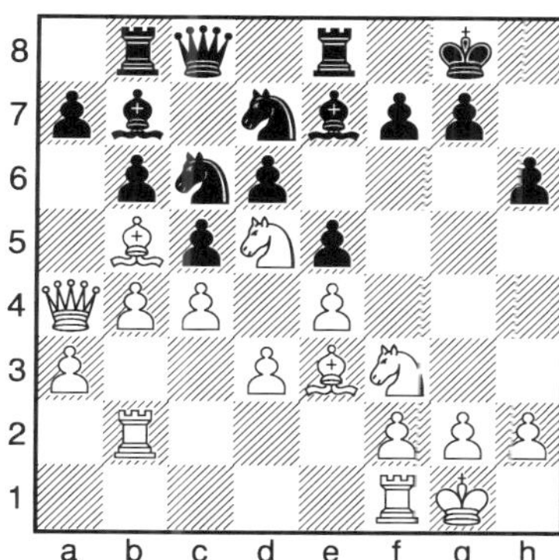

Aufgabe: Worum geht es in dieser Stellung? Machen Sie sich Gedanken, welche schwarzen Figuren wichtig sind und welche davon die Stellung zusammenhält? Wie würden Sie aufgrund dessen fortsetzen?

Der Abtausch **18.Sxe7+!!** kam für Schwarz möglicherweise unerwartet, wurde er doch seinen theoretisch schlechten Läufer los. Allerdings kontrollierte gerade dieser Läufer die gesamten schwarzen Felder. Nach dem Abtausch kann der weiße Springer via h4 am Königsflügel aktiviert werden. Die beiden Ausrufezeichen sind aus Lehrgründen gesetzt, da die Transformation des Vorteils (schlechter gegnerischer Läufer als statischer Vorteil gegenüber dem temporären Feldgewinn für den Springer sowie den potenziell angreifbaren dunklen Feldern) im Rahmen dieses Lehrbuchs hier erstmals vorgestellt wird. Es folgen später noch viele weitere Beispiele, sodass solche Züge vollkommen natürlich erscheinen werden.

18.Dd1 Ld8 19.La4 wäre ein anderer Plan, bei dem Weiß flexibel bleibt und seine Karten noch nicht offenlegt. Natürlich behält Weiß weiterhin seinen Vorteil. Allerdings bleibt es nach wie vor unklar, wie er sein Druckspiel konkretisiert. In der Partie hingegen entwickelte er einen eindeutigen Plan. Dieser erweist sich letztlich zwar nicht als hundertprozentig korrekt, aber zu einem bestimmten Zeitpunkt hätte er davon abweichen und ein Spiel auf beiden Flügeln initiieren können.

18...Txe7 19.Sh4

Da Weiß zum Angriff schreitet, sollte Schwarz unmittelbar die Verteidigung organisieren.

19...a6!

Damit forciert Schwarz die Lage, was man – wenn lediglich der Partieverlauf betrachtet wird – als Fehler betrachten kann. Allerdings behält Schwarz dadurch dynamische Möglichkeiten am Damenflügel, weshalb dies die richtige Entscheidung ist.

(Partiefolge rechts)

Mit **19...Te6 geht** Schwarz direkt zur Verteidigung über. Allerdings kann Weiß am Königsflügel angreifen.

Aufgabe: Machen Sie sich nun Gedanken, in welcher Reihenfolge Weiß vorgehen sollte.

20.Lxc6 ist womöglich am präzisesten, um dem Gegner nicht mehr die Chance zu a7-a6 zu geben. Dennoch wird aus didaktischen Gründen auch die Alternative **20.Sf5** geprüft.

1) Nach **20...a6 21.Lxc6 Lxc6 22.Dc2** kann Weiß ebenfalls am Damenflügel angreifen, obwohl die Dame ihre Adleraugen eher auf den Königsflügel gerichtet hält.

2) 20... Kh7

a) 21.Lxc6 Lxc6 22.b5 Lb7 23.Dd1 Dd8 24.f4 a6 25.a4 Ta8 26.Tbf2 Lc8 27.Dh5 Nun ist der Angriff nicht bequem zu bremsen; z.B. **27...De8 28.Tf3 axb5 29.Sxg7 Kxg7 30.f5 Tf6 31.Th3** usw.

b) Recht lehrreich wäre **21.Dd1 Se7!?**.

Aufgabe: Was ist nun zu tun?

b1) Mit dem letzten Zug beabsichtigt der Schwarze, die Diagonale a8-h1 zu öffnen. Genau dies gilt es zu verhindern – also **22.g4! La6 23.Lxa6 Dxa6 24.b5 Db7 25.f4**± (25.Kh1!?).

b2) Hingegen wäre **22.f4?** hinsichtlich der etwas krumm wirkenden Folge **22...Sxf5 23.exf5 Tf6** zu optimistisch. Der Turm erweist sich als zähe Verteidigungskraft und kann ggf. Druckspiel gegen den Bauern f5 ausüben. Wichtig ist ebenfalls, dass der Läufer auf b5 verkehrt steht, da die Diagonale a8–h1 geöffnet wurde. Die Stellung hat sich sehr positiv für Schwarz entwickelt, auch wenn Weiß objektiv aufgrund des weiterhin gegebenen Raumvorteils schneller mit seinen Schwerfiguren manövrieren kann.

Zurück zur Partie.

20.Lxc6 Lxc6 21.Dd1 Te6

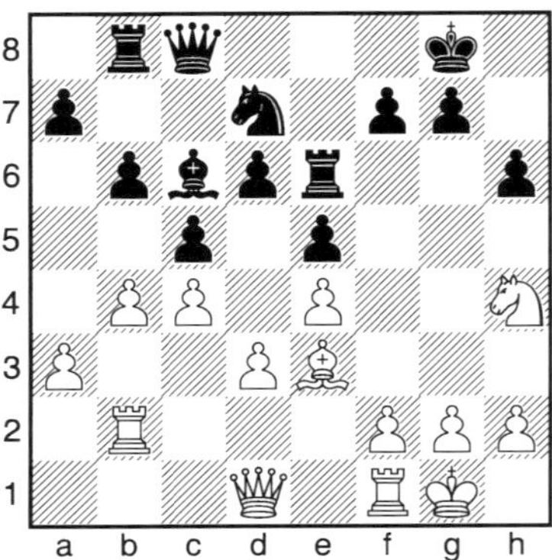

Aufgabe: Wie würden Sie nun fortsetzen?

Weiß erkennt, dass er mit dem Figurenopfer 22.Sf5! kaum ein Risiko eingeht, da sämtliche Figuren am Angriff beteiligt sind. Allerdings sind noch nicht alle optimal platziert, weshalb Schwarz seinerseits um die Initiative kämpfen kann.

Nach 22...Kh7 hätte Weiß mit 23.Dc2 beginnend am Damenflügel angreifen sollen. Denn im Gegensatz zu der vorhin betrachteten Variante ist dieser Bereich nicht abgeschlossen.

Mit **22...exf4?** spielt Schwarz dem Gegner in die Hände, denn in Kürze greifen sämtliche Figuren an.

(Partiefolge rechts)

Besser war **22...b5!** mit zwei Hauptvarianten.

1) Vermutlich war **23.f5?!** nebst g4-g5 geplant, worauf Schwarz allerdings mit der Standardreaktion **23...Tf6!** fortfahren kann.

Aufgabe: Wie schätzen Sie die Stellung ein? Was ist von dem Plan mit g4-g5 zu halten?

Bei ungleichfarbigen Läufer ist die angreifende Partei in der Regel im Vorteil. Da Weiß sich hier jedoch massiv schwächt, kann Schwarz mit der Sprengung des Damenflügels einen Angriff im Zentrum und am Königsflügel starten. Hierdurch machen sich insbesondere die weißen Felderschwächen bemerkbar; z.B. **24.cxb5 axb5 25.g4 c4 26.g5 hxg5 27.Lxg5 Da6 28.Tg2 Da7+! 29.Kh1 Dxa3 30.Dg4 Dxd3 31.Te1 Kf8**=+.

2) Wahrscheinlich wäre **23.cxb5 axb5 24.Sf5** (24.bxc5) **24...Df8 25.Tbf2** am besten, um so das Druckspiel kontrolliert Schritt für Schritt zu erhöhen; z.B. **25...Tc8 26.fxe5 Sxe5 27.bxc5 dxc5 28.Lf4 Tce8 29.Lxe5 Txe5 30.Dg4**+=.

Zurück zur Partie.

23.Lxf4 g5?

Schwarz geht strategisch über die dunklen Felder gegen den gegnerischen Läufer vor.

Besser wäre es, sich mit 23...Se5 auf eine zähe Verteidigung einzustellen; z.B. 24.Sf5 Df8 25.Tbf2 (25.Db3!?).

Aufgabe: Was soll Weiß nach dem letzten Zug 23...g5 machen?

24.Sf5!!

Die Zeit ist reif, um den Gegner auf die Kernschwäche aufmerksam zu machen: seine Königssicherheit.

24...gxf4 25.Dg4+ Kf8

Aufgabe: Wie würde die Alternative 25...Tg6 widerlegt?

Mit 26.Se7+ Kg7 27.Dxf4!+–.

26.Dg7+ Ke8 27.Dg8+ Sf8 28.Txf4

Nun ist der Angriff unwiderstehlich.

28...f6

28...Tg6 29.Sxd6+! Txd6 30.Txf7+–; 29...Ke7 30.Dxf7+ Kxd6 31.e5+ Kxe5 32.Te2+ +–

29.Sg7+ Kd7 30.b5

30.Sxe6 Sxe6 31.Df7+ Kd8 32.Txf6+–

30...axb5 31.cxb5 Te5

31...Lb7 32.Sxe6 Sxe6 33.Df7+ Kd8 34.Txf6+–

32.Txf6 Lxb5 33.Txb5 Kc6 34.Db3 Dd8 35.Tf7 Dg5?

35...Te7 36.Txe7 Dxe7 37.Sf5 De5 38.Ta5!+–

Aufgabe: Was hat Schwarz bei seinem letzten Zug übersehen?

36.Txb6+! Txb6 37.Da4+ Tb5 38.Da8+ 1–0

In dem folgenden Fragment geben die Figuren klare Signale. Es enthält ein bisher noch nicht bearbeitetes Motiv.

Wang Hao – Esipenko
Moskau 2019

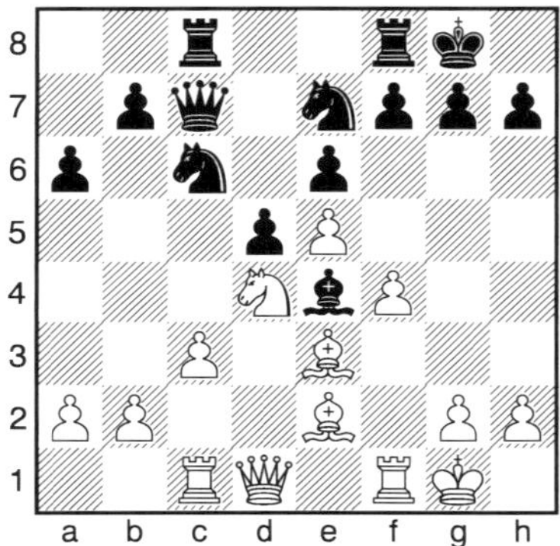

Allem voran fällt erneut auf, dass der Schwarze über einen recht aktiv postierten Läufer verfügt. Dies allein genügt allerdings noch nicht, um einen klaren Plan zu formulieren.

Aufgabe: Analysieren Sie die Stellungsmerkmale und entscheiden Sie, was zu tun ist!

Da die dunklen Felder im schwarzen Lager aufgeweicht sind, würde der Läufer diese gern anvisieren. Als weiteres wichtiges Merkmal ist der Raumvorteil zu nennen, denn die Seite mit mehr Raum kann meist schneller die Figuren ummanövrieren. Deshalb wird Weiß Abtausch meiden.

16.Sb3!

Auf den ersten Blick überrascht diese Entscheidung, schließlich wird die aktive Idee Se7–f5 zugelassen. Hier hilft jedoch ein genauerer Blick auf das Gesamtbild.

Die schwarze Figurenstellung ist nicht dazu geeignet, ernste Drohungen aufzustellen. Dadurch bekommt der Weiße eine Triebfeder, um mittelfristig mit g2–g4 einen Angriff am Königsflügel zu starten. Auch verfügt der Läufer auf e4 über keine Ausweichfelder, sodass Weiß diesen mittels Sd2 abtauschen bzw. ihn an den Bauern d5 binden könnte.

Auch Alternativen zum Textzug sollen geprüft werden, z.B. 16.Dd2 – ein normaler Zug, der die Türme verbindet und die Spannung aufrechterhält. Allerdings hat Schwarz nach 16...Sxd4 17.cxd4 (17.Lxd4 Sf5 18.Lf2 f6!?) 17...Dd7 absolut keine Sorgen. Vielmehr kann er allmählich seinerseits darüber nachdenken, die Initiative zu übernehmen. Denn letztlich muss geprüft werden, wer die besseren Leichtfiguren besitzt. Diese Stellung dürfte sich gut als Trainingsmöglichkeit erweisen, um in solcher Art Position nach Gegenspiel zu suchen. Daher sind Sie eingeladen, diese Stellung für Ihre Endspieltechnik auszuspielen.

16...Sa5?!

(Partiefolge auf Seite 39 links)

Nach **16...Sf5 17.Lf2** kann Schwarz auf die Idee kommen, die Stellung radikal zu verändern. Oder er spielt „normal“ und wird feststellen, dass ihm alsbald die Ideen ausgehen. In Stellungen wie diesen reicht es oft nicht aus, lediglich auf Figurenspiel zu setzen. Oft muss der Verteidiger seine Chancen in der Öffnung der Stellung suchen, um neue Angriffsziele für seine Figuren zu erhalten.

Aufgabe: Haben Sie eine Idee, wie der Schwarze in diesem Sinne weiter vorgehen sollte?

Für die Entscheidung **17...g5!** braucht man selbstredend eine gute Portion Mut, da der Gegner über den dunkelfarbigen Läufer verfügt.

(17...Tfd8?! 18.Sc5 Sa5 19.g4 Se7 20.Dd4 Sac6 21.De3±)

Allerdings wird dieser im Moment durch den Springer f5 dominiert, weshalb diese Idee möglich und notwendig gewesen wäre. Schwarz mobilisiert damit sein Zentrum und außerdem erhält er bei der kleinsten Ungenauigkeit sofort Gegenspiel.

18.fxg5 De7

Nach 18...Sxe5 19.Sd4 De7 20.Sxf5 exf5 21.Dd2 wirkt die schwarze Struktur suspekt. Obwohl Weiß diese kaum angreifen kann, verbleibt Schwarz doch mit Felderschwächen, sodass der Vorteil definitiv bei Weiß liegt.

Nach **19.Dd2 Sxe5** stützt Weiß mit **20.h4!**[2] den Bauern g5 und hält die Möglichkeit offen, mittels h5–h6 auch am Königsflügel über die schwarzen Felder anzugreifen. Obwohl Weiß bedingt durch die sichere Königsstellung und das Läuferpaar etwas Vorteil hat, ist 17...g5 wohl die beste schwarze Entgegnung.

Zurück zur Partie.

17.Sd2!?

Die Wahl des weniger aktiven Zuges ist interessant, wird jedoch später noch einmal genauer unter die Lupe genommen.

(Partiefolge auf Seite 40 rechts)

Eine andere prophylaktische Idee, um dem Gegner jedwedes Gegenspiel zu nehmen, wäre **17.Sc5! Lg6 18.b3**, denn da Schwarz nach **18...Sf5 19.Lf2** nicht einmal mehr f6 durchsetzen kann, steht er vor gewaltigen Problemen. Ein Gedanke wäre daher, den Bauern e6 mit **19...De7** zu verteidigen. Danach hat Weiß mehrere gute Möglichkeiten, um seinen Vorteil zu wahren. Gerade wenn Sie Probleme haben, eine gute bzw. gewonnene Stellung zu verwerten, ist dies nun eine praktische Chance, eine solche Situation mit vielen interessanten Varianten zu simulieren und zu studieren.

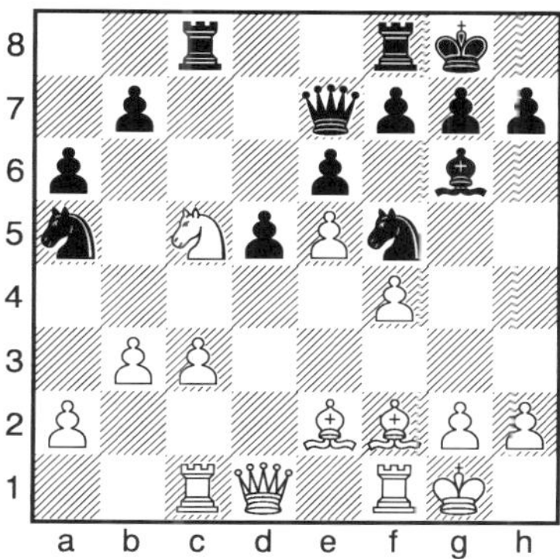

Aufgabe: Analysieren Sie die Stellung und suchen Sie nach einem pragmatischen Weg, um den Vorteil zu bewahren.

In der Folge werden ein paar Fortsetzungen gezeigt, die am lehrreichsten sind und in denen es allerlei Positionen zum Trainieren gibt.

1) Nach **20.g4** muss Schwarz mit konkreten Mitteln arbeiten.

20...Txc5! 21.gxf5 Lxf5 22.b4 Tc4! 23.Lxc4 Sxc4 24.Lc5 Dh4 25.Lxf8 Kxf8

Nun hat Weiß zwar zwei Qualitäten mehr, aber dafür kontrolliert Schwarz die Felder. Dennoch wird Weiß natürlich um den Sieg kämpfen, allerdings nicht ohne Gegenwehr.

2) 20.b4!? Sc4

Schwarz muss nicht zwingend den Springer ziehen, obwohl dieser Zug recht aggressiv wirkt. Und gerade Spieler mit technischen Problemen werden meistens bei aggressiven Kontern stolpern. Daher verdient diese Idee für den Moment Ihre Aufmerksamkeit.

21.Lxc4 dxc4 22.Df3 Tfd8 23.g4 Sh6

Soweit wirkten die bisherigen Züge recht logisch.

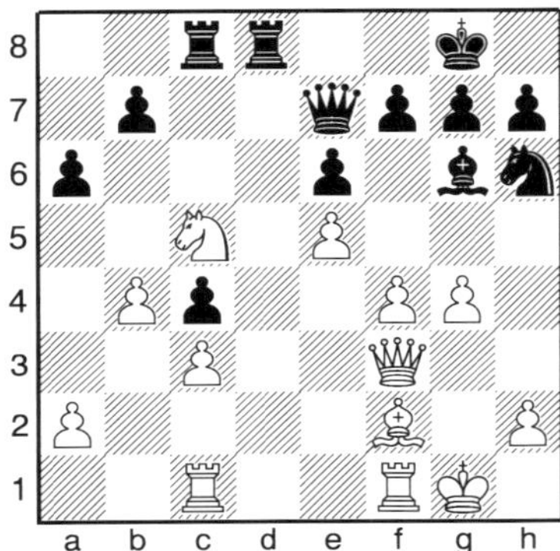

Aufgabe: Nun muss Weiß sich entscheiden, die Dinge mit Dxb7 zu forcieren oder die Ruhe zu bewahren?

a) Nach **24.Dxb7!** hilft lediglich das konkrete Rechnen. Bei strategischer Überlegenheit (Faktoren: Raumvorteil, schwache Bauern, dezentralisierte Leichtfiguren) begünstigt die Taktik meistens den Angreifer. So ist es auch im vorliegenden Fall.

24...Dxb7 25.Sxb7 Td3

25...Td2 26.h3 Ld3 27.Tfd1 Txa2 28.Ta1+–

26.Sc5 Sxg4 27.Sxd3 cxd3 28.Ld4 f6 29.a4

Weiß wird wohl noch technische Probleme zu meistern haben, allerdings sollten die Mehrqualität sowie die potenziellen Freibauern am Damenflügel für eine klar gewonnene Stellung genügen.

b) 24.h3!? erlaubt dem Schwarzen, den Turm zu aktivieren, und nach **24...b6 25.Sxa6 Td3 26.Dg2 Dd7** sieht es nach gutem Gegenspiel aus.

Aufgabe: Ist diese optimistische Einschätzung berechtigt?

Nein! – Denn der wichtige Zug **27.b5!** (statt 27.Lxb6? Dc6 28.Dxc6 Txc6!) gestattet die Rezentralisation des Springer zurück ins Kampfgeschehen, wonach sich die Trümpfe des Weißen auszahlen; z.B. **27...Dxb5 28.Sb4 Td7 29.f5! exf5 30.g5**+– mit Figurengewinn. Diese Ausführungen zeigen deutlich, dass Weiß mit 17.Sc5 eine annähernde Gewinnstellung erhalten hätte.

Zurück zur Partie, in der sich auch der Ansatz 17.Sd2 als gewinnbringend herausstellte.

17...Lg6 18.b4!

Mittels dieser aggressiven Prophylaxe treibt Weiß die gegnerischen Figuren zurück ins eigene Lager, um so das Gegenspiel mit Gewalt (deshalb aggressiv) zu unterbinden.

18...Sac6?

Nach diesem klaren Zugeständnis übernimmt Weiß eindeutig die Kontrolle über die Stellung. Hier sollte man fühlen, dass diese Entscheidung nicht gut sein kann.

19.Sb3 Tcd8 20.Lc5 Tfe8

20...b6 21.Ld6 Txd6 22.exd6 Dxd6 23.Lxa6 wollte sich Schwarz verständlicherweise nicht zeigen lassen.

21.a4 Sc8 22.a5

Schwarz hat absolut kein Gegenspiel mehr und verlor in der Folge die Partie.

Kehren wir nun nochmal zu der kritischen Stellung vor dem 18. Zug von Schwarz zurück und betrachten 18...Sc4. Von dieser Idee wird die Bewertung von 17.Sd2 abhängig sein.

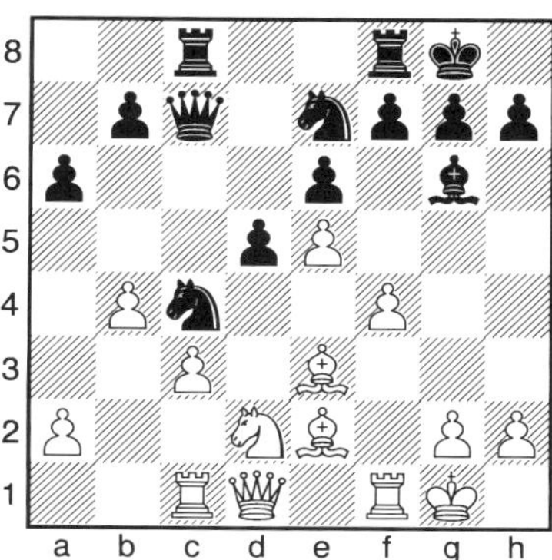

Aufgabe: Was meinen Sie zu dieser Alternative?

Die Analyse zeigt, dass Schwarz nach **18...Sc4 19.Sxc4 dxc4 20.Dd6**

(20.Lc5 Tfd8 21.Ld6?! Db6+ 22.Kh1 Le4 23.De1 Sf5³; besser 21.De1 Ld3)

20...Dxd6 21.exd6 Sd5 22.Lc5 Tc6 23.Lxc4 b6 24.Lxd5 exd5 25.Ld4 Le4! dem Ausgleich sehr nahe kommt.

(25...Txd6? 26.f5! Lh5 27.Tce1)

Von daher hat Weiß in der Partie letztlich die richtige Idee gefunden, diese jedoch falsch umgesetzt. Schwarz wiederum wählte nicht die prinzipielle Fortsetzung, sondern suchte sein Heil in der Passivität, was sich oft als wenig vorteilhaft herausstellt.

Im letzten Beispiel sehen wir den aktuellen Weltmeister höchstpersönlich am Werk. Er demonstriert ein strategisches Motiv, welches inzwischen ebenfalls zu den Standards zählt. Wem dieses jedoch nicht bekannt ist, für den erweist sich das Beispiel als umso lehrreicher.

Carlsen – Witjugow
Wijk aan Zee 2020

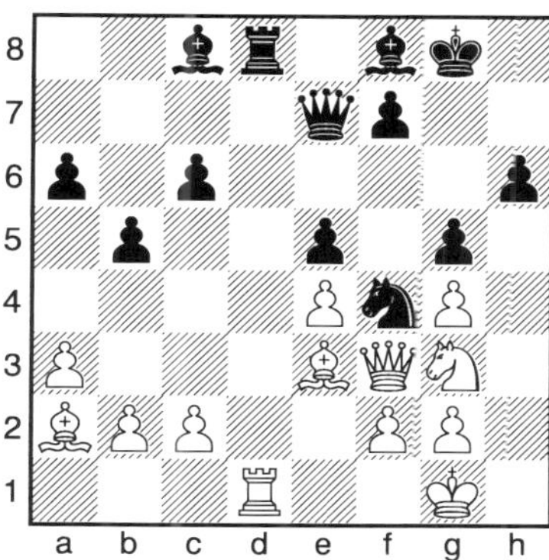

Um seine Stellung zu entlasten, will Schwarz offensichtlich die Türme abtauschen. Weiß hingegen beabsichtigt einen Königsangriff, zumal sämtliche Figuren darauf hindeuten. Und um genügend Material für diesen Plan auf dem Brett zu behalten, setzt Carlsen auf eine typische Methode.

Aufgabe: Um welche Methode handelt es sich? – Oder falls Sie diese nicht kennen: Was würden Sie hier spielen?

Mit **26.Te1!** verlässt der Turm die d-Linie und visiert in der e-Linie die gegnerische Dame an. Damit bereitet Weiß die Invasion auf dem Königsflügel vor. Für diese Invasion ist es essenziell, den Turm als Mehrfigur zu behalten. Dies ist ein wichtiger Grund, um den Abtausch zu vermeiden.

26...c5 27.Sf5! Dc7

Nach 27...Lxf5 28.gxf5 hat der Springer ein kleines Problem.

(Nicht schablonenhaft und ohne zu rechnen spielen: 28.exf5? e4 29.Dg3 Td1–+.)

28.g3 Se6 29.Dh1

Das Damenmanöver über h1 werden Sie

im Laufe des Buches noch einige Male erleben. In diesem Sinne ist dies inzwischen eine natürliche Idee, die dennoch faszinieren kann.

29...f6?

Indem Schwarz die Diagonale zum König schwächt, schlägt er sich strategisch selbst KO.

29...Sd4 wäre wohl noch die beste Chance gewesen. Zwar behält Weiß auch hier seinen Vorteil, allerdings ist der Kampf noch nicht entschieden.

30.Ld5 1–0

2.2.1 Übungsaufgaben zum Thema Abtausch

In gewohnter Manier geht es mit einigen Übungen weiter. Erneut ist der Appell an Sie gerichtet, konkret zu rechnen und zu versuchen die Stellungsmerkmale zu ergründen. (Lösungen ab Seite 143)

Übung 1

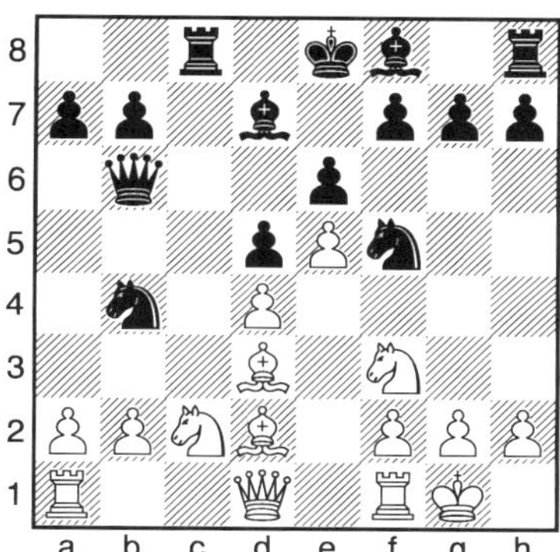

Übung 2

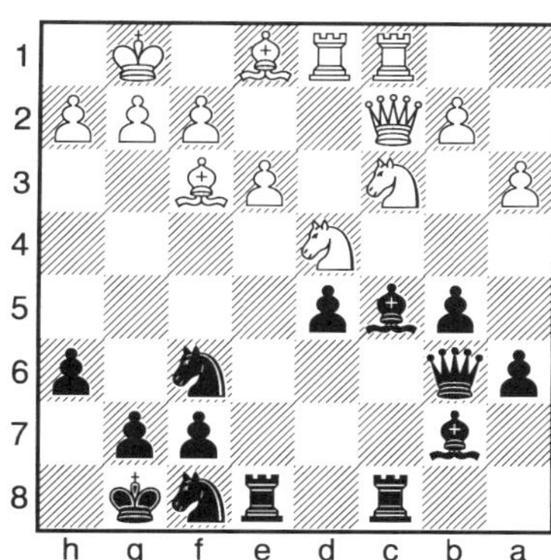

Übung 3

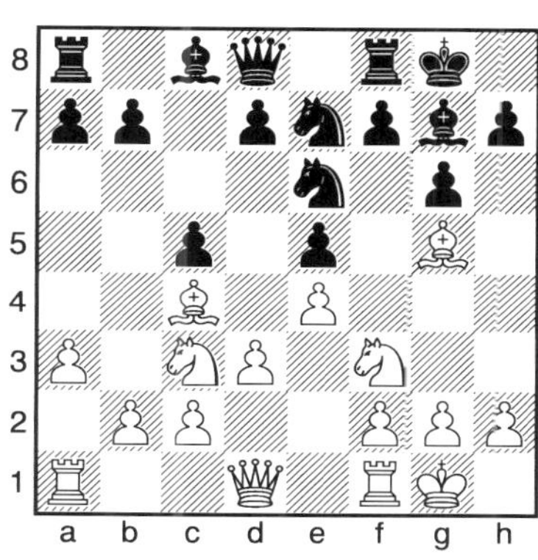

Übung 4

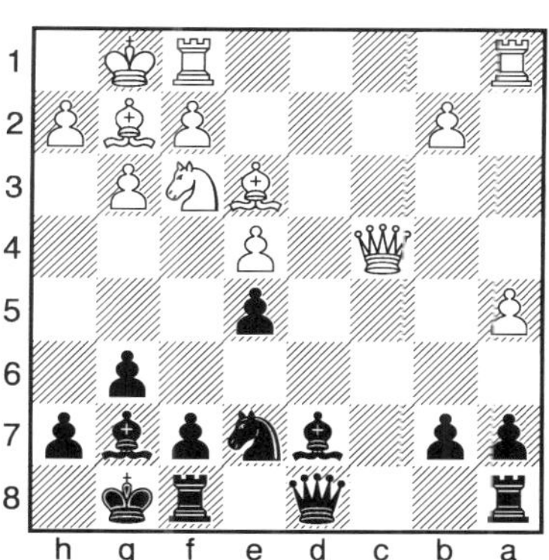

2.3 Verbesserung der Figurenstellung

Um die in den vorhergehenden Kapiteln genannten Motive umzusetzen, ist es notwendig, Felderschwächen zu erkennen und auszunutzen. Zu diesem Zweck sind oft Manöver notwendig, um die Figuren von weniger ergiebigen Feldern auf wirkungsvollere zu verlegen.

Man möchte seinen „arbeitslosen“ Figuren eine Arbeit verschaffen. In diesem Sinne wurde im ersten Unterabschnitt gezeigt, wie man systematisch schwache Felder bzw. Angriffsobjekte herbeiführen kann und wie dies durch Abtausch bzw. Vermeidung von Abtausch unterstützt wird. Somit wurde quasi eine Art Kochrezept vermittelt, um die untätigen Figuren ins Spiel zu bringen. Das soll im Folgenden vertieft werden.

Im Sinne der Verbesserung der Figurenstellung wird in den Lehrbüchern von Mark Dworetzki gerne das „Prinzip der schlechtesten Figur“ von Makagonow genannt.

Leider ist die schlechte Figur nicht immer eindeutig ausfindig zu machen. Ergänzend hilft es daher, die gegnerischen Schwachpunkte zu erkennen. Auf dieser Basis kann die Figurenstellung verbessert werden. Um den Worten Taten folgen zu lassen, sollen nun die Lehrbeispiele das Gesagte demonstrieren.

2.3.1 Lehrbeispiele

Zu Beginn ein Kampf zweier ähnlich starker Großmeister.

Fressinet – Akopjan
Plovdiv 2012

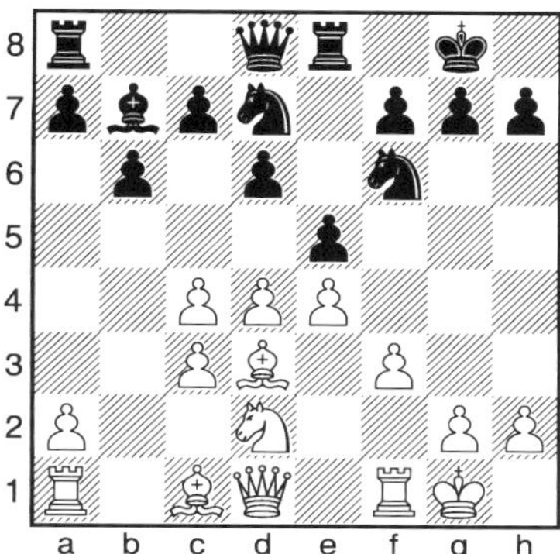

Aufgabe: Worum geht es hier und was ist zu tun?

Da Schwarz seine Figuren im Zentrum konzentriert hat, ist die eigene Königssicherheit etwas geschwächt. Die Frage ist, wie sich dieser Umstand ausnutzen lässt. Wo gehören die Figuren hin? Inwieweit lässt sich genau erkennen, dass der schwarze Königsflügel anfällig ist?

Da der schwarze Läufer auf b7 steht, sind die weißen Felder am Königsflügel nicht unter Kontrolle. Diese Felder stellen eine erste Angriffsfläche dar. Die andere Schwäche stellen die schwarzen Felder dar, da Schwarz keinen schwarzfeldrigen Läufer mehr hat. Demnach soll der schwarzfeldrige Läufer von Weiß in Szene gesetzt werden. Was geschieht jedoch mit dem Läufer d3 und dem Springer d2?

Der Läufer d3 wird nach der Öffnung der Stellung mittels c5 über c4 oder nach f4 nebst e5 an Ort und Stelle aktiv. Bleibt nur noch der Springer. Hierfür erinnern wir uns wieder an die weißen Felder, die der gegnerische Läufer nicht mehr kontrolliert!

Der Springer würde gerne nach f5 wandern, um von dort einen Königsangriff zu starten. Er ist aktuell eine der schlechtesten Figuren, weil er noch keine wirkliche Aufgabe hat.

12.Tf2!

Der Turm räumt das Feld f1, sodass der Springer darüber sein Zielfeld f5 erreichen kann. Weiterhin kann der Turm entweder im Zentrum mitwirken oder sich über eine Verdopplung auf der f-Linie am Kampf beteiligen.

12...c6

Schwarz versucht, diesen Flügelangriff mit einem Zentrumsangriff zu bekämpfen. Dabei öffnet er lediglich die Stellung für das weiße Läuferpaar.

13.Sf1! d5 14.Sg3 Dc7 15.Lg5 h6 16.Le3

Nach dieser Provokation kann sich Schwarz nicht mehr g6 leisten. Dadurch erhält der weiße Springer auf f5 ein ewiges Feld.

16...Tad8 17.Sf5 dxc4 18.Lxc4 b5 19.Lb3 Sc5

Aufgabe: Wie würden Sie nun fortsetzen?

20.Td2!

Mit nunmehr vollständig stabilisiertem Zentrum plant Weiß sofortige Aktivitäten, um den gegnerischen König aufs Korn zu nehmen. Dazu bedient er sich der schwarzen Felder, die der Schwarze nicht mehr ausreichend kontrollieren kann.

20...Sxb3 21.axb3 a6 22.dxe5 Txd2 23.Dxd2 Dxe5 24.Ld4! De6 25.Sxh6+! Kh7 26.Sf5 1–0

Angesichts der Drohung Dg5 und der hoffnungslosen Lage gab Schwarz sich geschlagen.

Nach diesem sanften Einstieg folgen weitere Beispiele unterschiedlichen Schwierigkeitsgrades, bei denen bisher bearbeitete Themen eingesetzt werden, um die Figurenstellung letztlich verbessern zu können. Damit sollen Sie die Synthese der verschiedenen Methoden weiter verinnerlichen.

Baumbach – Vaisman
Fernpartie 1977

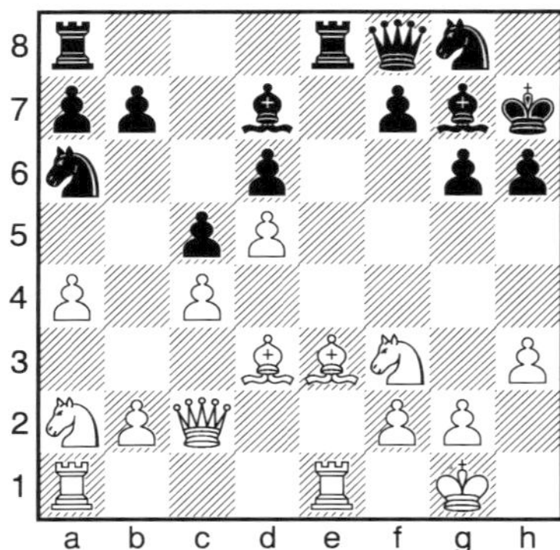

In dieser Stellung hat Weiß etwas Raumvorteil, während Schwarz eine klassische Bauernschwäche auf d6 bewachen muss.

Aufgabe: Wie würden Sie als Weißer fortsetzen, um von der strukturellen Schwäche zu profitieren?

Mit **19.a5!?** beginnt Weiß den Kampf gegen die Schwäche d6. Wie kam er auf diese Idee und was steckt überhaupt dahinter?

Der Bauer d6 wurde als klare Schwäche identifiziert. Schwach wird der Bauer erst, wenn er tatsächlich angegriffen werden kann. Daher ist ein Zugang notwendig. Linienöffnung erweist sich als ein schwieriges Unterfangen. Denn immerhin starren die beiden Bauern einander wie Widder an. Jedoch ist eine Diagonale h2–b8 bereits offen. Eine Diagonale allein reicht meistens nicht aus. Eine Schwäche muss mehrfach angegriffen werden.

Kann Weiß also eine weitere Diagonale öffnen?

Tatsächlich strebte er dies mit seinem letzten Zug an. Zunächst möchte er die Kettenbildung mittels b7–b6 erschweren. Danach bekämpft er die Spitze der kurzen Kette c5, um so an die Wurzel d6 zu kommen.

19.g4!? wäre die moderne raumgreifende Vorgehensweise. Damit unterbindet Weiß den Vorstoß f7–f5. Zusätzlich hat er Ambitionen, am Königsflügel weitere Schwächen zu schaffen, aber dazu später mehr.

19...Se7

Aufgabe: Wo gehören die weißen Figuren hin, damit die gegnerische Kette aufgebrochen werden kann?

20.Db3!

Weiß möchte die Diagonale a3–f8 öffnen. Daher manövriert er seine Dame nach a3, um den Druck zu verstärken.

20...Tab8 21.Lf4 Sc8

Schwarz konnte knapp die Schwächen decken. Nun kann Weiß seinen Plan realisieren.

22.Da3 b6 23.axb6 Txb6 24.Txe8

Nicht sofort 25.Tb1 wegen 25...Txe1+ usw.

24...Dxe8 25.Tb1 Se7

Die Plombierung von b4 mit 25...Sb4

scheitert daran, dass sich keine Leichtfigur dort halten kann; z.B. 26.Sxb4 Txb4 27.b3 und Weiß kann den Turm jederzeit mit Ld2 vertreiben und dann mit b3-b4 sein Ziel verwirklichen.

26.b4 cxb4 27.Sxb4 Sc5

Schwarz hat die positionellen Schwächen a7 und d6 in Kauf genommen. Nun setzt er auf seine dynamischen Chancen.

28.Te1 Lb2!?

Ein Blitz aus heiterem Himmel!

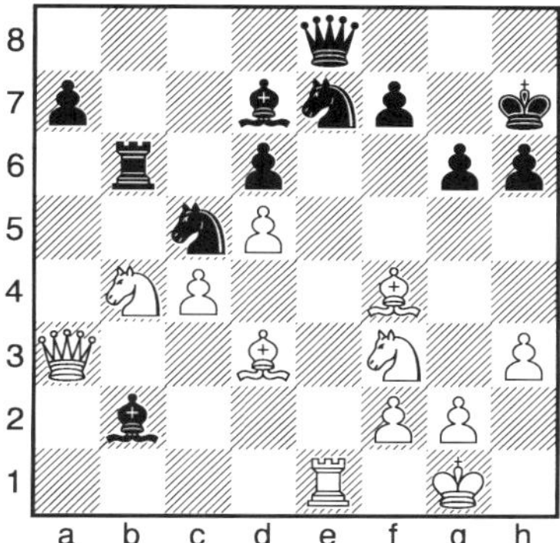

Aufgabe: Wie würden Sie auf den möglichen Schock reagieren? Fallen Sie vom Stuhl oder behalten Sie einen kühlen Kopf?

Nach **29.Dxb2** ist Weiß bereit, seine Dame zu opfern.

Dies wäre nach 29.Dxa7 in einer anderen Version der Fall: 29...Tb7 30.Da5 Lc3 31.Lxd6 Lxb4 32.Dxb4 Txb4 33.Lxc5, wonach Schwarz dem Remis nahekommen kann; z.B. 33...Txc4 34.Lxc4 Dc8 35.Txe7 Dxc5 36.Txf7+ Kg8 37.Txd7 Dxc4 und auch wenn die Stellung objektiv remis ist, so hat Weiß noch zahlreiche Chancen, um auf Gewinn zu spielen. Diese Betrachtung ist allerdings nicht mehr Teil des Buches.

29...Sxd3 30.Sxd3 Txb2 31.Sxb2 Dd8 32.Lxd6

Die kritische Endphase ist erreicht.

Aufgabe: Wie würden Sie die schwarze Verteidigung organisieren?

In dieser Stellung hilft es, mit ‚schwacher König" und „starke gegnerische Freibauern" die wichtigsten Faktoren zu erfassen. Besonders der schwache König wird angesichts der ungleichfarbigen Läufer noch stärker in den Vordergrund gerückt. Daher ist es für Schwarz relevant, seine Figuren beim König zu behalten. Zugleich sollte er Chancen gegen den gegnerischen König schaffen.

Mit **32...Sc8?** bricht Schwarz unter dem Druck zusammen, denn er macht seinen Springer passiv und vernachlässigt seinen geschwächten Monarchen.

Bezüglich der aktiven Verteidigung 32...Sf5! hier zwei exemplarische Fortsetzungen:

1) 33.Lb4 Sh4 34.Sxh4 Dxh4 35.Te7 Df4! 36.Txd7 Dc1+ =;

2) 33.Le5 Da5 34.Tc1 g5 35.c5 Db4 36.c6 Lc8 37.Td1 De4 und Schwarz bleibt gewiss nicht ohne Gegenchancen.

33.Le5 Sb6 34.Ta1 Da8 35.Ld4 Db7 36.Se5 Le8?

Hiernach ist es sofort vorbei, aber auch sonst ist die Lage inzwischen mehr als kritisch.

37.Sg4! 1–0

Letztlich erwiesen sich die praktischen Probleme als zu schwer. Allerdings wäre es interessant zu wissen, ob der Schwarze diese Folgen hätte vermeiden können.

Nachdem Sie nun den klaren weißen Plan kennengelernt haben, bleibt die

Frage, ob Schwarz sich präziser verteidigen konnte. Entsprechend des damaligen Verständnisses hatte er weniger nach Gegenspiel gestrebt, sondern sich eher passiv verteidigt. Durch den Einsatz der Schachcomputer sind heutzutage zahlreiche Varianten spielbar geworden, für die man damals gerügt worden wäre. Daher soll der Blick nochmal auf eine kritische Position gelenkt werden.

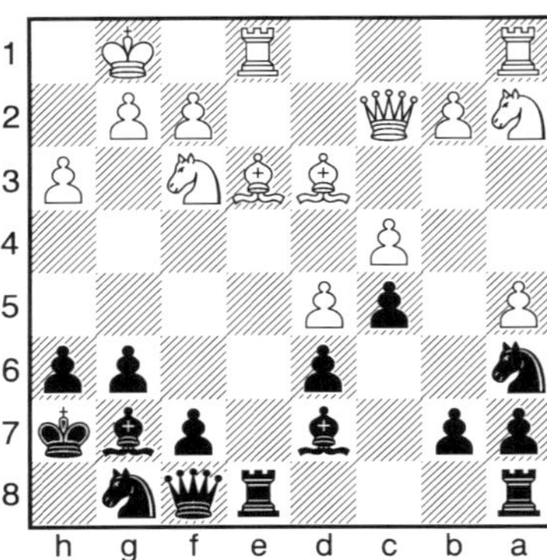

Aufgabe: Haben Sie eine Idee, wie man sich hier Gegenspiel verschaffen könnte?

19...Sf6

1) 20.Db3 wäre analog zur Partie.

20...Tab8 21.Da3 b5 22.axb6

Weil die Diagonale geschlossen bleibt und der Schwarze rechtzeitig Gegenspiel erhält, gleicht Schwarz damit die Stellung aus. Weiß könnte nun den Bauern b2 decken. Dabei möchte er weiterhin sein Druckspiel gegen a7 behalten.

22...Txb6 23.Ld2 Teb8! 24.Lc3?

Aufgabe: Wie würden Sie die strategische gegnerische Idee bekämpfen?

Nach **24...Sb4! 25.Lxb4 cxb4 26.Dxa7 T8b7 27.Da5 Sh5**–+ kontrolliert allein der Schwarze das Brett.

2) Reagiert Weiß schablonenhaft mit **20.Lf4**, kann Schwarz erneut mit **20...Tab8** um Gegenspiel kämpfen. Allerdings hat Weiß ein paar Tempi mehr, welche er mit **21.Txe8!** sogar noch vervielfältigen kann. Nun muss Schwarz seine Figurenstellung verschlechtern.

– Schlägt er mit einer Leichtfigur zurück, kann Weiß die e-Linie besetzen.

– Nimmt er hingegen mit dem Turm, so hat Weiß mehr Zeit, bevor Schwarz die b-Linie öffnen kann.

21...Txe8 22.g4

Auch hier käme der inzwischen natürliche Raumgewinn in Betracht. Damit Sie eine Idee haben, wie der Kampf fortgesetzt werden kann, wird eine kleine, aber sehr lehrreiche Modellvariante vorgestellt. Unter der Annahme, dass der Schwarze weiterhin sein Gegenspiel am Damenflügel verfolgt, beginnt diese mit **22...Tb8**. Weiß konzentriert sich nun auf seinen Angriff am Königsflügel. Da bald ein Turm auf b6 landet und damit den Bauern d6 deckt, muss er frühzeitig weitere Schwächen ausfindig machen.

Aufgabe: Welche Ziele würden Sie exakt anstreben? Wo gehören Ihre Figuren hin?

23.Dd2!

Es werden die Bauern am Königsflügel sein, die der Turm von b6 aus kaum noch verteidigen kann. Entsprechend will Weiß insbesondere die f-Linie öffnen. Daher wartet die Dame auf die Zeit für ihren Schwenk.

23...b5 24.axb6 Txb6

Bevor der Angriff fortgesetzt wird, sollten die gegnerischen Chancen limitiert werden. Damit die weißen Ambitionen geschwächt werden, möchte Schwarz Figuren abtauschen, sodass der Bauer b2 schwächer und schutzbedürftig wird. Daher vermeidet Weiß jedwede Vereinfachung.

25.Sc3! Sb4 26.Lb1 a6 27.Ta3!

Nun kann der Turm klassisch entlang der dritten Reihe ins Spiel gebracht werden.

27...Tb7 28.Se2 Db8

a) 29.Sg3?

Aufgabe: Worauf gilt es bei Zügen dieser Art zu achten?

29...Sbxd5!

Stets auf Einschläge achten, insbesondere wenn der Gegner seine Figuren auf bestimmte Punkte konzentriert.

b) 29.g5 hxg5 30.Sxg5+ Kg8 31.De3 Sh5

31...Sbxd5 32.cxd5 Sxd5 33.Df3+–

32.Df3!

Wie angekündigt folgt nun der Angriff gegen f7. Erneut folgt die Annahme, dass Schwarz seinen Turm zur Verteidigung zurückbeordert.

32...Le8 33.Te3

Damit bindet Weiß die gegnerische Dame an den Läufer e8, sodass der Druck gegen d6 aufgrund der Überlastung der gegnerischen Dame verstärkt wird.

33...Dd8

Aufgabe: Wie kann Weiß seine Stellung entscheidend verbessern?

Da d6 und f7 inzwischen als Schwächen erkannt wurden und entsprechend bekämpft werden, folgt eine neue Sichtung. Auffällig ist der fehlende h-Bauer von Schwarz. Wird zudem erkannt, dass der schwarze Springer nicht mehr auf seinem Standardfeld f6 steht, so wird deutlich, dass das Feld h7 nur noch vom König geschützt ist. Nunmehr ist ein neues Angriffsziel gefunden! Wie kommt Weiß dort hin? Der Springer h5 muss bekämpft werden!

Also: **34.Sg3!!**, denn mit dem Abtausch des stärksten Verteidigers öffnet Weiß seinen Figuren Tür und Tor zu den Schwächen d6, f7 und h7.

34...Sxg3 35.Dxg3 Td7 36.Dh4 Te7 37.Dh7+ Kf8 und nun wäre ein beispielhafter Schlussakkord **38.Se6+! fxe6 39.Lh6+–** nebst Dh8 bzw. ggf. auch Tf3 mit sofortigem KO.

Tiwjakow – Nikolic
Leiden 2015

1.e4 e5 2.Sf3 Sc6 3.Lc4 Sf6 4.d3 Le7 5.c3 0–0 6.Lb3 d6 7.0–0 Sa5 8.Lc2 c5 9.d4 cxd4 10.cxd4 Sc6 11.d5 Sb4 12.Lb3!?

Die erreichte Bauernstruktur ist wohlbekannt und kann in zahlreichen Eröffnungen vorkommen. Bevor jedoch weitere Erläuterungen folgen, sind Sie nun am Zug.

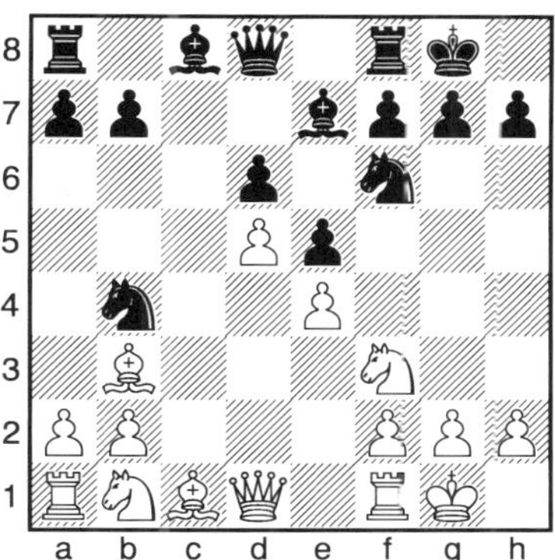

Aufgabe: Wie würden Sie jetzt fortsetzen?

Zunächst geht es darum, die kleine Falle zu entdecken, dass der Bauer e4 vergiftet ist.

Weiterhin ist allgemein bekannt, dass Schwarz bei dieser Bauernstruktur meistens am Königsflügel angreift, während Weiß infolge seines Raumvorteils durch den Bauern d5 über die c-Linie am Damenflügel vordringt.

Allerdings lässt sich dies nicht immer verallgemeinern. Schwarze hat auch die Möglichkeit, am Damenflügel aktiv zu werden. Da der Weiße noch nicht sonderlich effektiv entwickelt ist, kann von einer Überlegenheit am Damenflügel nicht die Rede sein.

Wie geht es tatsächlich weiter? Um dies zu klären, ist es wichtig, die Ideen des Weißen zu hinterfragen. Da er augenscheinlich seinen weißfeldrigen Läufer behält, möchte er speziell im Falle des Vorstoßes f7–f5 über die hellen Felder eingreifen. Sei es durch einen eventuellen Läufertausch via b1–h7 oder durch das Eingreifen des Rösselsprungs Sf3–g5–e6. Daher strebt er an, den schwarzen Springer b4 auf eine Art zu vertreiben, dass dieser letztlich nicht mehr das Feld c5 erhält. Also a2–a3 nebst Lb3–c2 und bei Bedarf b2–b4, wonach der Springer a6 zeitweilig außer Spiel wäre. Deshalb muss sich Schwarz Gedanken machen, wo dieser am besten steht. Hierfür gibt es das Standardfeld c5, weshalb die Reaktion von Schwarz als Standardreaktion angesehen wird.

12...a5!

Damit kämpft Schwarz einerseits um das Feld c5, andererseits möchte er am Damenflügel mit seinen Bauern Raumgewinn erreichen. Somit kann er je nach Reaktion entscheiden, welche Idee eine höhere Priorität verdient.

12...Sxe4? 13.De1! oder 12...Sa6?! wäre zu langsam und wenig flexibel. Mit dieser Fortsetzung fixiert sich Schwarz auf eine Idee. Dies ist oft lediglich die zweit- oder drittbeste Möglichkeit. Denn so kann der Gegner sich darauf einstellen und eine Gegenmaßnahme entwickeln. 13.Sc3 Sc5 14.Lc2 a5 15.Le3 b6 16.h3 La6 17.Te1 nebst Tc1 und a3. Im Gegensatz zur Partie kommt Schwarz nicht schnell genug zu Gegenspiel.

13.a3 Sa6 14.Lc2 Ld7 15.Ld2

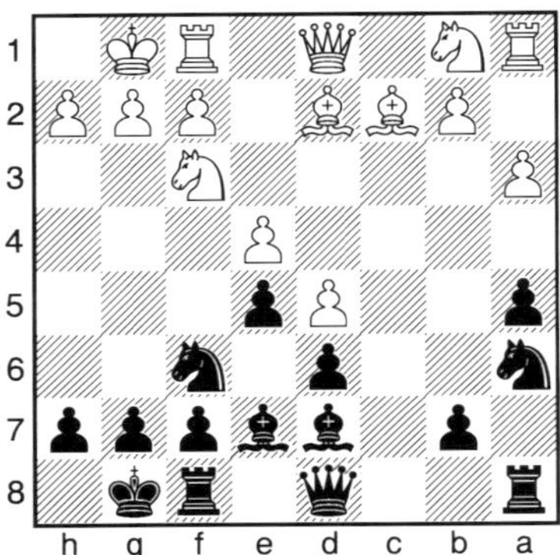

Aufgabe: Halten Sie nun inne und überlegen Sie, wie es weitergehen sollte.

Mit **15...a4** verhindert Schwarz das raumgreifende b2–b4. Es wird dabei taktisch ausgenutzt, dass der Bauer e4 lediglich durch den Läufer c2 gedeckt ist. Hiermit hat Schwarz bereits vollkommen ausgeglichen. Von einem Vorteil kann hingegen nicht die Rede sein. Dafür war die weiße Spielweise zu gesund. Zudem können sich die Bauern am Damenflügel als Schwäche herausstellen.

Wie auch immer: Damit auf Sieg gespielt werden kann, ist ein objektiver Stellungsvorteil nicht zwingend notwendig. Es reicht aus, die Stellung besser zu verstehen und Ideen zu entwickeln. Je mehr der Gegner beschäftigt wird, umso größer die Wahrscheinlichkeit, dass die

Kondition in den späteren Stunden nachlässt. Dahingehend können Sie sich auch bei Ihren eigenen Vorbereitungen orientieren. Deshalb benötigen Sie in Ihrer Eröffnungsvorbereitung nicht unbedingt einen Stellungsvorteil. Es ist wichtiger, dass Sie sich in der erreichten Stellung wohlfühlen!

(Partiefolge auf Seite 52 links)

1) Statt des Textzuges wäre **15...b5?** eine klare Fehlentscheidung, da nun der Springer a6 ausgeschaltet wird.

16.b4 Db6 17.Ld3 ggf. nebst Ta2–b2, um so den Bauern b5 als klare Schwäche zu markieren.

Wie kommt man auf diese Ta2–Idee? Da Weiß sich entwickeln möchte, muss er irgendwann seinen Springer b1 ziehen. Auch der Läufer auf d2 steht nicht wirklich brillant. Damit sich dies ändert, muss dieser Läufer beweglich gemacht werden. Weiterhin kann dadurch eine Bindung der gegnerischen Figuren auf b5 erreicht werden, sofern Schwarz nicht die Spannung durch a5xb4 auflöst.

2) Mit **15...Db6!?** zwingt Schwarz den Gegner zu präzisen Zügen, um einen Stellungsnachteil zu vermeiden.

Aufgabe: Wie würden Sie nun fortsetzen?

16.Dc1 Lb5 17.Te1!

Erneut gilt das Prinzip: Flexibilität wahren und sich alle Möglichkeiten offenhalten. So muss Schwarz mit allen Reaktionen rechnen.

17...Sc5 18.Sc3 Sd3 19.Lxd3 Lxd3

Es sieht so aus, als ob Schwarz einiges erreicht hat, denn er konnte das Läuferpaar erobern, den Gegner an den Rand abdrängen und musste sich dafür nicht einmal schwächen.

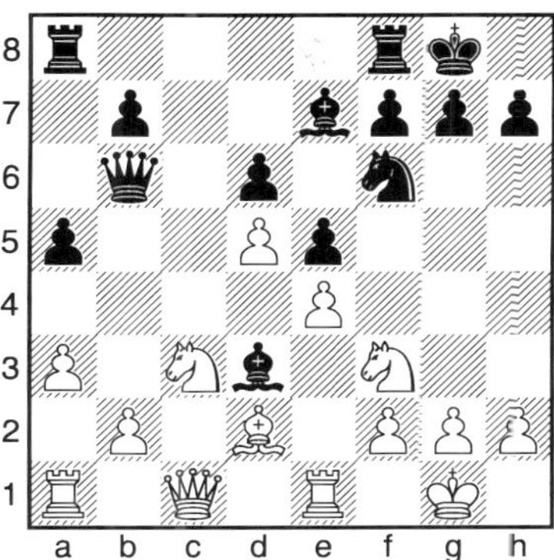

Aufgabe: Was ist dem Weißen daher zu raten?

Tatsächlich hat Schwarz seinen Königsflügel empfindlich geschwächt. D es kann Weiß auf verschiedene Arten auszunutzen versuchen, um das Gleichgewicht zu wahren.

a) Die einfachste Möglichkeit ist **20.Te3!? Lb5**

(20...La6 21.Sh4 g6 22.Tg3 Kh8 23.Lg5)

21.Sxb5 Dxb5 22.a4 Da6 23.Taa3!?=.

b) Eine weitere Idee mit etwas forcierterem Charakter ist **20.Le3! Da6.**

Auch mit anderen Damenzügen kann Schwarz wenig erreichen; z.B. 20...Dd8 21.Lg5 Sd7 (21...Tc8 22.De3 Lc4 23.Tac1=) 22.Lxe7 Dxe7 23.De3 La6 24.b4 mit weißem Vorteil.

21.Lg5! h6

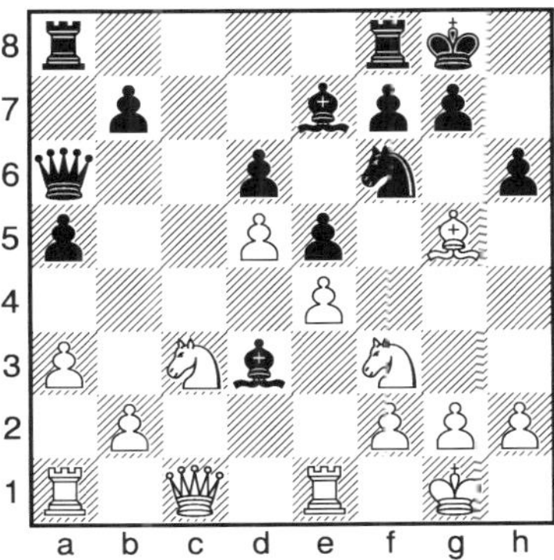

Aufgabe: Was hatte Weiß geplant?

22.Sh4!!

Versuchen Sie einmal, als kleine Übung am Brett selbstständig herauszufinden, warum der Zwischenzug 20.Le3 für diese Idee erforderlich war!

22...hxg5 23.Sf5 Ld8 24.Dxg5 Se8 (24...g6? 25.Te3!+–) **25.Dg4 Db6** (25...g6 26.Te3=) **26.Te3 Dxb2 27.Td1 Lc2 28.Th3 g6 29.Sh6+ Kg7 30.Sf5**+ =

Zurück zur Partie.

16.Te1 b5 17.Sc3

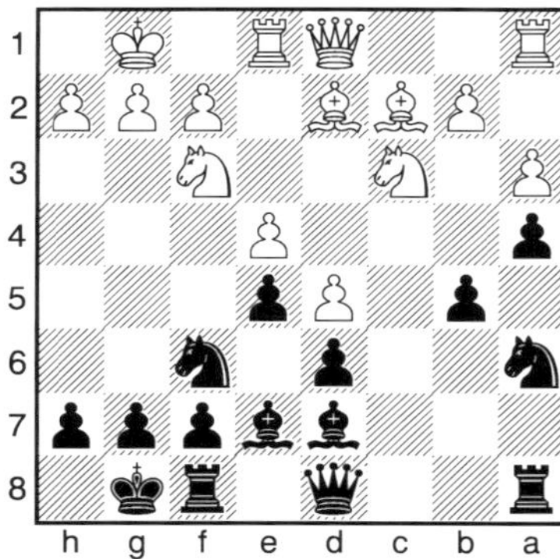

Aufgabe: So weit so gut, wie geht es nun weiter?

17...Db8!

Eine weitere typische Idee, mit der Schwarz die Verbesserung seines schlecht stehenden Läufers e7 beabsichtigt. Dieser verfügt auf der Diagonale a7–g1 über prächtige Aussichten. Der Kernnachteil des schwarzen Aufbaus ist natürlich die eigene Königssicherheit.

18.Sa2

Dies ist eine sehr schablonenhafte Spielweise. Die Bauern werden blockiert und der Bauer auf d6 ein wenig anvisiert. Damit konnte der Schwarze gut rechnen, sodass er ohne Risiko weiter nach Plan vorgehen kann.

Deshalb verdient das unscheinbare 18.h3!? Beachtung; z.B. 18...Tc8 (18...Ld8 19.Se2 Lb6 20.Sg3 Tc8 21.Sh4) 19.Te3 (19.Se2 b4!) 19...Ld8 20.Se1 mit jeweils komplizierter Stellung.

18...Tc8 19.h3 Ld8! 20.Sb4 Lb6 21.Sxa6 Txa6

Was hat Weiß durch diese schablonenhafte Idee erreicht? Für eine zeitliche Investition gelang es ihm, den Verteidiger c3 gegen den noch inaktiven Springer a6 in mehreren Zügen abzutauschen. Dafür durfte Schwarz seine Figuren aktivieren und der a-Turm wird zur Verdoppelung auf der c-Linie eingeladen. Im Gegenzug möchte Weiß die schwarzen Bauern am Damenflügel unbeweglich machen. Allerdings bilden diese keine allzu große statische Schwäche, denn Weiß kann sie nicht stark genug bedrohen, weil seine Figuren nicht optimal stehen. Deshalb kann Schwarz weiterhin gefahrlos seine Kernidee verfolgen: Verdoppelung auf der c-Linie und danach schauen, wie Weiß reagiert.

22.Ld3 Ta7 23.Lb4 Lc5

Verständlicherweise soll die Blockadefigur abgetauscht werden. Als Resultat bleiben die schwarzen Bauern nicht zwangsläufig auf weißen Feldern.

24.Dd2 Tac7

Mit 24...Lxb4 25.Dxb4 Db6 hätte Schwarz eine stillschweigende Remisschaukel vermeiden können. Allerdings ist eben objektiv gesehen noch nicht viel los.

25.Kh2

Da Weiß keine gegnerischen Pläne erkennen kann, möchte er vor dem eigenen Sturm seinen König noch sicherer stellen. Aber hat Schwarz angesichts der zuverlässig verteidigten 2. Reihe tatsächlich keinen Plan?

25.La5 Lb6

(25...Tb7!? wäre im Gewinnsinne theoretisch möglich.)

26.Lb4 Lc5=

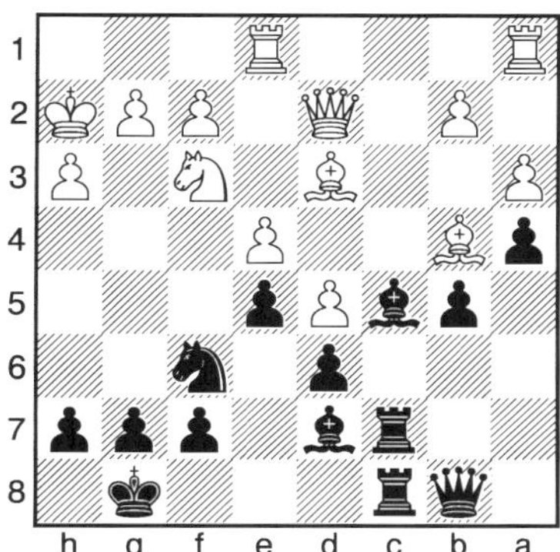

Aufgabe: Wie würden Sie nach 25.Kh2 fortsetzen?

25...Sh5!

Auch am Königsflügel gibt es nach wie vor Perspektiven, um Drohungen aufzustellen. Denn bisher haben sich beide Seiten mehr um ihren Damenflügel gekümmert. Daher wird das Spiel auf den Königsflügel verlagert.

26.g3 g6 27.Sh4?!

Durch diesen kleinen Rechenfehler gerät Weiß in die falsche Spur. Er setzt auf Aktivität und möchte mittelfristig den Vorstoß des f-Bauern durchführen. Als Resultat der Ungenauigkeit werden die Risiken von Schwarz jedoch minimiert und durch eine kleine Veränderung der Struktur kann er sich seiner Schwächen fast vollständig entledigen. Es heißt „fast“, da sie theoretisch immer noch schwach werden können.

Stattdessen hätte 27.La5 Tb7 28.Tac1 Da7 29.Tf1 Tcb8 30.Lb4 Tc7 zu einer Stellung mit Chancen für beide Seiten geführt.

27...Lxb4 28.axb4

Hiermit stabilisiert Weiß einerseits die Lage. Andererseits verfügt die Dame nun nicht mehr über den Doppelangriff von b4 aus auf b5 und d6. Dadurch hat Schwarz noch weniger Risiken. Er muss nun lediglich darauf Acht geben, dass der Vorstoß f2–f4 nicht kräftig durchgesetzt werden kann. Denn dieser hinterlässt grundsätzlich zahlreiche Felderschwächen. Genau diese gilt es prophylaktisch anzuvisieren und entsprechend die Figurenstellung zu verbessern. Hier sehen Sie abermals als kleines Beispiel das Zusammenspiel mehrerer Konzepte, darunter auch des prophylaktischen Denkens, welches im nächsten Kapitel noch intensiver betrachtet wird.

Falls sich Weiß mit 28.Dxb4?! schwächt, gewinnt Schwarz ein paar Tempi zur Aktivierung seiner Dame. In Verbindung mit der bereits bestehenden Verdopplung der Türme hat er hinterher spürbaren Vorteil, wie zwei Beispielvarianten zeigen.

1) 28...Tc2?! ist eine Verführung, die sich als nachteilig erweist, da Wei seine Figuren rechtzeitig in Stellung bringen kann: 29.Lxc2 Txc2 30.Tf1 Db6 31.Sg2 Txf2 32.Tae1 mit weißem Vorteil.

2) 28...Db6 29.Te2 Dc5 30.De1 Sf6 nebst baldigem b4, wonach die Bauern e4 und b2 deutlich zur Schwäche neigen. Hingegen wird sich der Bauer a4 als schwarzer Trumpf erweisen. Er ist durch den Läufer d7 solide gedeckt und damit kaum ernstlich angreifbar.

Zu diesem Thema gibt es zahlreiche Beispiele im Bereich des Endspiels. Da dies nicht das Thema des Buches ist, soll es erstmal bei dieser Aussage bleiben. Sie haben daher die Chance, in eigener Regie zu prüfen, ob die Thesen einer Überprüfung standhalten; z.B. anhand von Trainingspartien oder Schachcomputer gegen Schachcomputer.

28...Db6! 29.Te2 Sg7!?

Schwarz wählt den natürlichen Zug. Er zeigt seine Bereitschaft, f7–f5 zu spielen, was seinen Gegner zu Aktivitäten provoziert. Schließlich möchte Weiß angesichts seines ursprünglichen Anzugsvorteils nicht passiv bleiben. Solche Provokationen sind wichtige psychologische Tricks im Laufe von Schachpartien, mit denen man schwierige Probleme aktiv lösen kann. Allerdings wird das Thema in diesem Buch nicht mehr allzu häufig vorkommen.

Objektiv betrachtet ist die Stellung übrigens weiterhin ausgeglichen. Schwarz kann auch nur etwas erreichen, wenn er sich irgendwann mit f7–f5 schwächt (von taktischen Spielereien am Damenflügel mal abgesehen, die es immer wieder geben kann). Deshalb ist die Provokation hier recht sinnvoll. Da sich die Partie der 40 Züge-Marke nähert, kann durchaus auch Zeitnot eine gewisse Rolle gespielt haben.

30.f4

Weiß möchte verständlicherweise nicht abwarten und zusehen, wie Schwarz seine Vorteile immer weiter ausbaut, und geht daher auf die Provokation ein.

30...exf4 31.gxf4

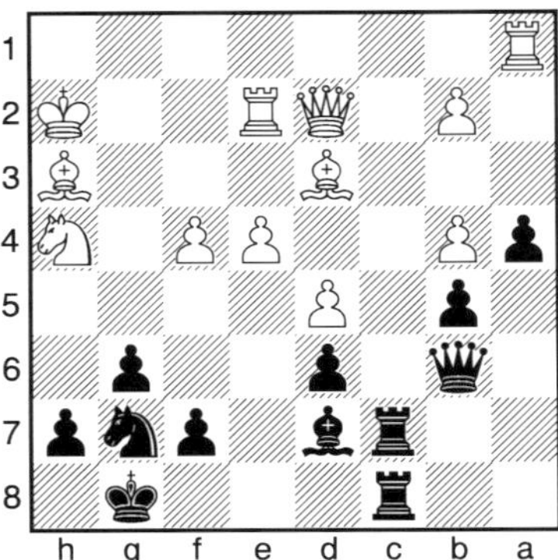

Aufgabe: Wie geht es nach der Provokation weiter?

31...Dd4!

Bei nahezu jedem Angriff ist die eigene Königssicherheit von enormer Wichtigkeit. Deshalb beordert Schwarz seine Dame zum König. Außerdem kann sie von f6 aus sämtliche empfindlichen Punkte im gegnerischen Lager anvisieren.

32.Sf3 Df6 33.Tg1

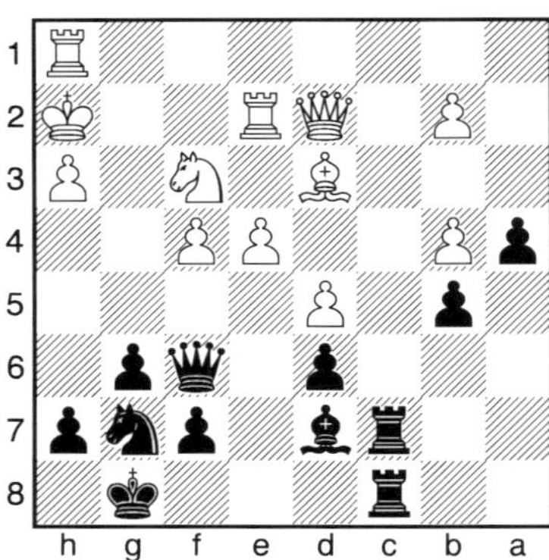

Aufgabe: Wie würden Sie den gegnerischen Ambitionen am Königsflügel begegnen?

Mit **33...Sh5?!** macht Schwarz unter den gegebenen Umständen vorwiegend die weißen Angriffskräfte stärker und gießt somit Öl ins Feuer.

In solchen Stellungen sollte man sich bewusst machen, wo sich die gegnerischen Hauptschwächen befinden. Diese ergeben sich meistens durch Bauernzüge. Derartige Züge können nicht mehr rückgängig gemacht werden und können daher irreparable Schäden hinterlassen. Hilft Ihnen dieser Denkanstoß?

Mit den Zügen 33...a3!! 34.bxa3 Tc3 hätte Schwarz die entstandenen Schwächen der weißen Stellung ausgenutzt. Weiß besitzt auf der zweiten Reihe kaum noch Bauern. Daher strebt Schwarz die Eroberung der zweiten und/oder dritten Reihe an.

Hiernach muss allein Weiß ohne großes Gegenspiel ums Überleben kämpfen, während der schwarze König die Sicherheit genießt, die bei jedem Angriff wichtig ist. Da dies eine wichtige Merkregel ist, wurde sie nun noch einmal wiederholt.

34.f5 a3! 35.bxa3 Tc3

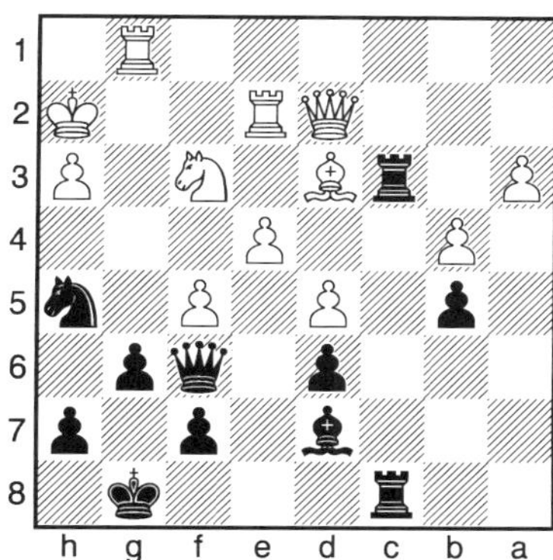

Aufgabe: Welche Chance bekam Weiß? Wie würden Sie dies ausnutzen? Überlegen Sie, worauf Sie als Weißer spielen können!

Mit **36.e5?** begeht Weiß denselben Fehler wie Schwarz: Er schwächt seine eigene Königsstellung.

Stattdessen hätte die Verstärkung 36.Teg2 Komplikationen herbeiführen können, die höchstens auf eine leicht schlechtere aber vollkommen spielbare Stellung hinausgelaufen wären. Da Weiß einen weißfeldrigen Läufer hat, muss er dessen Potential freisetzen. Dies wird umgesetzt, indem der Druck auf die anfällige gegnerische Kette auf dieser Felderfarbe verstärkt wird.

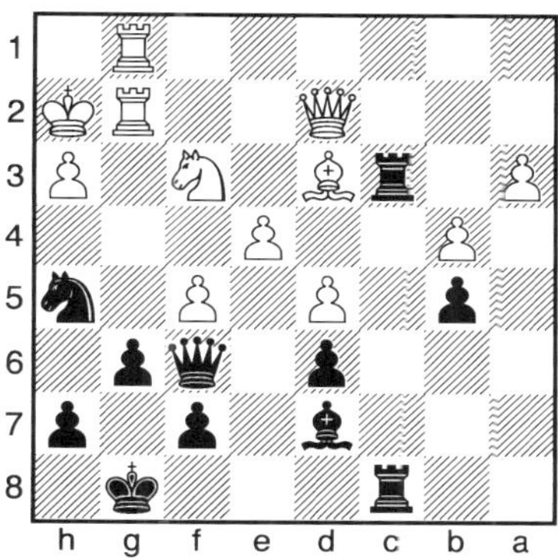

Aufgabe: Stellen Sie sich folgende Situation vor: Sie haben 36.Teg2 übersehen und müssen nun eine Antwort finden? Wie würden Sie darauf antworten. Gehen Sie dabei von zwei Szenarien aus. Sie müssen sich innerhalb einer Minute entscheiden (als Training für die Intuition in der Zeitnotphase) – oder Sie haben 15 Minuten Bedenkzeit.

1) 36...Kg7? 37.e5! dxe5 38.fxg6 hxg6 39.Lxg6+–

2) 36...Txa3? 37.e5 Txd3 38.Dxd3 Lxf5 39.exf6 Lxd3 40.Tf2!?

3) Zunächst muss Schwarz mit 36...Kh8! dem Druck entgehen. Falls 37.Le2 mit der Idee Dh6 folgt, so ist 37...Kg7![3] richtig, da der Läufer als Angreifer gegen g6 fehlt.

36...dxe5 37.Txe5 Kh8 38.Tge1 Kg7

Damit zeigt Schwarz, dass er die richtige Verteidigung gefunden hätte. Der weiße Druck auf g6 hat nachgelassen, sodass sich der König wagemutig nach g7 begibt.

38...Lxf5?

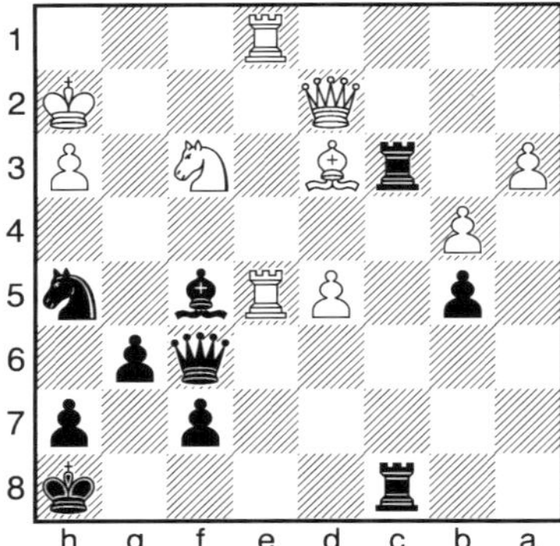

Aufgabe: Dieser Zug sieht eigentlich gut aus. Immerhin wird die Schwäche der dritten Reihe ausgenutzt. Oder steckt der Teufel doch im Detail und es gibt ein Problem?

Mit 39.Dh6! nutzt Weiß die unvorsichtige Spielweise aus, mit der die gegnerische Königssicherheit missachtet wurde.

39.T1e3 Txa3 40.Lb1 Txe3 41.Dxe3

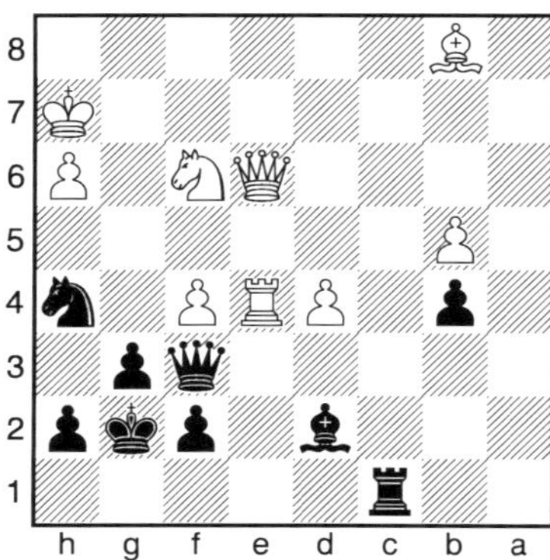

Aufgabe: Ein letzter kritischer Moment. Was ist zu tun?

Mit dem Riesenzug **41...Dd6!!** legt Schwarz den Finger auf die Wunde. Die mangelnde Königssicherheit wird dem Weißen zum Verhängnis. Da Schwarz dies als Schwäche erkannte, hat er folglich seine Dame zentralisiert und deren Position somit verbessert. Nun folgen von beiden Seiten vielleicht nicht mehr die genauesten Züge, allerdings ist der lehrreiche Teil inzwischen sowieso vorbei.

42.Kg2 Dxb4 43.fxg6 Tc3 44.Dd2 Lxh3+ 45.Kh2 Sf6 46.gxh7 Sg4+ 47.Kh1 Dxb1+ 48.Se1 0-1

Ein hartes Stück Arbeit, aus dem Sie aber einiges mitnehmen konnten.

In der nächsten Partie werden auch die Motive aus dem vorangegangenen Kapitel noch einmal thematisiert.

Naiditsch – Swidler
Karlsruhe 2019

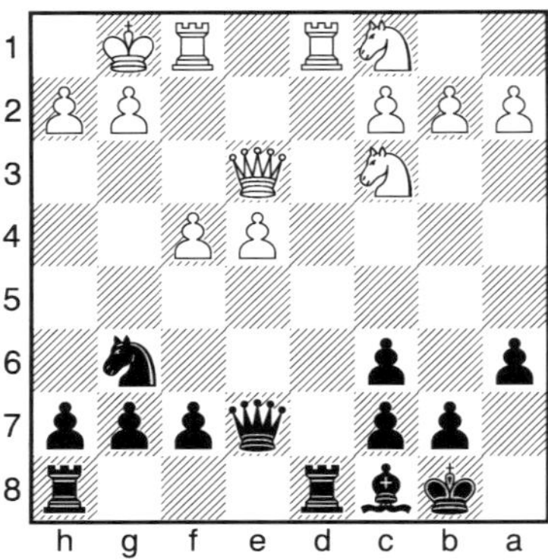

Aufgabe: Entwerfen Sie einen Plan für Schwarz.

Es liegt eine für die „Spanische Abtauschvariante“ typische Struktur mit „verschobenen Majoritäten“ vor. Schwarz muss sich Gedanken über die optimale Postierung seiner Figuren machen. Dabei ist es wichtig zu prüfen, welche Figuren den Weißen beim Einsatz seiner Bauernmehrheit am Königsflügel langfristig begünstigen. Diesbezüglich entschied Schwarz, dass es sinnvoll sei, ein Turmpaar zu tauschen. Diese gängige Methode wurde im letzten Lehrbeispiel aus dem Abschnitt „Abtausch“ von Magnus Carlsen demonstriert.

16...Txd1!?

Nach dieser Vereinfachung möchte Schwarz mit den verbliebenen Schwerfiguren von der halboffenen e-Linie profitieren, in der es ja ein Angriffsobjekt gibt.

(Partiefolge auf Seite 58 links)

Die natürliche Methode wäre es, das Angriffsobjekt weiter unter Druck zu setzen und den Läufer nach **16...b6** entsprechend zu fianchettieren.

1) Wenn Weiß schablonenhaft oder einfallslos spielt, bekommt Schwarz Zeit, um einige Planbausteine ohne Gegenwehr umzusetzen; z.B. **17.Tfe1?! f5! 18.e5 Lb7**.

Nun hat Weiß zwar einen Freibauern, allerdings kann er diesen kaum verstärken. Er wird blockiert und es gibt keinerlei Einbruchsfelder. Vielmehr wird Schwarz bald seinen Läufer auf der freien Diagonale h1–a8 einsetzen können. In Verbindung damit kann mittels Sh4 und eventuell g7–g5 ein unmittelbarer Angriff auf den weißen König gestartet werden.

Eine andere Herangehensweise (die hier erst nach Th8–e8 möglich wäre) besteht in der Überführung des Springers g6 via f8 nach e6. Dabei wird der weiße Freibauer ignoriert und der Schwerpunkt liegt vollkommen auf der Drucksteigerung an beiden Flügeln.

Die Chancen von Schwarz sind in beiden Fällen vorzuziehen.

2) Mit **17.S1e2** bringt Weiß seinen untätigen Springer ins Spiel zurück. Je nach Entwicklung des Spiels kann f5 oder auch d5 zum Zielfeld werden. Im Falle der vorherigen Idee dürfte Weiß hinreichend aktiv stehen, um sofortige große Probleme zu vermeiden. Dazu mögen die folgenden Mustervarianten zwei Beispielfälle darstellen.

17...f5

Mit der einfachen Spielweise 17...Lb7 18.Sg3 c5 bewahrt Schwarz sämtliche Optionen und Weiß bleibt etwas unter Druck.

18.e5 Lb7 19.Txd8+!

Mit dem Zwischentausch gewinnt Weiß ein Tempo, sofern Schwarz wieder ähnlich vorgehen möchte.

(Schlechter wäre 19.Td3?! c5 20.Tfd1Txd3! 21.Txd3 Sf8 22.Sd5 Df7 23.c4 Se6 mit schwarzem Vorteil.)

19...Txd8 20.Td1 Tg8!?

Dies ist eben eine Möglichkeit, um den Turm für den Angriff auf der g-Linie zu verwenden.

21.Td3 Sf8 22.Sd4!

Damit erzwingt Weiß eine Entscheidung, da der Bauer f5 hängt. Reagiert Schwarz darauf „normal“ mit **22...g6**, kann Weiß mit **23.a4 c5 24.Sf3 Se6 25.Sd5 Lxd5 26.Txd5**= von der Schwäche f6 profitieren. Deshalb sollte Schwarz wohl von g7-g6 eher Abstand nehmen und nach anderen Kontern Ausschau halten. Ich überlasse es Ihrem Forschergeist zu prüfen, wie darauf am Besten fortzusetzen ist. Die selbstständige Analyse hilft letztlich noch am meisten, um ein Verständnis für den jeweiligen Stellungstyp zu erlangen.

Zurück zur Partie.

17.Txd1 b6

Erneut möchte Schwarz seinen Läufer aktivieren.

18.Sd3 a5

Damit verhindert Schwarz langfristige Pläne mit Sd3–b4. Zusätzlich hat er die Möglichkeit, Lc8–a6 zu spielen. Von dort aus kann bei Bedarf mittels Leichtfigurenabtausch der Bauer f4 geschwächt werden.

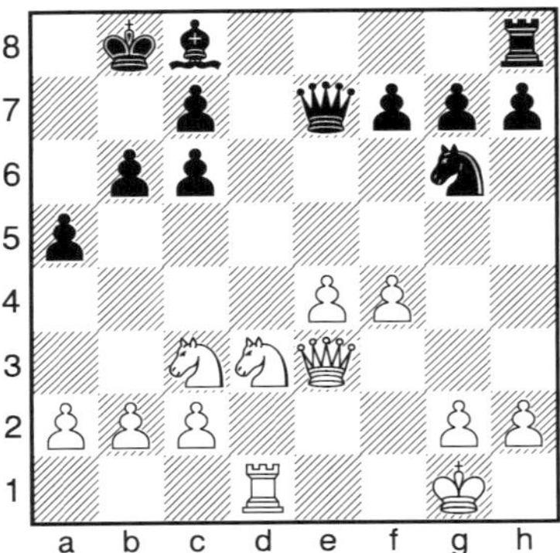

Aufgabe: Wozu können Sie dem Weißen raten?

Mit **19.Te1?!** fängt Weiß an, schablonenhaft auf seine Mehrheit zu setzen.

Wichtiger wäre der Versuch gewesen, die gegnerische Harmonie zu stören.

- Dazu muss Weiß schauen, wo es Ansatzpunkte gibt. Ein wichtiger Punkt ist der schwarze Damenflügel, speziell mittels der Sprengung durch b4.
- Der andere ist und bleibt der Königsflügel sowie das Zentrum. Der Bauer e4 schränkt die Aktivität des Läufers c8 ein. Deshalb gewinnt grundsätzlich die Idee f4-f5 zwecks Figurentausch an Kraft.

19.a3!? Lb7

Dies gibt die Kontrolle über f5 auf, sodass der nächste Zug möglich wird.

(19...f6 20.b4!)

20.f5! Se5 21.Sxe5 Dxe5 22.Dd4 Dxd4+ 23.Txd4 Kc8 24.Kf2 mit kompliziertem Endspiel.

19...La6 20.Sf2 Te8 21.a3 f6

21...f5 22.e5 Sf8 wäre nach wie vor stark, aber Schwarz hat andere Ideen.

22.Se2

Der Weiße ist als aktiver Spieler bekannt und gefürchtet. Daher schickt er getreu seines Stils seinen Springer auf eine lange Tour nach f5. Allerdings kostet dies sehr viel Zeit.

22...Lb7 23.Sg3 c5 24.Sf5 Df7 25.Td1

Aufgabe: Soweit ist die Zentrumskontrolle hergestellt. Doch wie würden Sie nun fortsetzen? Überlegen Sie, wo sich die weißen Schwächen befonden!

Mit **25...Sf8!** macht sich der Springer Richtung Zentrum auf den Weg. So vermeidet Schwarz Figurentausch und behält folglich mehr Angreifer.

Auch 25...Se7 26.Sxe7 Dxe7 27.Dh3 wäre sicherlich eine Idee, um auf Gewinn zu spielen, allerdings erleichtert Schwarz auch so die Lage des Weißen.

26.c3 a4

Fixiert die weißen Bauern als Schwächen (übrigens ein wichtiges Endspielmotiv, auch wenn das Buch weniger Endspiele thematisiert) und nimmt prophylaktisch Ideen mit b2–b4 aus der Stellung.

27.h3 Se6 28.Sg3

Da es zahlreiche gute Ideen gibt, sind Sie nach einer Entscheidung gefragt.

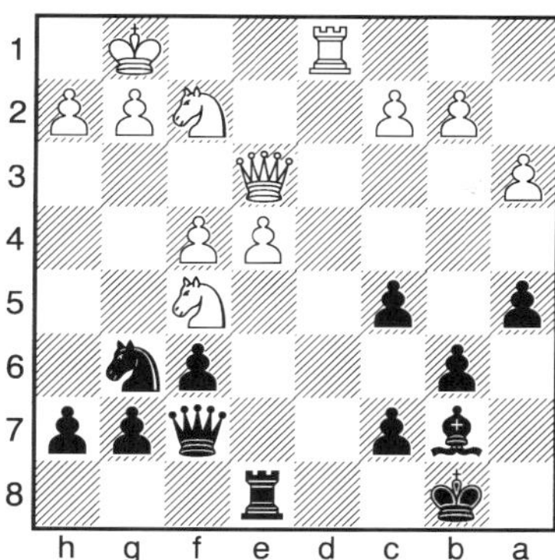

Aufgabe: Wie kann Schwarz seinen Vorteil maximieren?

28...Lc6!

Mit diesem kleinen Zug bereitet Schwarz eine clevere Umgruppierung vor. Er hat den Bauern e4 als Zielscheibe gewählt und nach einer Möglichkeit gesucht, den Druck darauf zu erhöhen. Haben Sie inzwischen die Idee des Schwarzen gefunden?

(Partiefolge rechts)

Mit **28...g5!?** schafft Schwarz nur scheinbar ein gutes Springerfeld.

29.f5 Sf4 30.Sf1

Es sieht nach einem Traumspringer aus. Allerdings hat Weiß konkrete und ausreichende Verteidigungsressourcen. Nach **30...Dc4** sind Sie erneut gefragt.

Aufgabe: Wie kann es weitergehen?

1) 31.Td2 Lxe4 32.Sxe4 Dxe4 33.Dxe4 Txe4 34.Kf2 Kc8 mit klarem Vorteil für Schwarz.

2) 31.g3! Lxe4 32.gxf4 Lc6 33.Dd3 Dxf4

Aufgabe: Wie geht es nun weiter?

Die erfolgreiche Verteidigung führt über **34.Td2!** zwecks Abtausch gegnerischer Streitkräfte.

(Ungenau wäre 34.Dg3?! Dxf5 35.Se3 De6.)

34...h5

(Auf 34...Lf3!? folgt 35.Da6! nebst Sd3 und Dxa4.)

35.Te2! und Weiß verbleibt mit einer verteidigungsfähigen Stellung.

Zurück zur Partie.

29.Td2 Sd8! 30.Dd3 Sb7 31.Kh2 Sd6

Nun sind die Leichtfiguren optimal postiert und es geht an die wohlverdiente Ernte.

32.Td1

Damit möchte Weiß zumindest seinen Bauern e4 schützen. Allerdings hat Schwarz weitere Angriffsressourcen.

32...h5!–+

Der typische Mauerbrecher bricht dem Weißen das Genick. Nun wird der Bauer e4 noch weicher.

33.Te1 h4 34.Sf1 Db3!

Eile ist nicht geboten. Zunächst aktiviert Schwarz weiter die Dame in Richtung auf die gegnerischen Bauernschwächen, die er im Mittelspiel geschwächt hat. Weiß greift nun zur Flucht nach vorn.

35.e5 fxe5 36.fxe5 Dxb2

Inzwischen spielt die Taktik komplett für Schwarz.

37.Te2 Db5 38.Dc2 Sc4 39.e6 Sxa3 0–1

Angesichts der schwarzen Bauernlawine am Damenflügel gab Weiß auf.

Im abschließenden Beispiel ist etwas Kreativität von Ihrer Seite erforderlich.

Dorer – Arnold
Fernpartie 2011

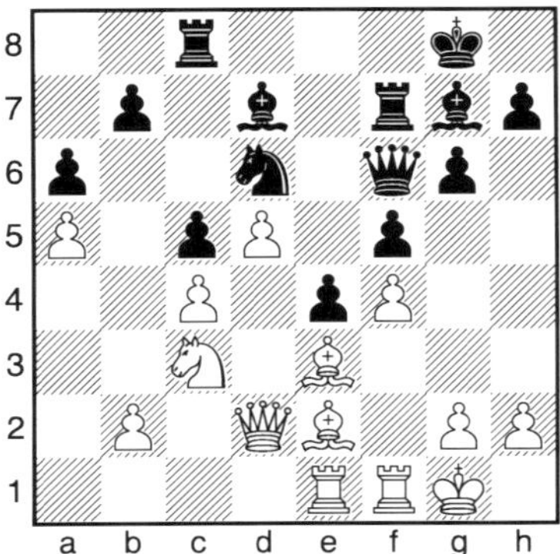

Aufgabe: Wie würden Sie als Weißer fortsetzen?

Hier reicht es nicht aus, ausschließlich nach untätigen Figuren Ausschau zu halten. Es ist nach wie vor erforderlich, die Schwächen und Stärken zu bewerten. Offensichtlich haben beide Seiten eine Mehrheit und einen Freibauern. Dies deutet schon mal darauf hin, wo prinzipiell angegriffen werden kann. Zudem lässt sich leicht erkennen, dass der Zug a7–a6 Schwächen geschaffen hat. Schwarz kann keine Bauernkette errichten und somit kann der Damenflügel tendenziell als schwach angesehen werden. Im Gegenzug sind die gegnerischen Figuren noch längst nicht zum Königsangriff bereit. Daher überlegt Weiß, inwieweit seine Figuren die Schwächen angreifen können. Dabei gibt es tatsächlich eine Eingangsroute. Der Vorstoß b2–b4 hingegen ist angesichts der möglichen Batterie Df6/Lg7 mit Druck auf c4 (Turm c8 und Sd6) wenig erstrebenswert.

24.Ta1!

Der Turm wird nach b6 überführt, um die gegnerischen Figuren zu binden, denn ohne Bauerndeckung wäre der Springer d6 dort nicht sicher.

Nach 24.h3 b5 25.axb6 Dd8 hat Schwarz Gegenspiel.

24...Le8 25.Ta3 Tfc7 26.Tb3 De7 27.Tb6 Td8 28.Td1!

Nun übt Weiß starken Druck auf den Punkt d6 aus, so dass Schwarz die Blockade nicht aufgeben kann. Daher macht sich der Weiße Gedanken, wo er zusätzlichen Druck aufbauen kann.

28...Lf6 29.De1! Tdc8 30.Df2

Genau richtig, denn der Bauer c5 sorgt dafür, dass weitere schwarze Figuren in Passivität geraten.

30...Dd7

Nachdem sich zahlreiche schwarze Figuren vom Königsflügel entfernt haben, ist die Zeit reif.

31.g4 Lg7 32.Kh1 fxg4

32...Lf7 33.gxf5 gxf5 34.Tg1+–

33.f5!!

Beachtung verdient 33.Txd6 Dxd6 34.Sxe4 Dd7. Weiß hat zwar den Druck und die Bindungen aufgegeben, aber dafür hat er einen beweglichen Freibauern und die gegnerischen Türme sind nicht am Kampf beteiligt. Dennoch kann Schwarz eine halbwegs lebendige Stellung erhalten: 35.b3 (35.Lxc5 Lxb2) 35...Df5! und mit der Rückgabe der Qualität bekommt er eine spielbare Stellung.

33...Le5

33...gxf5 34.Lf4 Lf8 35.h3!+–

34.f6 Lf7 35.Tf1 1–0

Hier gab Schwarz bereits auf. Angesichts der bald entstehenden Dominanz auf den dunklen Feldern ist dies mehr als verständlich. Hier ein Blick auf eine Mustervariante: 35.Tf1 Td8 36.Lf4! Df5 37.Dg3 Lxf4 38.Txf4 De5 39.Txg4 Dxg3 40.Txg3 Sf5 41.Sxe4! Sxg3+ 42.hxg3+–.

2.3.2 Übungsaufgaben

Da Sie inzwischen mehr und mehr Praxis haben, bekommen Sie statt der 4 Übungsaufgaben die doppelte Menge. Viel Spaß!

(Lösungen ab Seite 147)

Übung 1

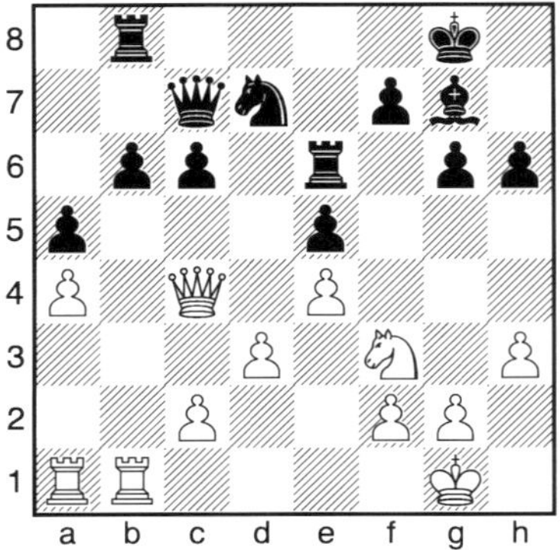

Übung 2

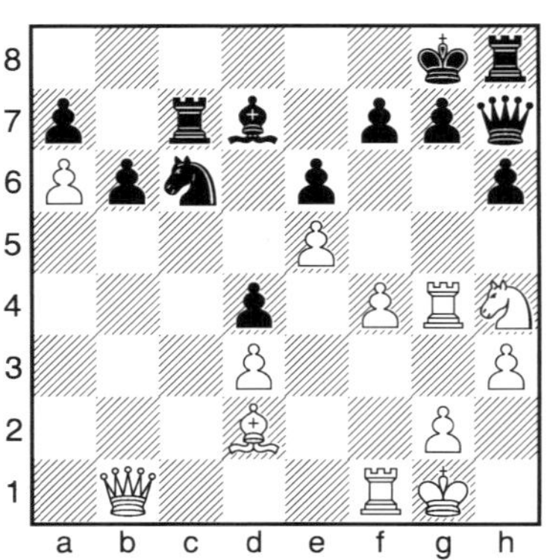

Übung 3

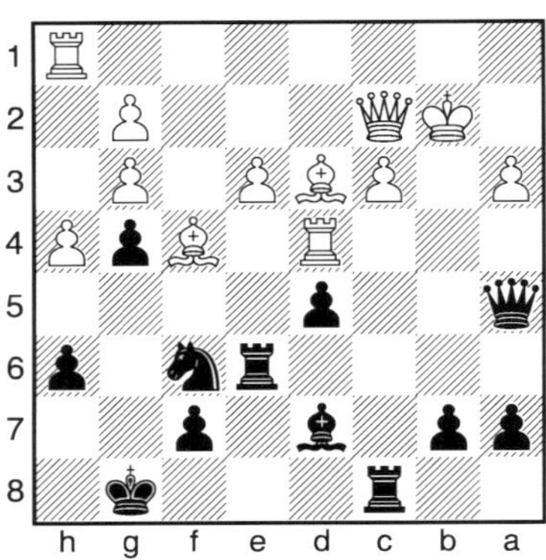

Übung 4

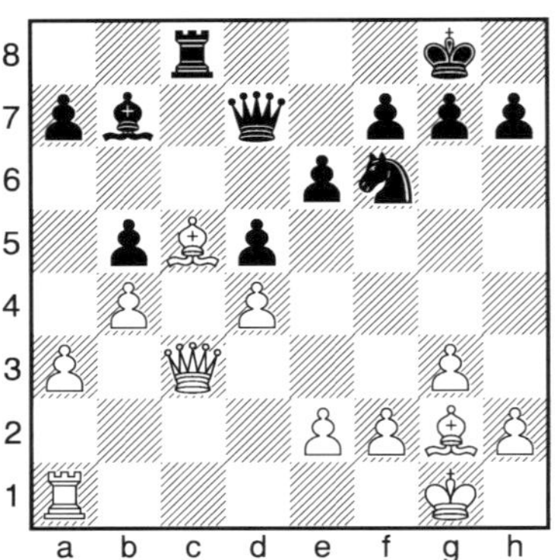

Übung 5

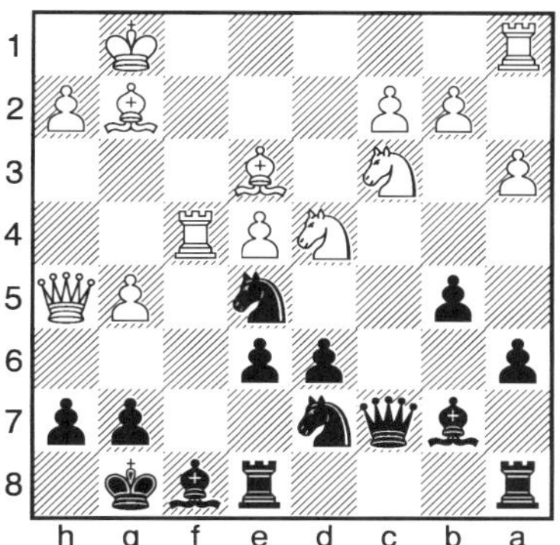

Übung 6

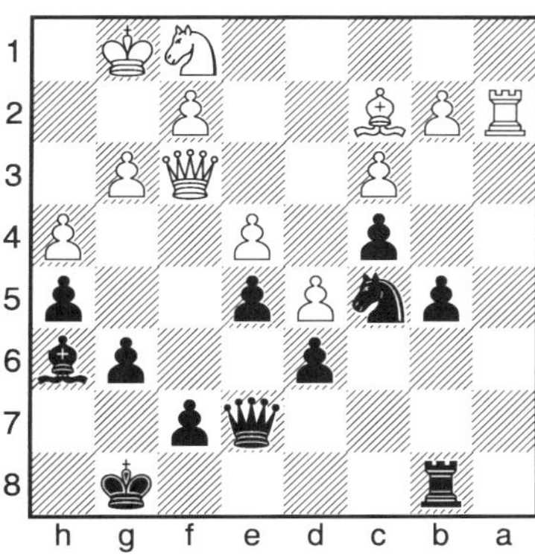

Übung 7

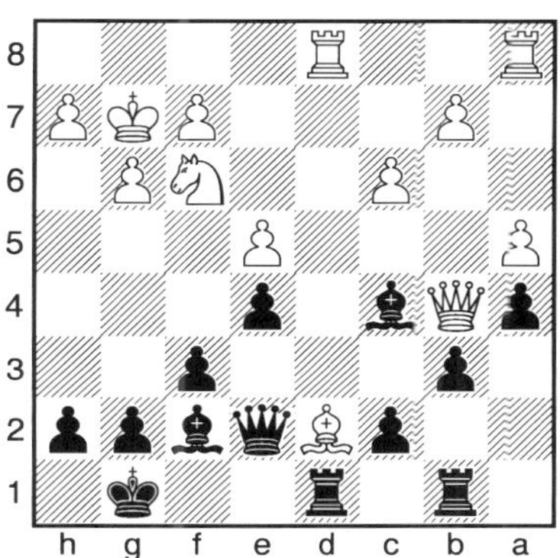

Übung 8

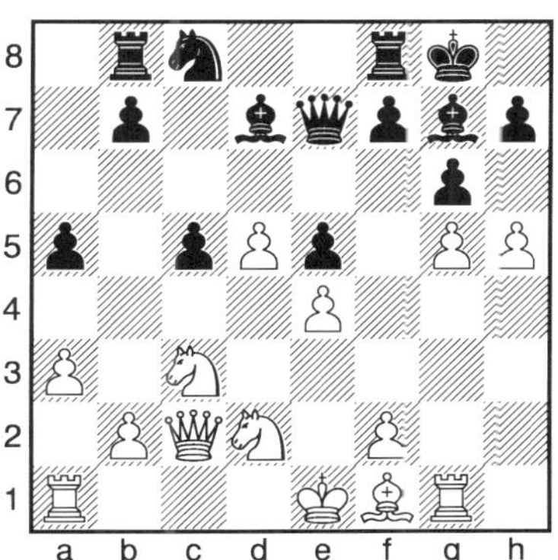

2.4 Ein Blick in die Zukunft: Prophylaxe

Wie schon in den vorhergehenden Kapiteln deutlich wurde, ist außer dem Erkennen von Stärken und Schwächen auch das prophylaktische Denken ein wichtiges Instrument. Daher wird dieses Thema in nahezu allen weiteren Kapiteln stets vorkommen.

Damit Sie sich daran gewöhnen, wird in den Lehrbeispielen zunächst mit ein paar einfachen Beispielen begonnen, ehe die letzten Beispiele Eindrücke der Komplexität bieten werden.

2.4.1 Lehrbeispiele

Mazukjewitsch – Narkun
Fernpartie 2019

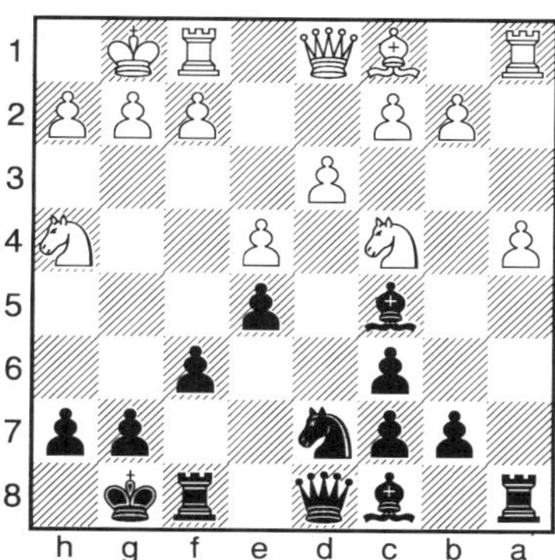

Aufgabe: Der Weiße möchte offensichtlich am Königsflügel angreifen. Wie würden Sie dagegen vorgehen?

Mit **10...Te8!** trifft Schwarz prophylaktische Vorkehrungen gegen den absehbaren Angriff am Königsflügel. Zu diesem Zweck überführt er seinen Springer nach e6, um die wesentlichen schwarzen Felder zu kontrollieren. Wenn der Springer auf e6 steht, wird h4–h5 meist wegen der Möglichkeit Se6–g5 erschwert. Das Ganze ist ein recht bekanntes Standardmanöver, das mit prophylaktischen Absichten verbunden ist.

11.Df3 Sf8 12.Sf5 Se6 13.h4 g6 14.Sh6+ Kg7 15.c3 b6 16.Ld2

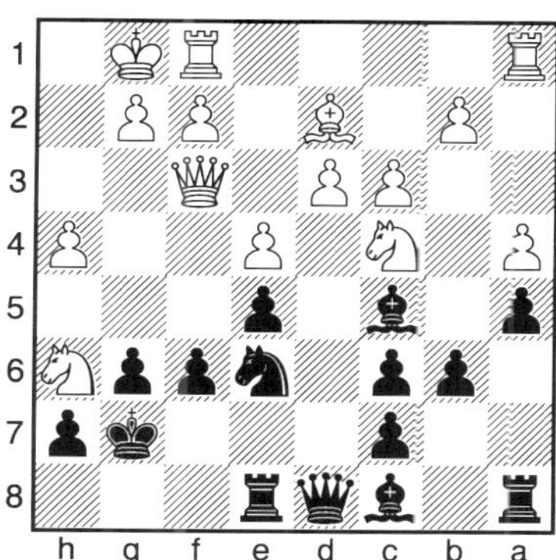

Aufgabe: Was ist zu tun?

Auch der Zug **16...Tf8!** ist wichtig, denn da Weiß am Königsflügel Druck ausüben will, bereitet Schwarz für alle Fälle den Konter f6–f5 vor. Ein gutes Beispiel für aggressive Prophylaxe!

17.Tad1 b5 18.axb5?!

Damit will Weiß ein Druckspiel gegen d3 unterbinden. Allerdings eröffnet er dem Gegner eine deutlich bessere Möglichkeit.

Zwar dürfte 18.Se3 bxa4 nebst Lc8–a6 dem Weißen kaum besser gefallen haben, aber dennoch wäre es dem Textzug vorzuziehen gewesen.

18...cxb5 19.Se3

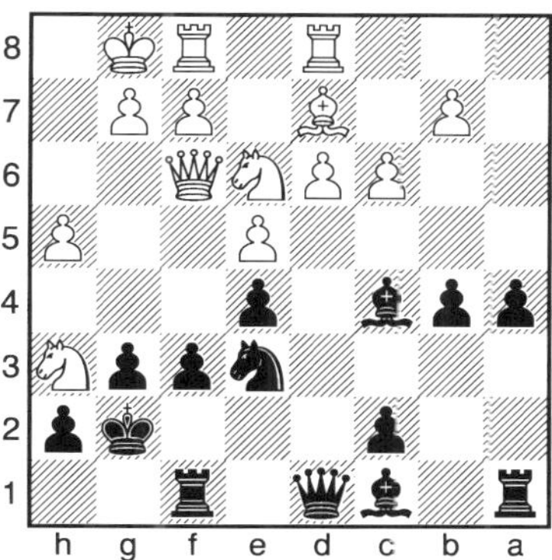

Aufgabe: Was fällt Ihnen zu der Stellung ein? Wozu können Sie dem Schwarzen raten?

Mit dem typischen Manöver **19...Ta6!** überdeckt der Turm prophylaktisch die 6. Reihe, um so die gegnerischen Drohungen aus der Stellung zu nehmen. Zugleich beabsichtigt er, entlang der d-Linie seinerseits Druck auszuüben.

20.Seg4 Td6 21.Lc1 Lb7

Zwar hat Weiß bedrohlich viele Figuren am Königsflügel, aber die treten sich quasi gegenseitig auf die Füße. Viele Figuren wollen beispielsweise nach h6, aber im Moment steht einzig der Springer dort. Dafür gibt es den Begriff „übrige Figur". Letztlich sind die anderen „übrig", während lediglich der Springer auf h6 sinnvoll steht. Die weiße Stellung leidet einfach daran, dass es nicht genug gute Felder für all die Angreifer gibt.

22.h5 b4 23.Sh2

23.Dh3 Lxe4

(Auch 23...bxc3 24.hxg6 hxg6 25.Sf5+ gxf5 26.Dh6+ Kf7 wäre unzureichend.)

24.hxg6 Lxg6–+

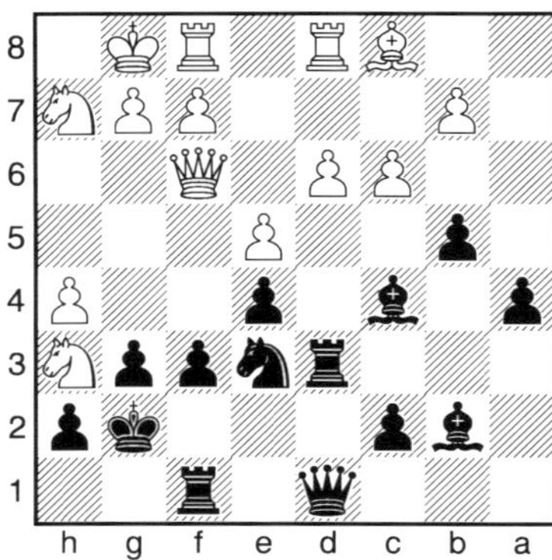

Aufgabe: Mit welchem Konzept sollte Schwarz fortfahren?

23...f5!

Da die schwarzen Figuren bestens harmonieren, ist die Zeit reif für den Gegenangriff.

24.De2 Sf4

Das besiegelt das Schicksal des Springers h6 und damit der Partie.

25.Lxf4 exf4 26.e5 De7 27.Tfe1 Tdd8 28.d4 Lb6 29.S6g4 f3

29...fxg4 gewinnt natürlich ebenfalls.

30.De3 fxg4 31.Sxg4 Tf5 32.h6+ Kh8

Schwarz konsolidiert seine Stellung, um dann mit dem Königsangriff zu beginnen.

33.g3 De6 34.Sf6 Tf8 35.Dd3 bxc3 36.bxc3 Th5 0–1

Im nächsten Beispiel werden zunächst die gegnerischen Ideen unterbunden. Kurze Zeit später folgt ein furioser Königsangriff und die Partie ist vorbei.

Caruana – Genov

Italien 2012

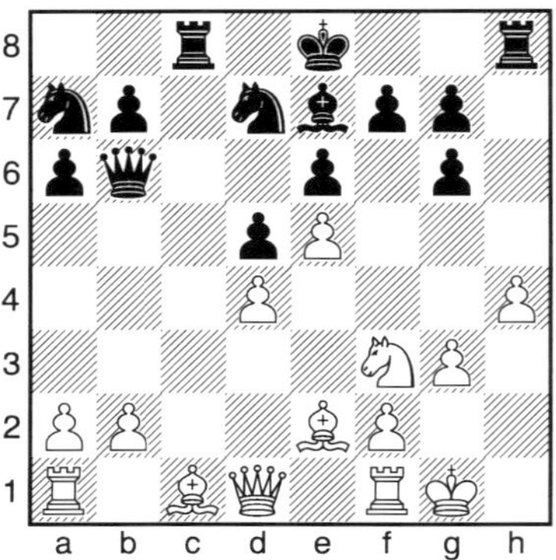

Aufgabe: Worum geht es in dieser Stellung?

Schwarz möchte demnächst mit Sc6–b4 am Damenflügel Gegenspiel initiieren. Dies muss Weiß verhindern. Wie er vorgehen?

17.Tb1!!

Mit diesem Zug geht der Turm einem später möglichen Angriff mit Sc2 aus dem Wege und sorgt so dafür, dass der gegnerische Springer sich nur kurz auf b4 aufenthalten wird.

17...Sc6 18.Kg2 Sb4 19.a3!

Da es nichts zu beißen gibt, muss sich der Springer wieder zurückziehen. Die Zeit nutzt Weiß für eine weitere prophylaktische Maßnahme.

19...Sc6 20.Le3 Sa5

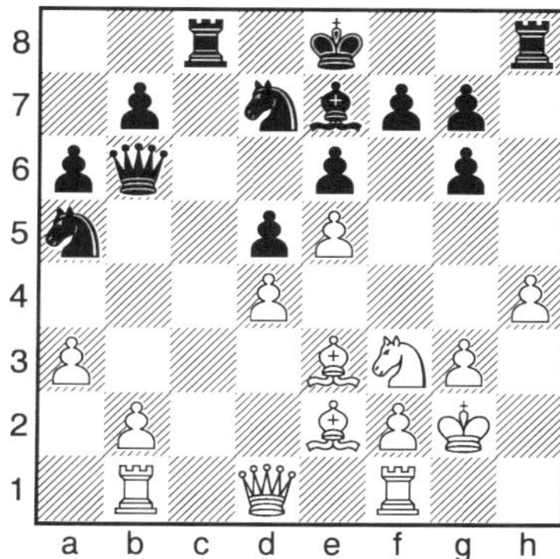

Aufgabe: Wie geht es nun weiter? Wie sieht diese prophylaktische Maßnahme aus?

21.Sd2!

Gerade rechtzeitig vereitelt der Weiße ein gegnerisches Eindringen. Gleichzeitig räumt er seiner Dame den Weg nach g4.

21...Dc7 22.Ld3 Sc4 23.Dg4 b5 24.Sf3 Sdb6

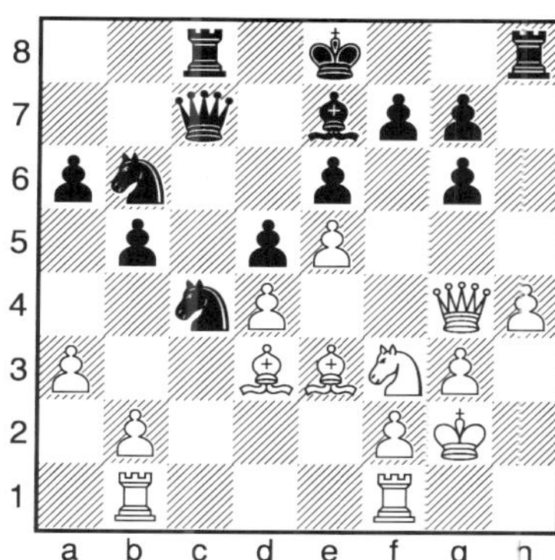

Aufgabe: Wie würden Sie den Angriff fortsetzen?

25.Lg5!

Damit der Angriff tatsächlich durchschlägt, muss noch ein Verteidiger beseitigt werden. Jetzt ist die Zeit reif für ein Opferangriff!

25...a5 26.Lxg6 fxg6 27.Dxe6 a4 28.b3!

Die letzte notwendige Verbesserung der Figurenstellung. Damit wird der Turm ins Spiel gebracht, was entscheidende Impulse mit sich bringt.

28...axb3 29.Txb3 Dd7 30.Dxg6+ Kf8 31.Te1 Lxg5 32.Sxg5 Th6 33.Sh7+ 1–0

Im nächsten Lehrbeispiel wird es etwas komplizierter und taktischer. Hierbei werden Sie oft die aggressive Prophylaxe anwenden können.

Cvak–Lukas
Fernpartie 2019

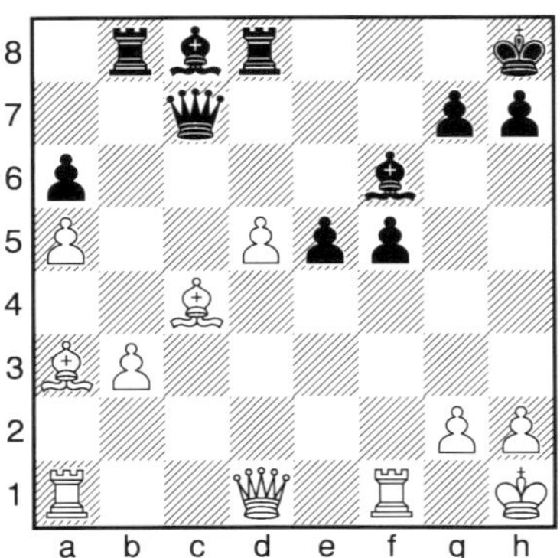

Aufgabe: Worum geht es in dieser Stellung und wie geht es konkret weiter?

Weiß hat zwar den Freibauern auf d5, dafür jedoch auch einen rückständigen Bauern auf der b-Linie. Beide Seiten haben ein Läuferpaar und verfügen über eine deutliche Bauernmehrheit an einem der Flügel.

Allerdings ist der weiße Freibauer weiter vorgerückt. So nimmt er mehr Raum und droht auch, noch weiter vorzugehen. Gerade aufgrund des letzten Punkts darf Schwarz diesen Bauern nicht unterschätzen. Denn sonst führt dies zu schnellen Mattangriffen.

Wegen dieses Potentials will Weiß seinen Raumvorteil nicht durch voreilige Bauernopfer gefährden. Daher verbessert er schrittweise seine Figurenstellung, wobei er sich an den gegnerischen Schwachpunkten orientiert.

Mit **24.De1!** macht die Dame Platz, damit der Turm den Bauern d5 decken kann. Zudem wird der Bauer a5 gesichert. Quasi eine aggressive Prophylaxe, da die Drohungen des Gegners unterbunden und die eigenen Absichten (Marsch des Freibauern) unterstützt werden.

24.De2?! e4! 25.Tad1 Dxa5[3]

24...Lb7 25.Td1 f4

Aufgabe: Der Textzug spricht quasi eine Einladung aus. Ist nun De4 möglich, obwohl dies den Bauern a5 im Stich lassen würde?

26.De4!

Die Taktik spielt für den Weißen – und somit einmal mehr für die Seite, die über eine gesunde positionelle Basis verfügt. Wegen der Anfälligkeit des schwarzen Königshauses könnte Weiß im Falle des Schlagens auf a5 einen direkten KO anbringen. Dies geschieht speziell auf den weißen Feldern, da der entsprechende schwarze Schutzläufer am Damenflügel platziert ist.

26...Te8

26...Dxa5 ist etwas für Ästhetiker.

Aufgabe: Wie lautet der KO-Schlag?

27.Le7!! Lxe7 28.Ld3 g6 29.Dxe5+

27.Lb4 Dd8

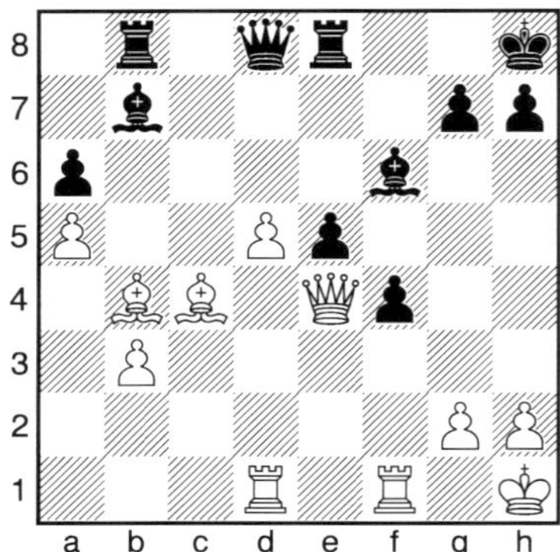

Aufgabe: Wie würden Sie mit Weiß fortsetzen?

Die weißen Trümpfe befinden sich sowohl im Zentrum als auch am Damenflügel. Um diese auszuspilen müssen die gegnerischen Bauern im Zentrum komplett dominiert werden. Und zur Verstärkung der Trümpfe ist eine mobile Dame notwendig.

28.Le2!!

Damit bereitet Weiß die Blockade des schwarzen e-Bauern vor. Weiterhin wird die 4. Reihe für die Mobilität der Dame geräumt, wodurch der Läufer b4 an Schutz gewinnt. Dies kann aus taktischen Gründen angesichts der Röntgenwirkung des Turms b8 durchaus von Interesse sein.

In der Folge wird Weiß sich daran machen, seine Bauern in Bewegung zu setzen.

28...g6 29.Le1 Tc8

29...Lc8 ist eine gängige Idee, um die gegnerische Dame zu vertreiben, damit die eigenen Bauern Gegenspiel initiieren können.

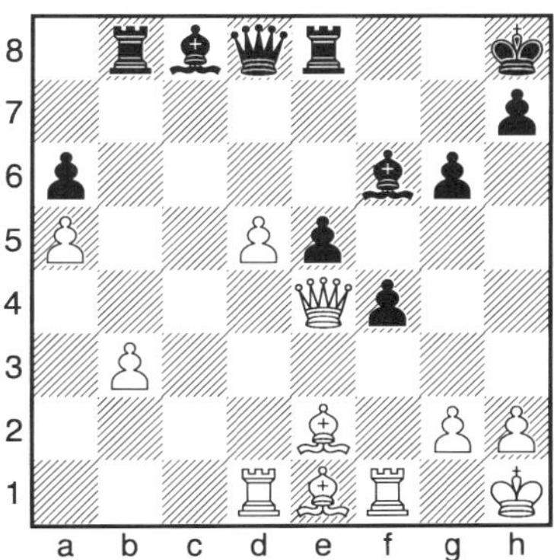

Aufgabe: Wie lautet Ihre Reaktion?

Nach 30.b4! Lf5 31.Dc4 Ta8 32.d6± ist die eigene Aktivität wichtiger, da der Läufer b7 durch die Umsetzung nach f5 seine Verteidigungsaufgaben vernachlässigt hat.

30.Da4 Tc2 31.Lf3 Lc8 32.Db4 Ld7 33.Le4 Tc8 34.Lf2 Lb5 35.Tg1 Lg7 36.d6 Te6?

Möglicherweise war dies ein Eingabefehler, obwohl Weiß davon unabhängig dank der prophylaktischen Spielweise eine deutlich bessere Stellung hat. Nun geht es rasch zu Ende.

Aufgabe: Wie nutzen Sie den Fehler aus?

Natürlich mit **37.d7! 1-0**

Auch wenn es sich hier um eine Fernpartie mit abruptem Ende handelt, dürfte die Kernidee hinter dem prophylaktischen Vorgehen deutlich geworden sein. Sie können gern versuchen, die abweichenden Möglichkeiten im 36. Zug mit einem ähnlich starken Gegner und mit angemessener Bedenkzeit auszuspielen.

Nicht immer läuft alles nach Plan. So sehen Sie in der nächsten Partie, dass gegnerische Absichten selbst auf höherem Niveau übersehen bzw. unterschätzt werden.

Andrejkin – Van Wely

Internet 2019

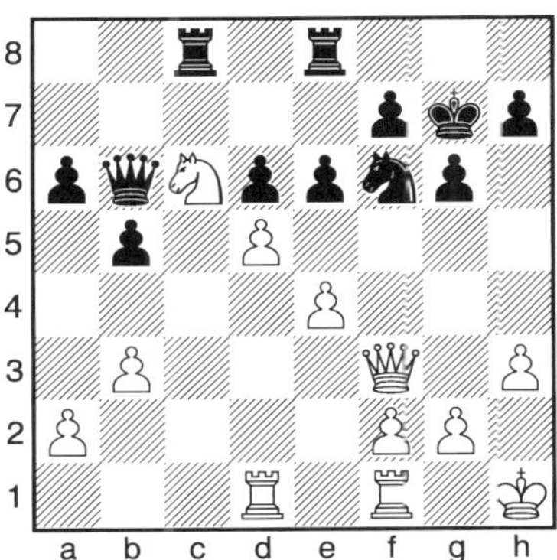

Aufgabe: Was ist in dieser Stellung zu beachten, in der Weiß über einen gewissen Raumvorteil verfügt?

In dieser Stellung hatte Schwarz soeben e7–e6 gezogen, um Gegenspiel zu bekommen und mittelfristig den Springer c6 zu bekämpfen. Da diese Idee mit Schwächen verbunden ist, folgt die angemessene Erwiderung **24.Dc3!**, denn damit unterstützt Weiß seinen Springer und legt den Finger auf die Wunde. Schwarz wird sich nun stets um seinen eigenen König Gedanken machen müssen, während Weiß unter keinen Umständen die Stabilität im Zentrum aufgeben darf.

24...exd5 25.exd5 Te2

Soweit hatte Schwarz die Sache geplant und sich nun Gegenspiel erhofft.

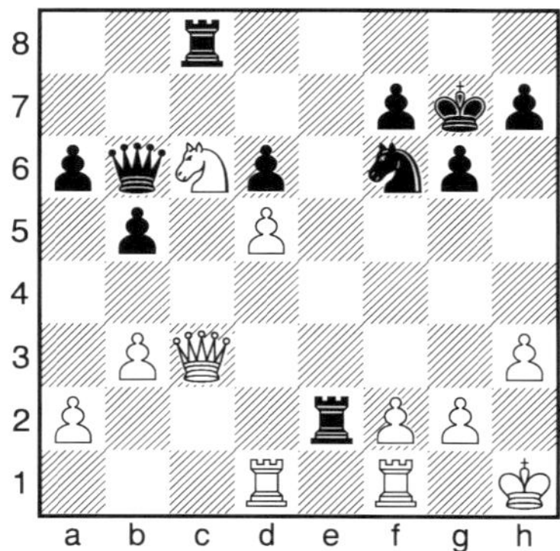

Aufgabe: Wie würden Sie an diesem Wendepunkt fortsetzen?

26.Td3? basiert auf der Idee, über f3 einen Gegenangriff zu bewerkstelligen. Allerdings übersieht Weiß dabei, dass Schwarz nicht nur die Bauern anvisiert hat. Tatsächlich strebte er es nämlich auchan mit Dc5 Damentausch anzubieten, wonach die weiße Dame nur nach a1 ausweichen könnte. Danach wird die zweite Reihe extrem anfällig und im Endeffekt kann Schwarz die Initiative übernehmen.

Damit wird die gegnerische Idee unterbunden und der Druck gegen den Springer f6 aufrechterhalten. Denn der Bauer auf f2 ist tatsächlich zu schlagen.

(Partiefolge auf Seite 52 rechts)

Mit **26.b4!** soll zunächst geprüft werden, was dahintersteckt.

1) Allerdings muss Weiß nach **26...Txf2?** die tatsächliche Pointe erst finden, die sich als nicht einfach herausstellt. Daher bekommen Sie nun nochmal die Gelegenheit, die nahezu gewinnbringende Idee zu finden. Es ist von absoluter Wichtigkeit, die gegnerischen Ideen weiterhin zu unterbinden. Im aktuellen Fall droht Schwarz, auf der e-Linie weitere Angriffskräfte ins Spiel zu bringen. Deshalb sollte Weiß dies zunächst unterbinden.

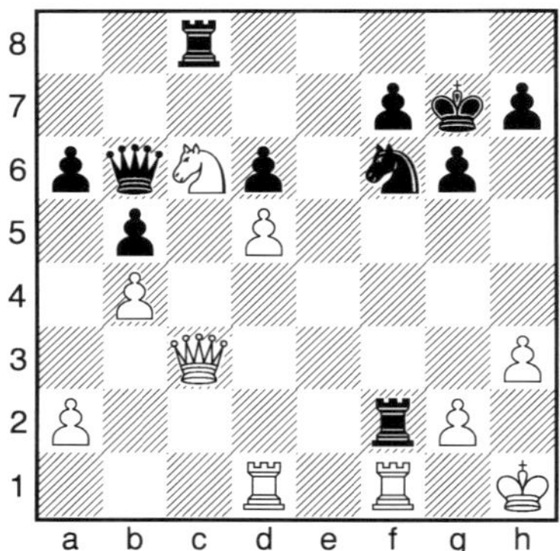

Aufgabe: Wie geht es in dieser kritischen Stellung weiter?

27.Tde1!!

Allerdings muss er sich Gedanken machen, wie er die mangelnde Harmonie im schwarzen Lager ausnutzt. Deshalb ist zu prüfen, wie der Druck auf f6 erhöht werden kann. Zu genau diesem Zweck gibt es eine geometrisch sehr ästhetische Idee.

a) 27...Tc7 28.Da1!!

Das ist der erste Teil der Idee! Über das Eckfeld verstärkt die weiße Dame die erste Reihe, sodass der Druck entlang der f-Linie erhöht werden kann.

28...h5

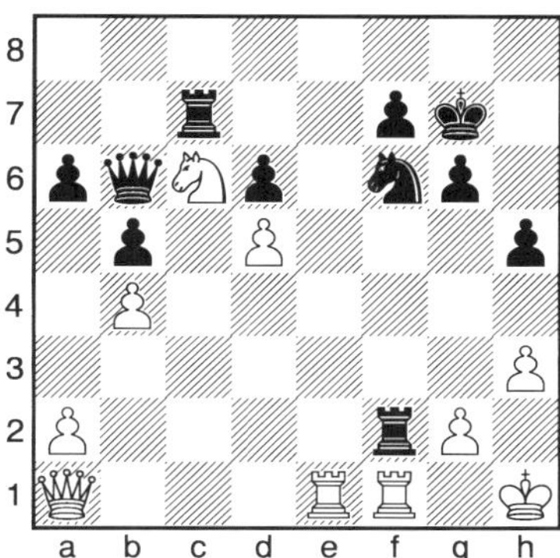

Aufgabe: Suchen Sie nach der nächsten wichtigen Ressource, die übrigens ziemlich unscheinbar wirkt!

Mit **29.Kh2!!** wird das letzte Gegenspiel aus der Stellung genommen.

(Nicht 29.Txf2? wegen 29...Dxf2 30.Tf1 Dh4 31.Tf3 Dg5 32.Dd4 h4=.)

Nun ist Materialgewinn garantiert, denn eine jetzt auf h4 auftauchende schwarze Dame lässt sich ohne Probleme vertreiben.

29...Tc8 30.Txf2 Dxf2 31.Tf1 Dh4 32.g3 Dg5 33.h4+–

b) Ebenso wenig hält **27...Kf8** die Stellung zusammen, und zwar erneut wegen **28.Da1.**

(28.Kh2 dürfte wohl noch stärker sein, aber 28.Da1 ist ästhetischer.)

28...Sg8 29.Dh8+–

Da 26...Txf2 augenblicklich verliert, sind Sie nun aufgefordert, eine bessere Idee zu finden.

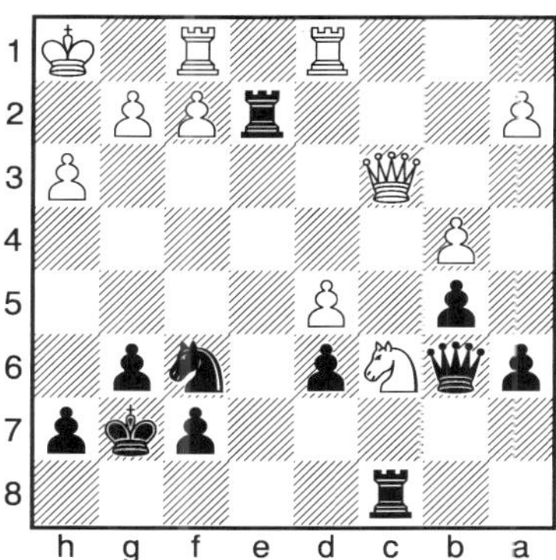

Aufgabe: Welche Alternativen zu 26...Txf2 finden Sie?

2) Mit **26...a5!** öffnet Schwarz eine weitere Front, um Gegenspiel zu bekommen. Mit dieser aktiven Prophylaxe kann Schwarz in einigen Varianten die a-Linie sinnvoll nutzen.

27.a3 axb4 28.axb4 Txf2 29.Tde1 h6 30.Da1

Nun muss Schwarz einen Abwartezug finden, der nach der eventuell folgenden Sequenz Txf2 Dxf2 – Tf1 jeweils Dh4 zulässt und zugleich Ideen wie Sd4–e6 entkräftet. Dafür hilft nur ein Verteidigungsmotiv, welches tatsächlich erst in einer Nebenvariante anklingt.

Die folgenden Varianten sollen zunächst noch einmal die Gefährlichkeit des Ganzen unterstreichen.

a) 30...Tf8? 31.Kh2!

a1) 31...Tc8? 32.Sd4 Te8

Aufgabe: Wie setzt Weiß nun fort? Berechnen Sie alles genau!

33.Txf2! Txe1 34.Sf5+! gxf5 35.Dxe1+–

a2) 31...h5 32.Sd4 Ta8 33.Se6+ fxe6 34.Dxa8±

b) Mit **30...h5** folgt nun noch eine letzte Abzweigung. Gelegentlich ist diese Komplexität notwendig, um die Stellung verstehen zu können.

b1) Zunächst soll das bewährte **31.Kh2?!** geprüft werden.

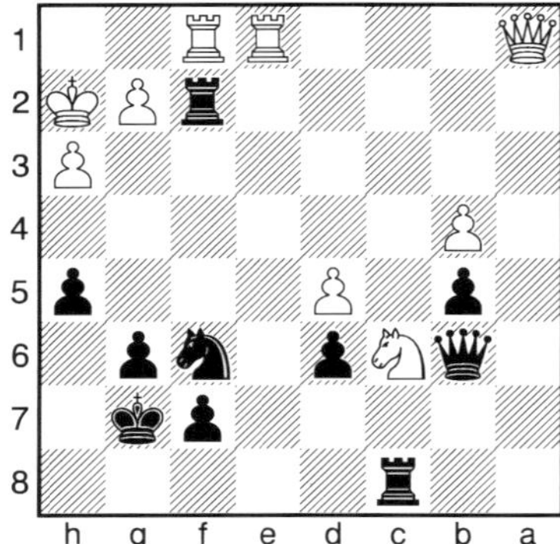

Aufgabe: Mit welcher erstaunlichen Erwiderung kann Schwarz sich verteidigen?

In dieser Stellung hilft die konkrete Variantenberechnung, um die empfindlichen Schwächen zu ermitteln. Daher sind Varianten zu kalkulieren, in denen Weiß den Druck gegen f6 verstärken kann. Auf dieser Basis ergeben sich Angriffsrouten für den Springer c6, der mit Tempo über die schwarzen Felder eingreifen kann. Dies ist aufgrund der Bauernstruktur f7, g6 und h5 nur logisch. Daher wird sich die Erwiderung des Schwarzen um die schwarzen Felder drehen. Dennoch handelt es sich um eine schwierige Aufgabe, in der die Analyse von Alternativen zum Lösungszug Ihrer Spielstärke förderlich sein wird.

31...Tg8!!

Das Feld g7 muss gedeckt werden, denn der weiße Springer kann dieses via d4-f5 angreifen; z.B. **32.Sd4 Txf1 33.Txf1 Sxd5 34.Sf5+ Kh7 35.Se7 Sxe7 36.Txf7+ Kh6 37.Txe7 Df2 38.Dc1+ g5 39.Dc7 Df4+ 40.Kh1 Df1+** mit Dauerschach!

b2) 31.Sd4! Te8! 32.Txf2 Txe1+ 33.Dxe1 Dxd4 34.Df1 mit einigen Gewinnchancen im Endspiel. Allerdings ist solche Art von Verteidigung extrem schwer zu finden. Praktisch gesehen wäre die verpasste Chance also für Weiß gewinnbringend gewesen.

Nach den ganzen Ausführungen geht es nun zurück zur Partie. Schwarz nahm die Chance dankend an und drehte jetzt das Spiel!

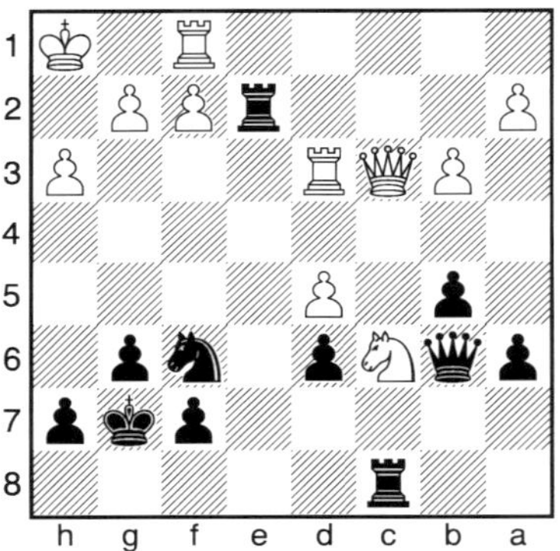

Aufgabe: Wie geht es weiter?

26...Dc5!

Nach dem Damentausch kann der mögliche Freibauer auf der d-Linie stets vom Springer f6 kontrolliert werden. Dadurch gewinnt die eroberte 2. Reihe an Bedeutung. Daher versucht Weiß, den Damentausch zu meiden.

27.Da1 Dc2 28.Dd4?!

Weiß bleibt bei passiver Verteidigung, was in solchen Situationen oft den Untergang bedeutet. Da Schwarz seinerseits weiterhin konkrete Probleme mit der Königsstellung hat, hätte Weiß aggressiv weiterspielen sollen. Mit 28.Te3! wäre noch Widerstand möglich gewesen.

28...Te4 29.Da1?

Ein Fehler folgt dem anderen. Bereits nach 26...Dc5 war Weiß psychisch KO. Daher war sein Widerstand nicht mehr seriös.

29.Td2 Txd4 30.Txc2 Txd5 wäre eine technische Angelegenheit geworden, die grundsätzlich für Schwarz gewonnen wäre. Letztlich muss dies immer noch erst am Brett bewiesen werden.

29...Dxd3 0–1

Da Sie sich inzwischen an das prophylaktische Denken gewöhnt haben, folgt abschließend eine kleine strategisch faszinierende Leistung.

So – Ding

Bilbao 2015

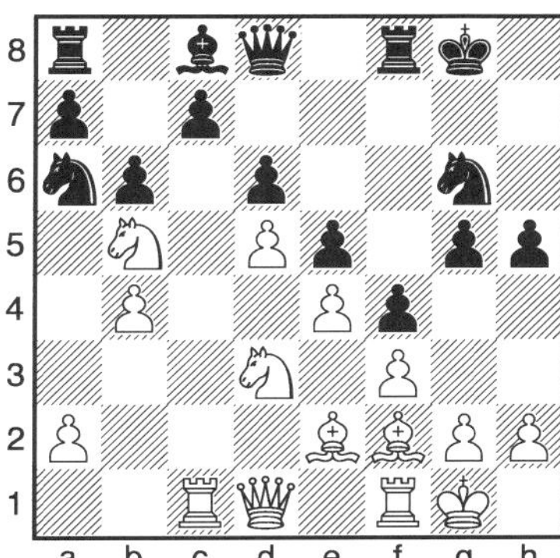

Aufgabe: In einer für diese Variante der „Königsindischen Verteidigung“ übliche Stellung stellt sich die Frage: Welche Verteidigungsidee kennen Sie für Weiß?

18.Le1

Da der Läufer auf der Diagonale a7–g1 nicht „beißen“ kann, räumt Weiß das Feld f2 für den Springer. Gleichzeitig wird g5-g4 erschwert.

18...Tf7 19.Ld2 Lf6 20.Sf2 De8 21.Da4

Auch dies ist keine unbekannte Idee. Weiß erhöht den Druck über die weißen Felder und bindet damit den Läufer auf c8 an den Springer a6. Der Druck auf den Springer wird potenziell durch den Läufer e2 erhöht.

21...Ld8 22.Da3

Über a3 nimmt die Dame an der Verteidigung teil und übt zugleich bindenden Druck auf a6 aus. Nun hat Schwarz zwei prinzipielle Wege: Warten oder alles auf eine Karte setzen.

Aufgabe: Analysieren Sie die beiden Möglichkeiten 22...g4 und 22...Tg7.

22...g4

(Partiefolge auf Seite 74 links)

Wartet Schwarz ab, kommt Weiß mit seinen Türmen über die c-Linie und verbindet weiterhin Angriffs- und Verteidigungsoptionen. Hinterher kann er dann bequem mit Sxd6 aktiv werden; z.B. **22...Tg7 23.h3 Sh4 24.Tc3 Df7 25.Tfc1 Lb7** und da Schwarz wenig machen kann, könnte Weiß weiterhin prophylaktisch vorgehen.

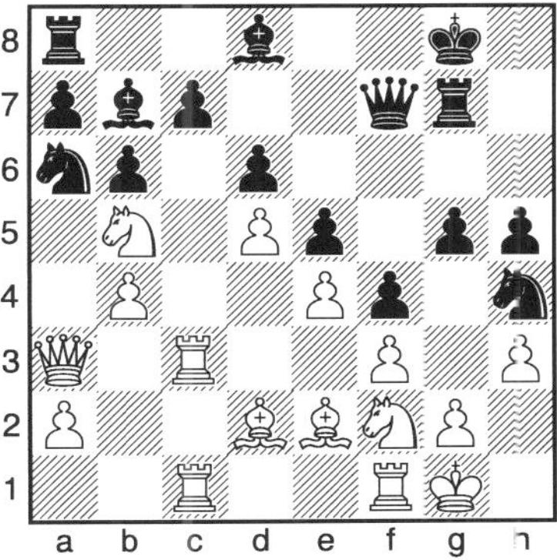

Aufgabe: Wie könnte das prophylaktische Vorgehen aussehen? Dieses war übrigens einmal in einer berühmten Partie von Petrosjan zu sehen.

Mit dem prophylaktischen Manöver **26.Kf1! De8 27.Le1** kann Weiß dem Angriff aus dem Weg gehen und anschließend tatsächlich mit Sxd6 effektiv in die gegnerische Stellung eindringen; z.B. **27...Kh8 28.Sxd6 cxd6 29.Lxa6** mit einer glatten Gewinnstellung.

Zurück zur Partie.

23.fxg4 hxg4 24.Sc3 Sxb4

Nur so, denn bei defensivem Verhalten erobert Weiß die weißen Felder und gewinnt somit strategisch gesehen die Partie; z.B.. 24...Sb8 25.Lxg4 Lxg4 26.Sxg4± nebst Sd1–f2, weiterer Verdoppelung auf der c-Linie usw.

25.Dxb4 f3 26.Lb5 De7 27.g3

Weiß hat eine Mehrfigur und den ersten Ansturm abgeblockt. Dennoch bleiben die schwarzen Drohungen gefährlich, weshalb man behutsam vorgehen sollte.

27...Th7

Nun möchte Schwarz auf der h-Linie verdoppeln und mit diversen Figurenopfern Drohungen aufstellen. Um den Spieß umzudrehen, verwirklicht Weiß ein interessantes Konzept.

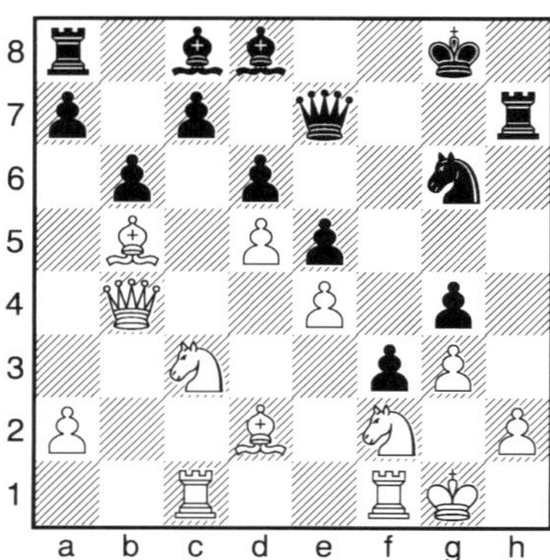

Aufgabe: Wie würden Sie fortsetzen? Erkennen Sie das Konzept?

28.Dc4!!

Macht Schwarz nun nichts, kann Weiß mit La6 den weißfeldrigen Läufer abtauschen, wonach der Bauer g4 wackelt. Wenn Schwarz konsequent seinen Angriff am Königsflügel fortsetzt, muss Weiß eine radikale Transformation erwirken. Nur mit dieser Methode kann ein aktives Vorgehen (wie das aus der Partie) gerechtfertigt werden.

28.Sd3 a6 (28...Th8 29.Tf2 Dh7 30.Le3 Sh4!?) 29.Lc6 (29.Da4!?) 29...Tb8 30.Le3 Dg7 nebst Sh8–f7–g5 mit gewisser Kompensation ist nicht so klar.

28...Th8 29.Dc6! Dh7 30.h3 Tb8 31.Scd1 a6

(Partiefolge auf Seite 75 links)

Spannend ist hier der forsche Angriff mit **31...Sf4 32.gxf4 Dh4**.

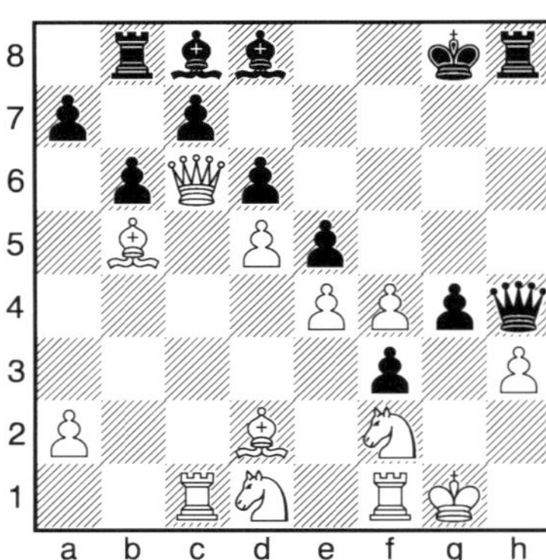

Aufgabe: Wie würden Sie fortsetzen, um den Angriff zu parieren?

Wie bei jedem Königsangriff, muss auch Schwarz auf seine Königssicherheit achten. Genau diese wird ihm zum Verhängnis, weil Weiß seine Streitkräfte nun für einen Angriff koordinieren kann.

33.Kh1!! Dg3 34.De8+ Kg7 35.Dxh8+

Dieses Damenopfer verändert die Stellung enorm, weiul dadurch ein wichtiger Angreifer aus der Stellung genommen wird. Für solch massive Änderungen wird der Begriff „radikale Transformation“ verwendet.

35...Kxh8 36.Tg1 Dh4

Aufgabe: Welche Pointe hat Weiß nun in petto?

Nach **37.Kh2!!** droht schlicht Sxg4, da der Bauer h3 gedeckt ist.

Zurück zur Partie.

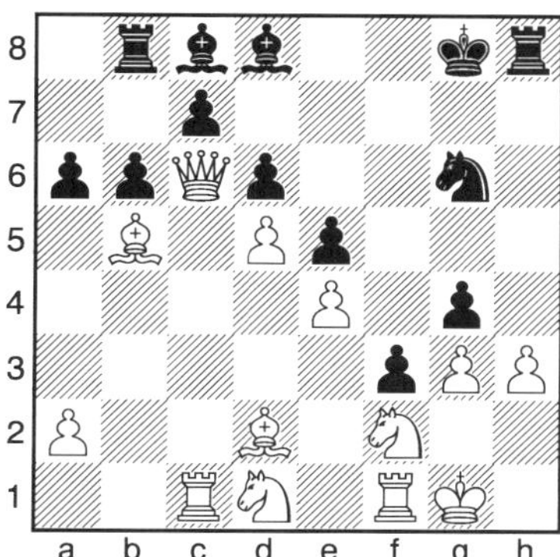

Aufgabe: Welchen ‘Geheimplan’ konnte Weiß nun enthüllen?

32.De8+!! Kg7 33.Dxd8!! Txd8 34.Txc7+ Ld7 35.Txd7+ Txd7 36.Lxd7

Er opferte seine Dame, um den schwarzen Angriff zu ersticken und danach über die c-Linie einzudringen. Jetzt koordiniert er seine Figuren, sammelt die Schwächen ein und gewinnt nach und nach die Partie.

36...gxh3 37.Kh2 Tb7 38.Le6 Sf8 39.Lf5 Dh5 40.Sg4 Sd7 41.Lh6+ Kh8 42.Sde3 Tc7 43.Lxd7 Txd7 44.Txf3 Tf7 45.Tf5 Txf5 46.exf5 Df7 47.Lg5 b5 48.Sh6 Df8 49.f6 Kh7 50.Sef5 Kg6 51.Lh4 e4 52.f7 e3 53.Le7 e2 54.Sh4+ Kh7 55.Lxf8 e1D 56.Lxd6 Df2+ 57.Kxh3 Df1+ 58.Kg4 Dc4+ 59.Lf4 De2+ 60.Sf3 1–0

In dieser Partie musste geprüft werden, ob das Damenopfer die Probleme rechtzeitig löst. Da derartige Opfer nicht allzu oft vorkommen, möchte ich mit dieser ästhetischen Partie die einführenden Lehrbeispiele abschließen.

2.4.2 Übungsaufgaben

(Lösungen ab Seite 154)

Übung 1

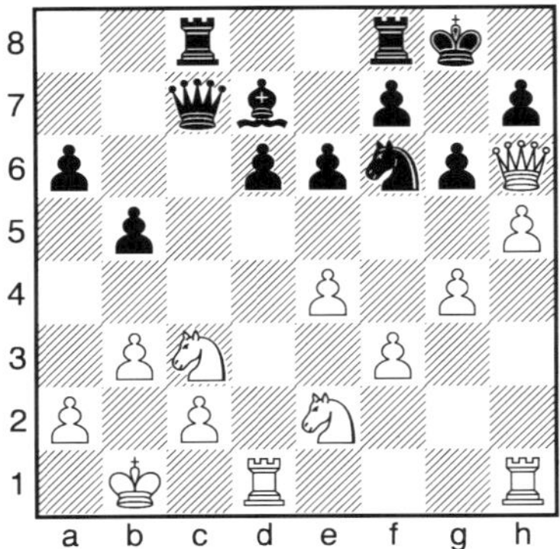

Übung 2

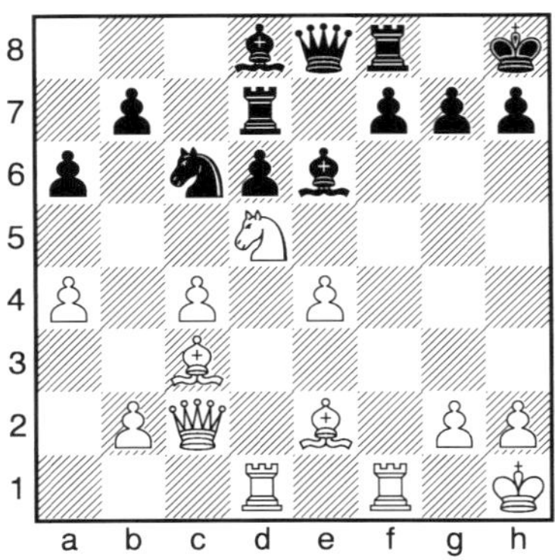

Übung 3

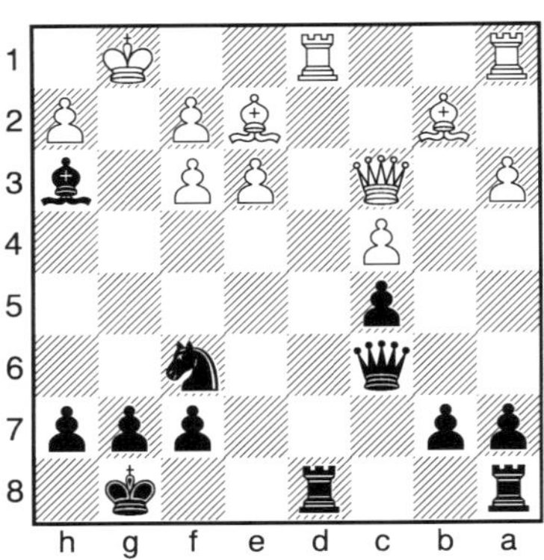

Übung 4

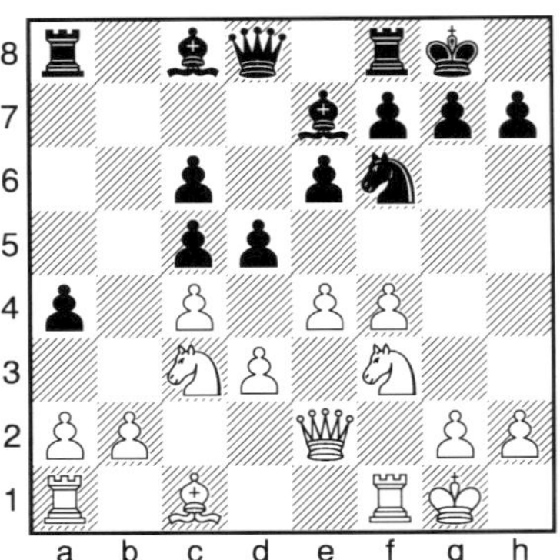

Übung 5

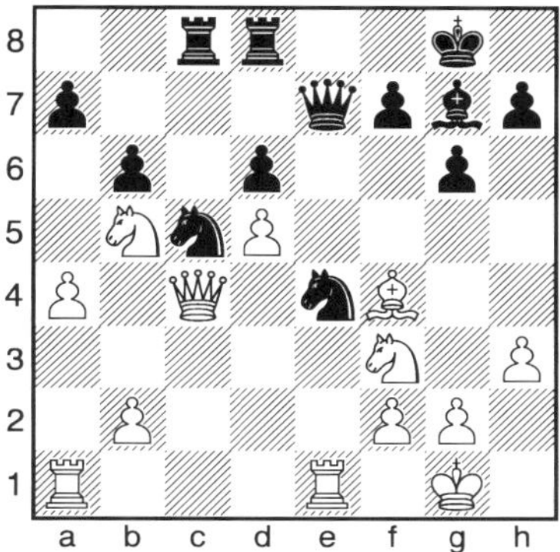

Übung 6

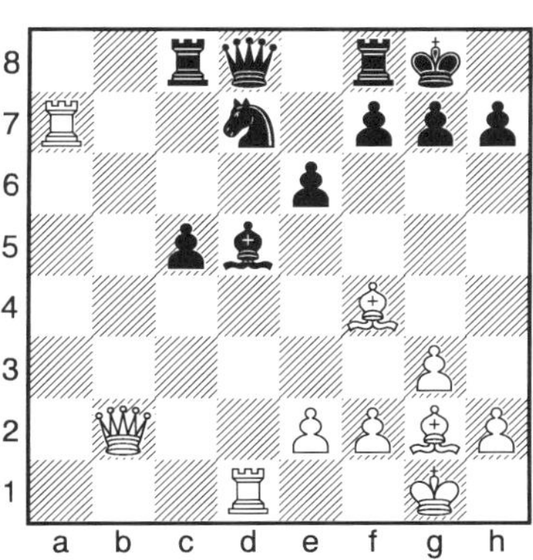

Übung 7

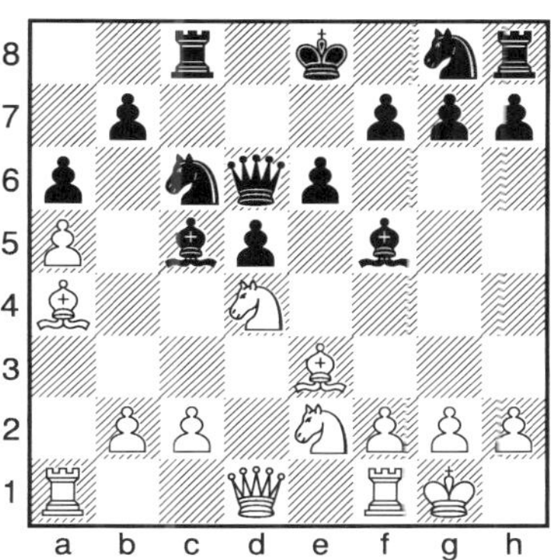

Übung 8

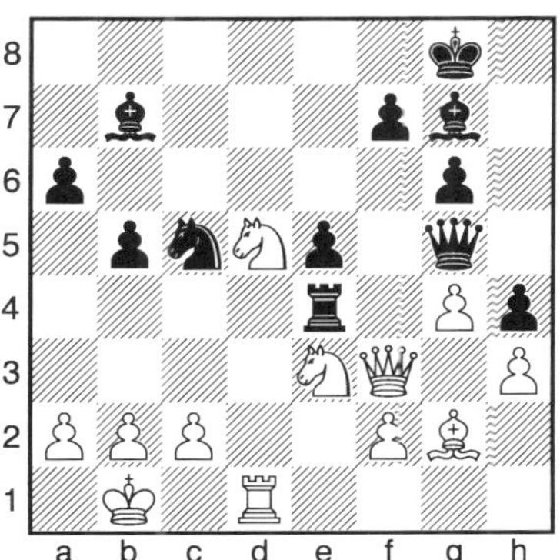

3. Zwischenstopp

Es gibt Wichtigeres im Leben, als beständig dessen Geschwindigkeit zu erhöhen.
Mahatma Ghandi

Bevor es inhaltlich weitergeht, folgt nach der Einführung eine kleine Pause: Erstmal tief einatmen und wieder ausatmen! – Gönnen Sie sich eine Pause, um das bisher Gelernte zu verdauen. Dies können Sie tun, indem Sie beispielsweise zahlreiche Blitz- und Schnellpartien spielen. Allerdings können Sie auch sofort mit dem Lernprozess fortfahren.

Im Buch folgt jetzt ein Themenwechsel. Den vorhergehenden Ausführungen war zu entnehmen, dass das Zusammenwirken von Strategie und Taktik ein wichtiges Merkmal ist. Und daher sind auch beim Strategietraining gute Rechenfähigkeiten unabdingbar. In diesem Sinne richtet sich der Hauptfokus dieses Kapitels auf die taktische Schlagfertigkeit. Wie aus den bisherigen Beispielen hervorging, ist nicht allein große Rechenkraft in die Tiefe notwendig (*deep thinking*), sondern auch in die Breite (Grundmotive und Kandidatenzüge wahrnehmen, Ausschlussverfahren).

Da dies nicht der Kern des Buches ist, erhalten Sie im ersten Zwischenstopp eine Auswahl unterschiedlich schwerer Aufgaben. Bis auf die letzten vier sind diese nicht nach Schwierigkeitsgrad geordnet. Sie sollen die Möglichkeit erhalten, ähnlich wie in der Partie nach geeigneten Lösungen Ausschau zu halten.

Im zweiten Zwischenstopp gibt es dann Aufgaben mit verschiedenen vorgegebenen Lösungsmöglichkeiten. Dort können Sie Ihr Gefühl für Gefahren schulen. Sie sollen in die Lage des Spielers versetzt werden, der die Chancen bewerten muss.

Der dritte Zwischenstopp stellt einen Übergang zu den eigentlichen Themen dar. Mittels einer Auswahl von Beispielen werden strategische Standards dargestellt. Hier können Sie herausfinden, welche Vorkenntnisse Sie bereits besitzen und inwieweit Sie in der Lage sind, die Kernideen des bisher Gelernten anzuwenden.

Da es sich hier lediglich um einen Zwischenstopp handelt, werden am Ende Kurzlösungen angegeben. Hier sollen Sie vor allem Ihre Routine und den Blick für typische Motive schulen.

Für die Taktikaufgaben möchte ich Ihnen eine kleine Hilfestellung geben. Bei den entsprechenden Punkten ergänze ich bekannte Methoden mit Zusätzen, die meiner Ansicht nach sinnvoll und praktisch sind.

1. Stellungsmerkmale ermitteln:

- Positionelle Merkmale: wichtige Linien und/oder Diagonalen; gut oder schlecht stehende Figuren; Felderschwächen; materielle Ungleichgewichte (z.B. ungleichfarbige Läufer, Läufer gegen Springer usw.)
- Taktische Merkmale: Königssicherheit; ungedeckte bzw. „lose" Figuren; unzureichend gedeckte bzw. labile Bauern

2. Rechenregel (teilweise bereits Anfängern bekannt):

Zunächst Schachgebote prüfen – und zwar beginnend mit der stärksten Figur;

danach Schlagmöglichkeiten prüfen – ebenfalls beginnend mit der stärksten Figur;

anschließend Angriffsmöglichkeiten prüfen – und zwar beginnend mit der schwächsten Figur.

3. Kandidatenzüge: Prüfen Sie unter Einbeziehung der Rechenregel, welche der Kandidaten sinnvoll erscheinen.

4. Kurzes „Anrechnen": Prüfen Sie verschiedene Ideen, indem Sie diese 1-3 Züge weit „anrechnen". Verschaffen Sie sich somit einen Eindruck, welche Richtung bei der Variantenberechnung eingeschlagen werden sollte.

5. Vergleichsmethode: Vergleichen Sie verschiedene Varianten und beziehen Sie Ideen aus anderen Varianten mit ein.

6. Ausschlussverfahren: Prüfen Sie, welche Varianten umgehend verlieren oder eindeutig schlecht sind. Schließen Sie diese aus und wählen Sie die letztlich übrig bleibende.

7. Tiefes Rechnen: Sie versuchen, die letztlich ausgewählte Variante möglichst tief zu berechnen.

Für Ihr Training schlage ich folgende mögliche Herangehensweise vor.

1. Bei allen drei Zwischenstopps können Sie zunächst Zeitnot mit maximal 5 Minuten Bedenkzeit simulieren. Danach schätzen Sie die Stellung ein. So gehen Sie alle Aufgaben einmal durch.
2. Im zweiten Durchgang nehmen Sie sich mehr Zeit und denken noch einmal gründlich über Ihr Urteil nach.
3. Im dritten Durchgang prüfen Sie, ob Ihr Urteil stimmt.

3.1 Elementare Motive und Rechentiefe

(Lösungen ab Seite 158)

Aufgabe 1

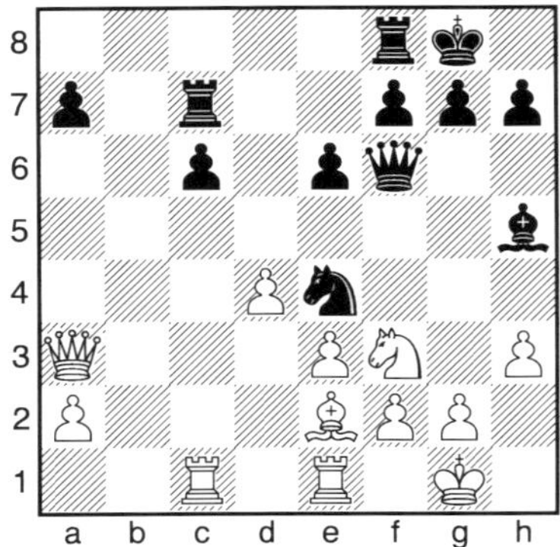

Aufgabe 2

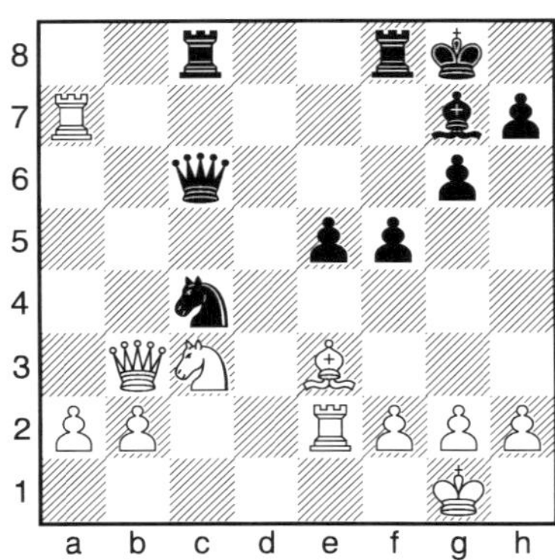

Aufgabe 3

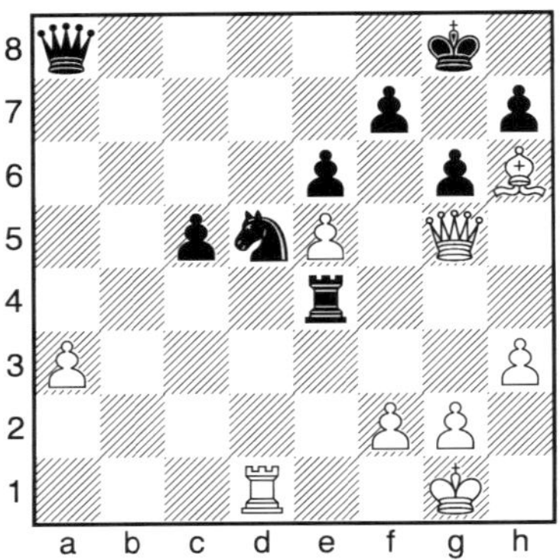

Aufgabe 4

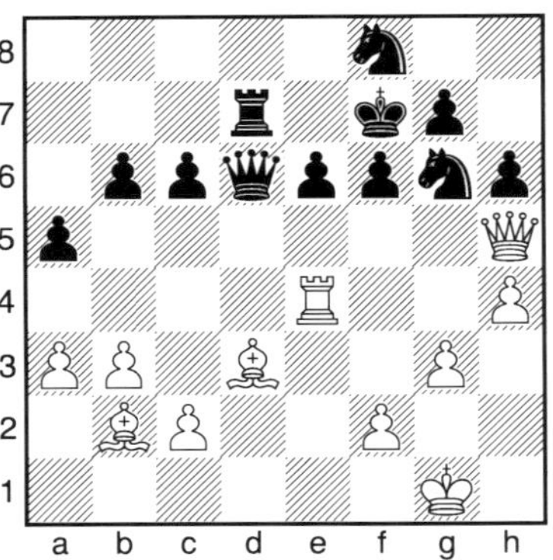

Aufgabe 5

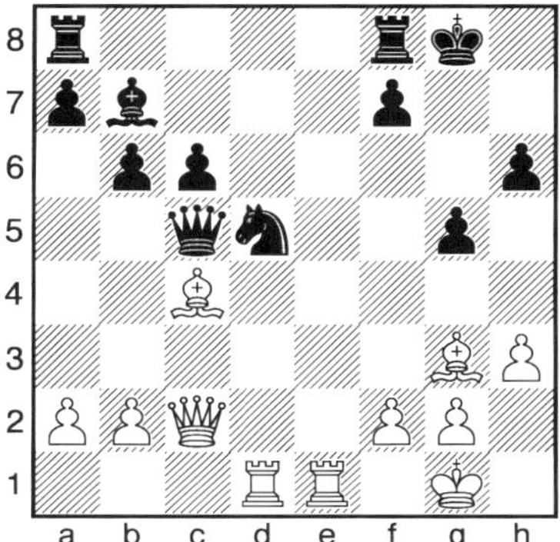

Aufgabe 6

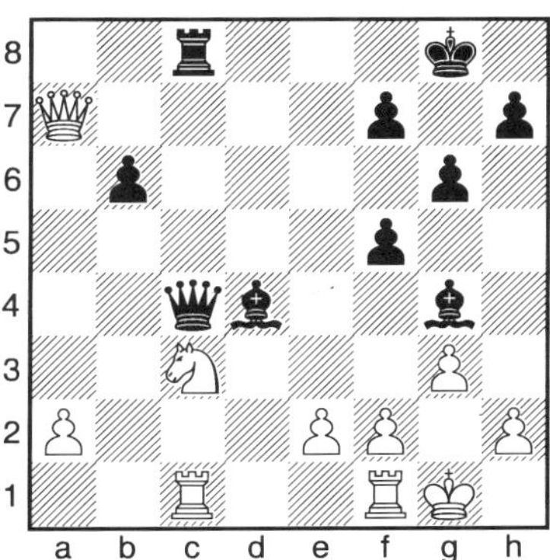

Aufgabe 7

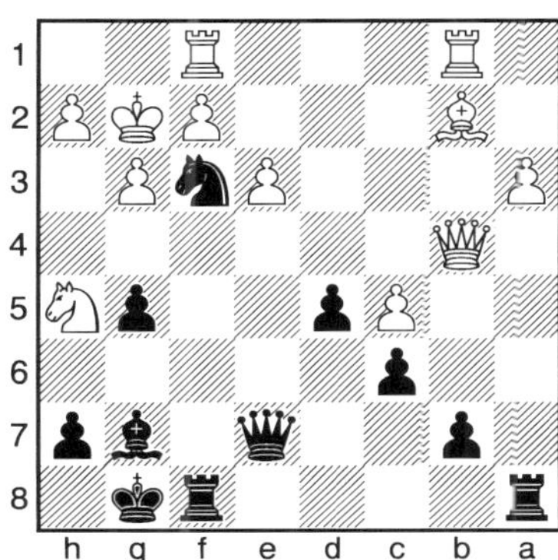

Aufgabe 8

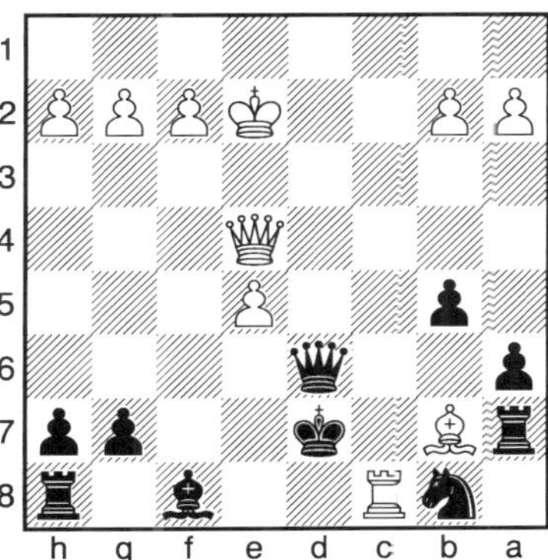

Aufgabe 9

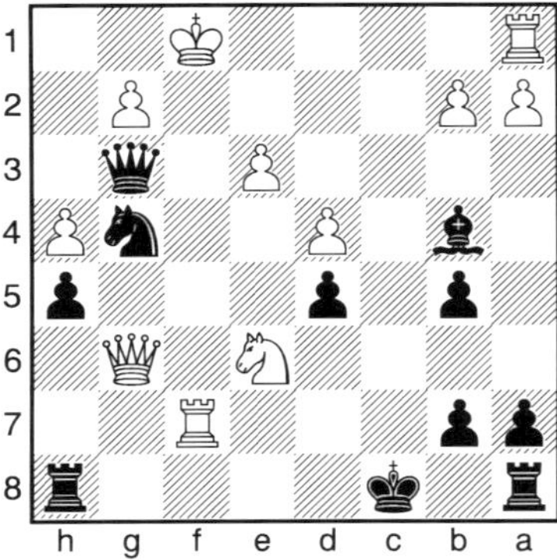

Aufgabe 10

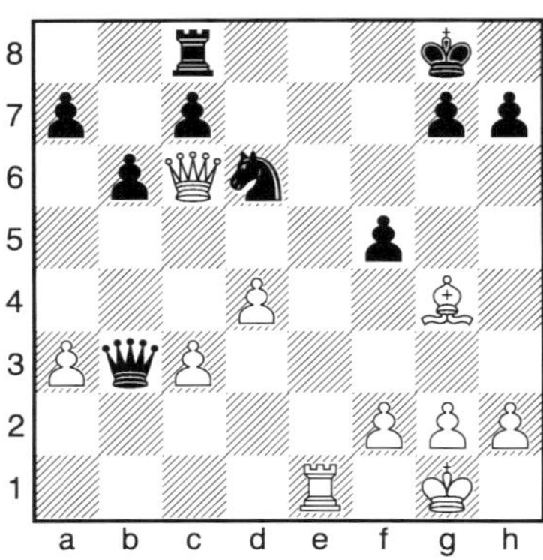

Aufgabe 11

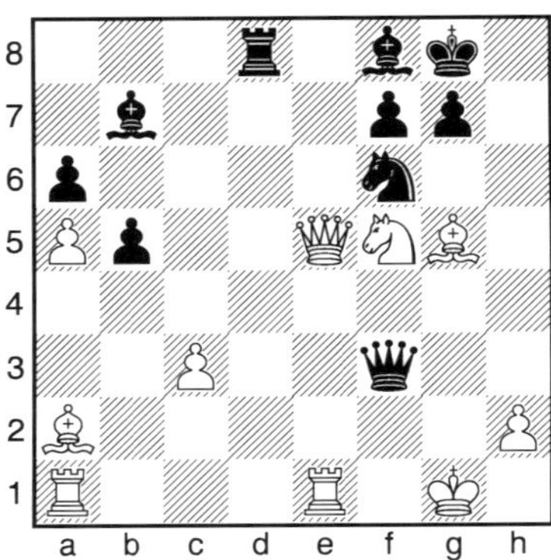

Aufgabe 12

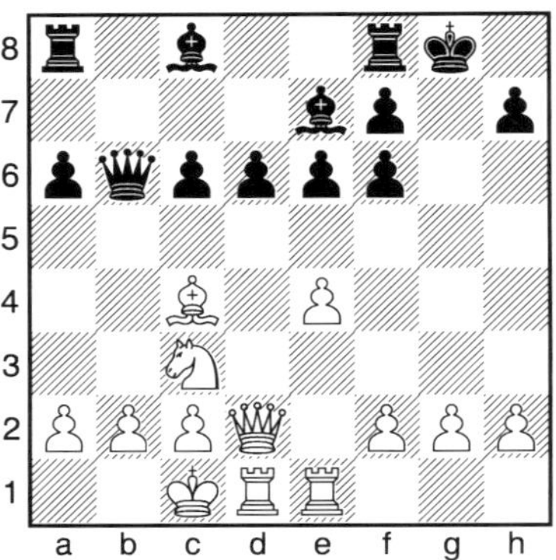

Aufgabe 13

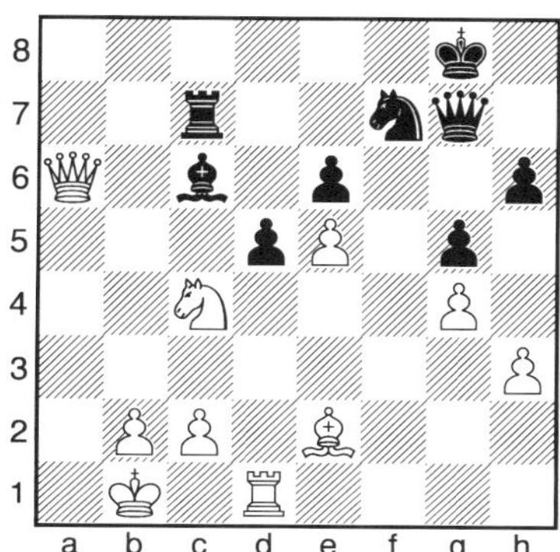

Schwarz möchte Sxe5 spielen.
Was ist zu tun?

Aufgabe 14

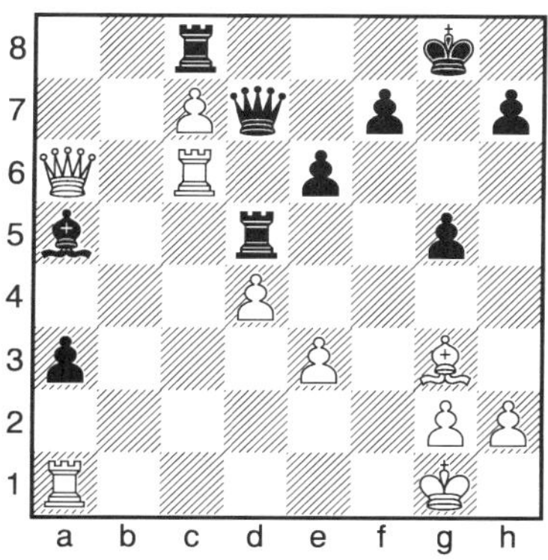

In der Partie geschah 29...Lxc7.
Was ist von 29...Txc7!? 30.Lxc7 Lxc7 31.Txa3 Txd4!? zu halten?

Aufgabe 15

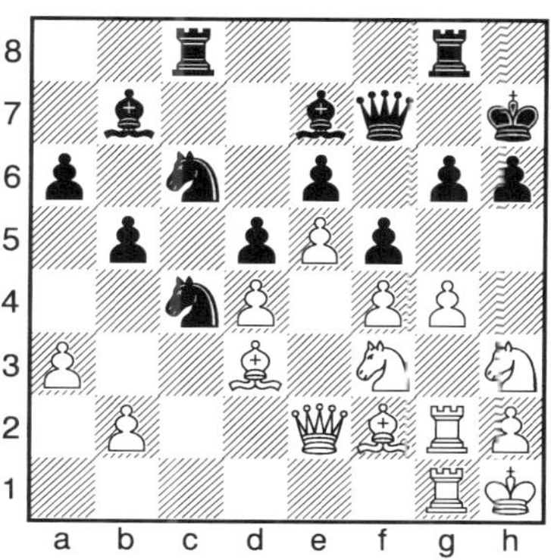

Aufgabe 16

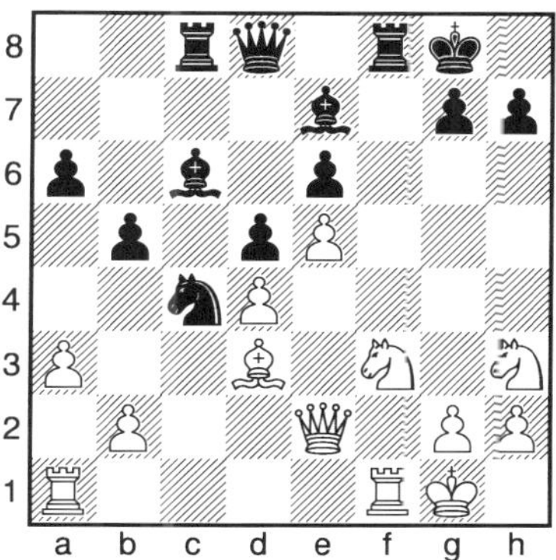

3.2 Fehlersuche bzw. ein Gefühl für Gefahren entwickeln

(Lösungen ab Seite 164)

Aufgabe 1

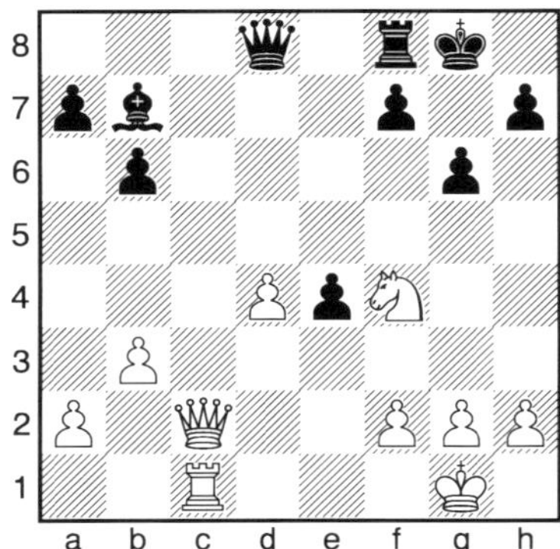

Was ist von 21.d5 angesichts der Folge 21...Dg5 22.Dxe4 Lxd5 zu halten?

Aufgabe 2

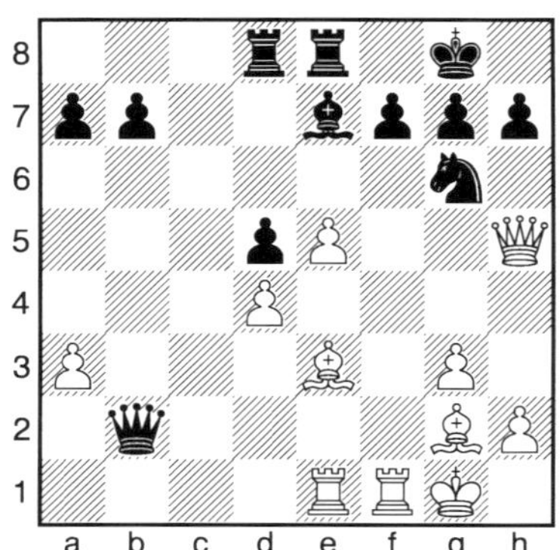

Sollte Weiß mit 23.Txf7 forcieren oder sich mit 23.h4 eher ruhig verhalten?

Aufgabe 3

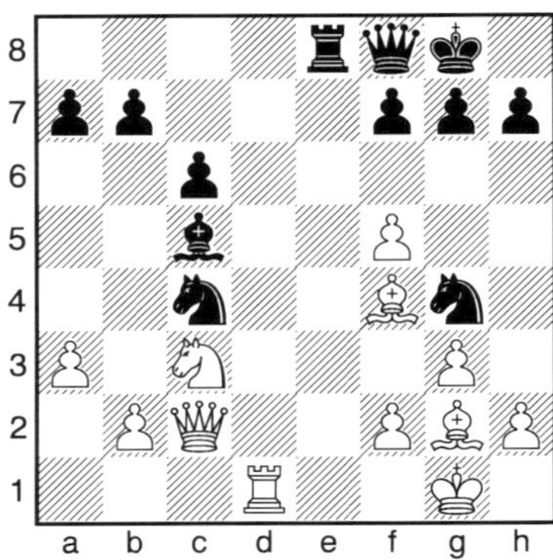

Sollte Weiß mit 23.Tf1 oder 23. Se4 reagieren?

Aufgabe 4

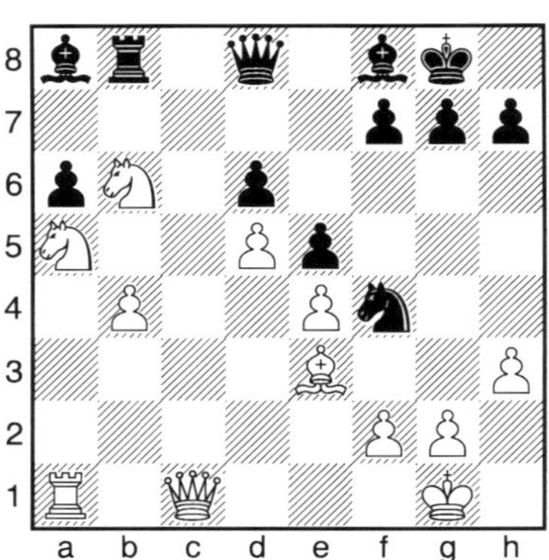

Ist 32.Sc6 oder 32.Lxf4 besser?

Aufgabe 5

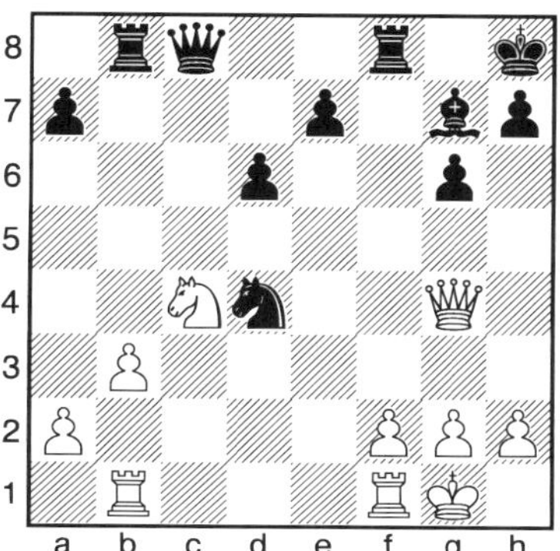

Würden Sie mit 20.De4 oder 20.Dd1 reagieren?

Aufgabe 6

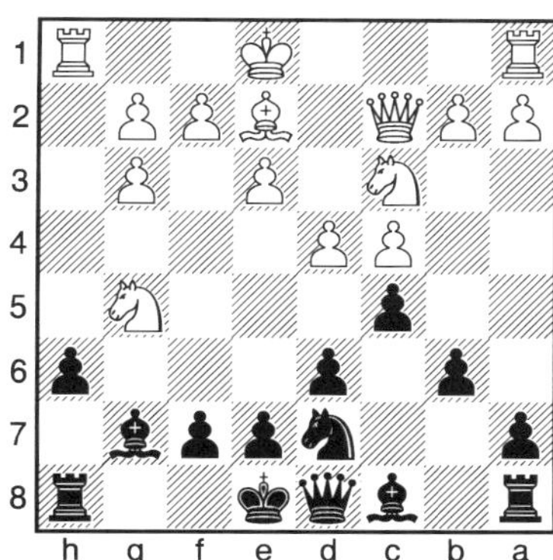

Ist nach dem letzten Zug 12.Sxg5 12...hxg5 oder 12...cxd4 vorzuziehen?

Aufgabe 7

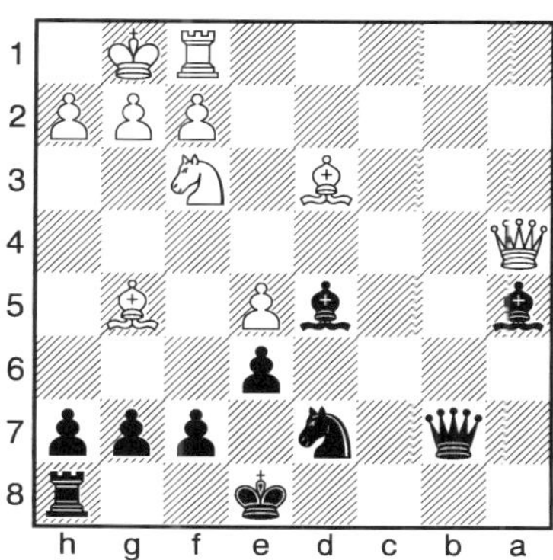

Sollte Schwarz seine Entwicklungsprobleme mit 21...Db4, 21...Lxf3 oder 21... 0-0 lösen?

Aufgabe 8

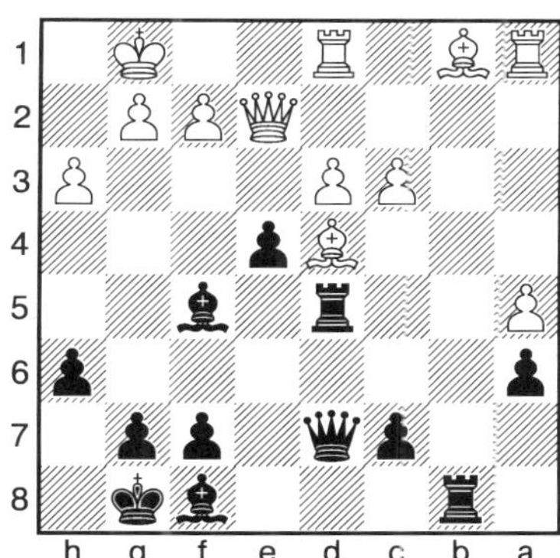

Sollte Schwarz seine Initiative mit 25...Lxh3 oder 25...exd3 nutzen?

Aufgabe 9

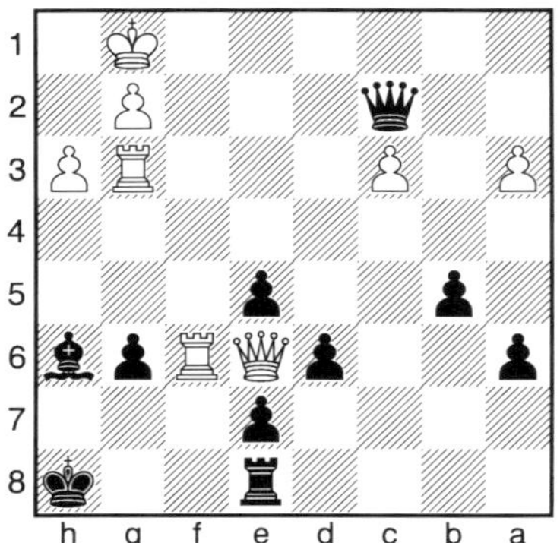

Um zu überleben, ist Vorsicht geboten! Ist 33...exf6 oder 33...Dc1+ 34.Kh2 nebst 34...Le3 bzw. 34...Lf4 besser?

Aufgabe 10

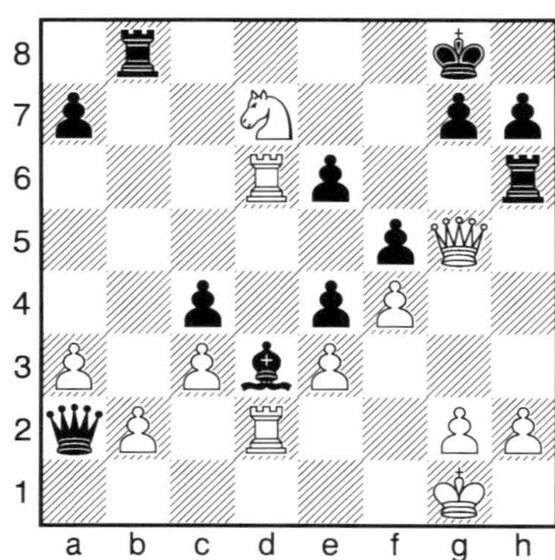

Beide Seiten greifen an.
Ist 29.Td1, 29.h3 oder 29.Sxb8 besser?

Aufgabe 11

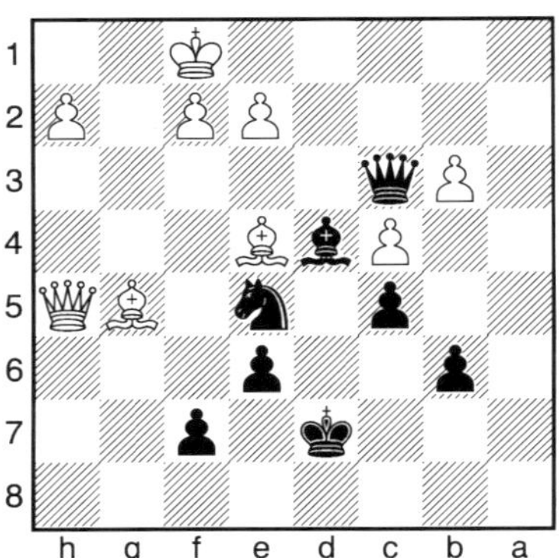

Angriff trifft auf Gegenangriff.
Ist 34...Dxb3 oder 34...Da1+ besser?

Aufgabe 12

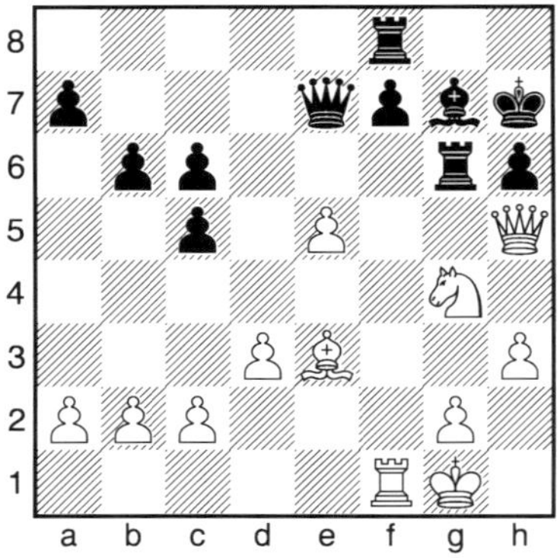

Ist 27.h4, 27.Tf6 oder 27.Lxh6 besser?

3.3 Strategische Standards

Bei den folgenden Aufgaben kann es gelegentlich auch mehr als eine Lösung geben. Allerdings kehren gewisse typische Motive häufig wieder. Es ist nützlich, sich diese zu verinnerlichen.

(Lösungen ab Seite 167)

Aufgabe 1

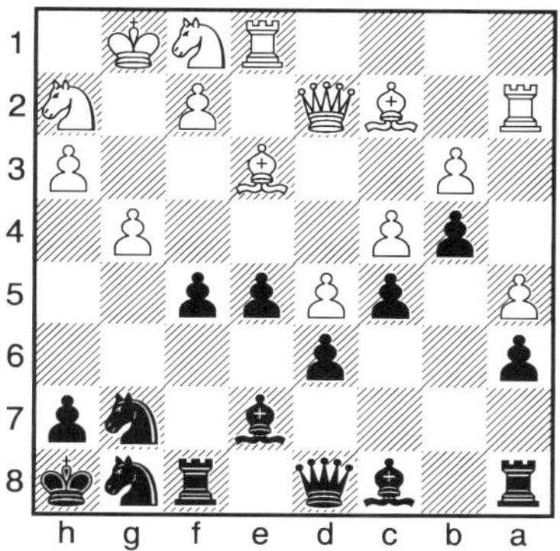

Aufgabe 2

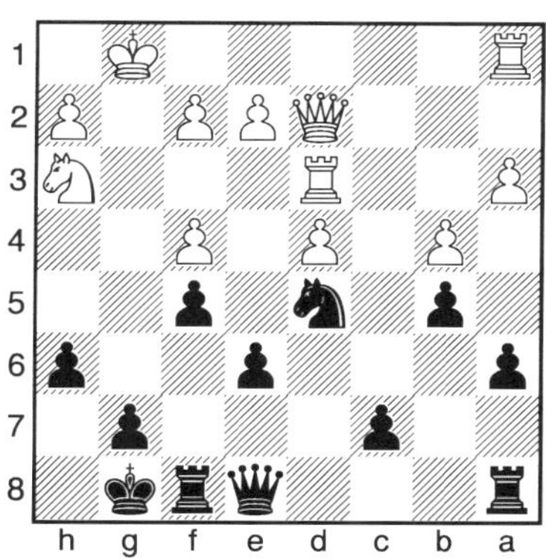

Aufgabe 3

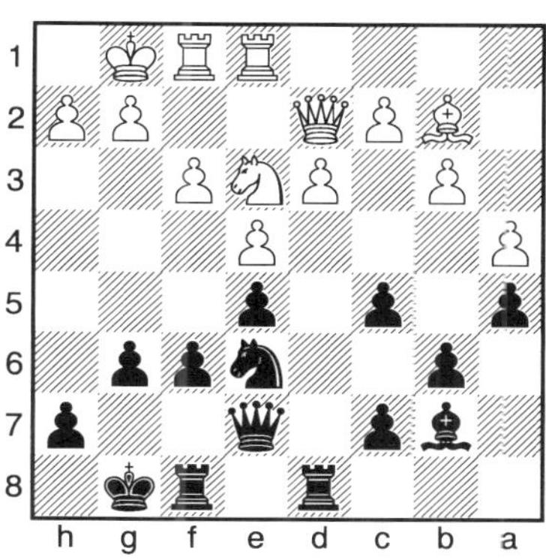

Aufgabe 4

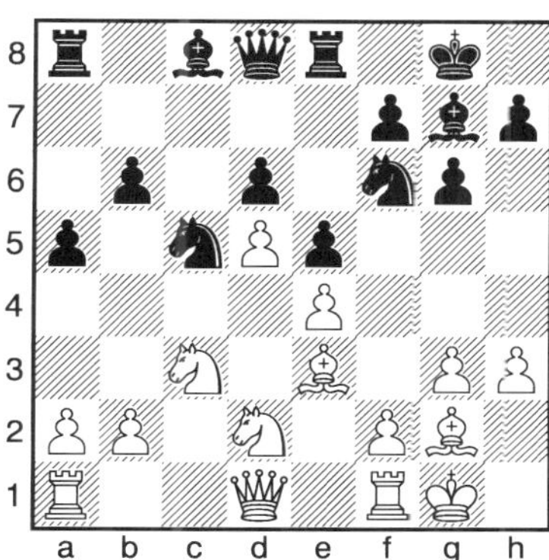

Aufgabe 5

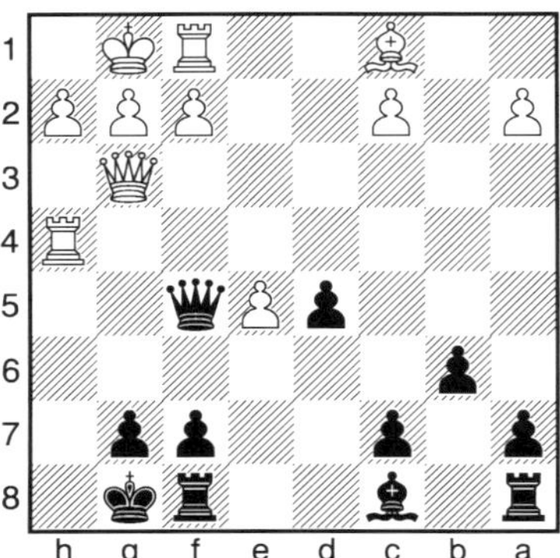

Aufgabe 6

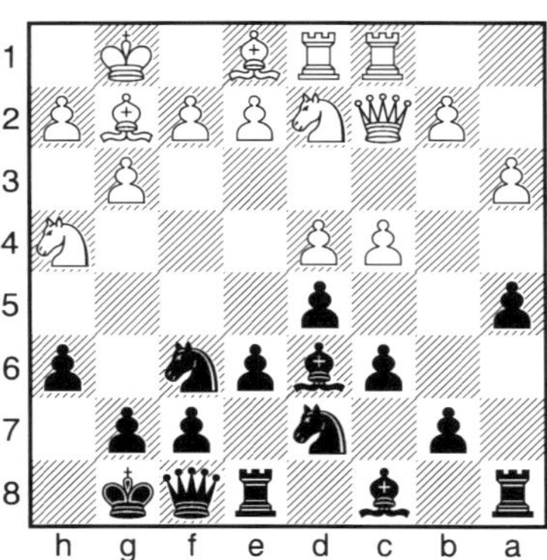

Aufgabe 7

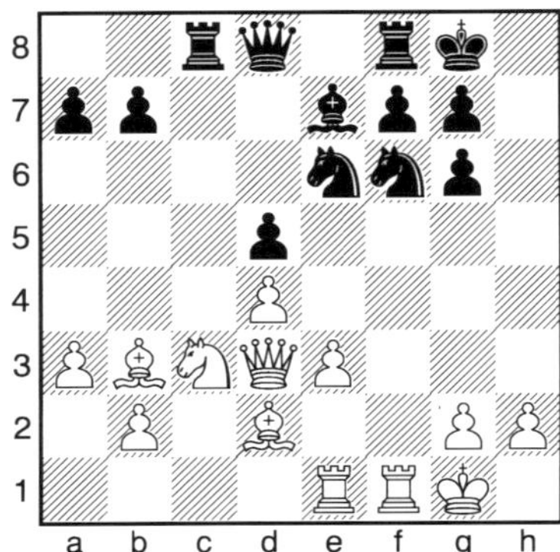

Aufgabe 8

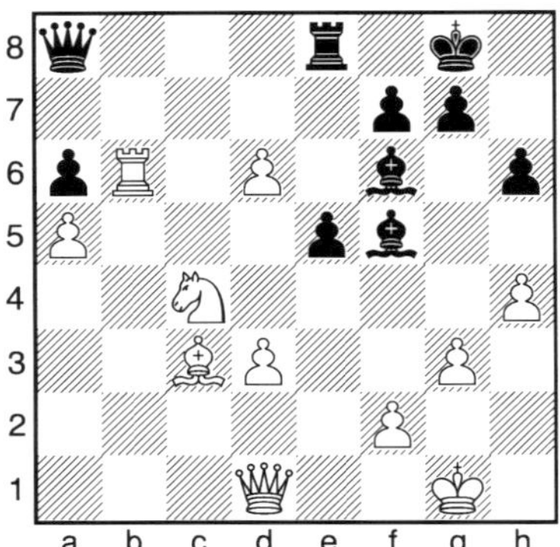

Aufgabe 9

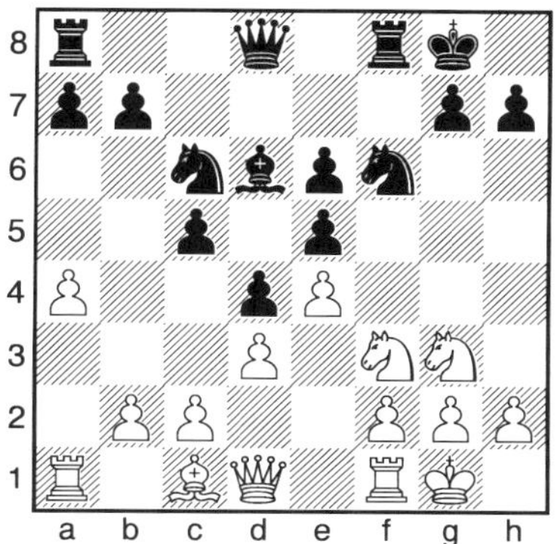

Aufgabe 10

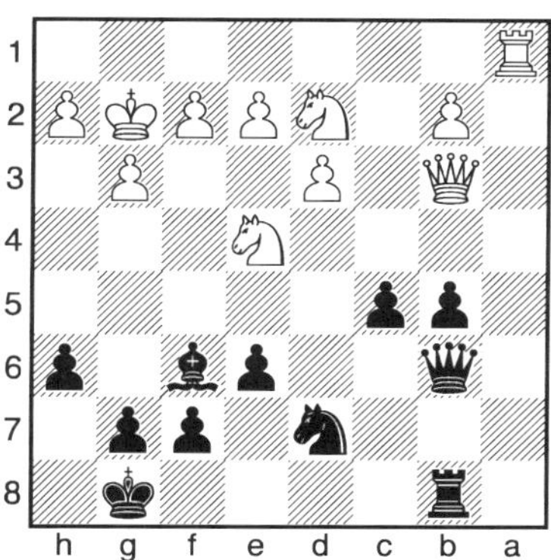

Aufgabe 11

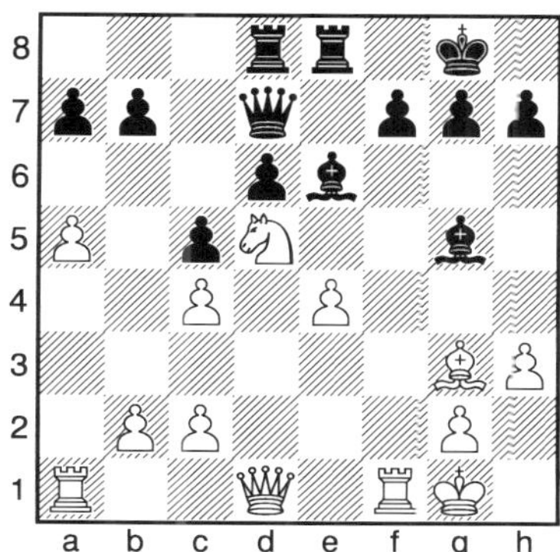

Aufgabe 12

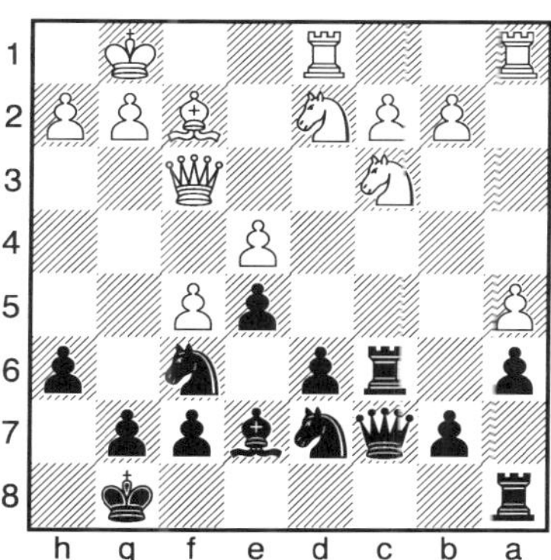

Aufgabe 13

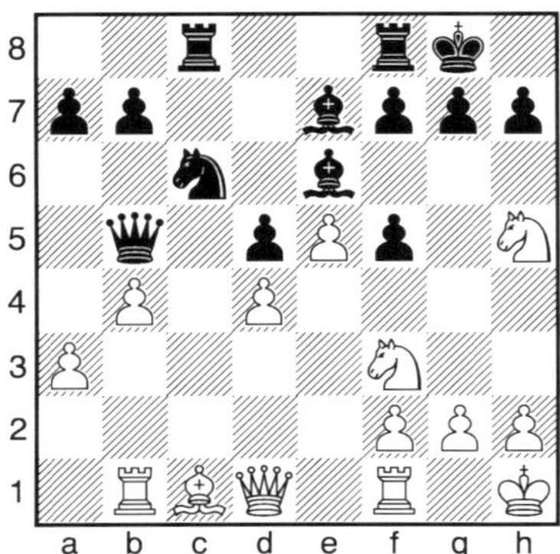

Aufgabe 14

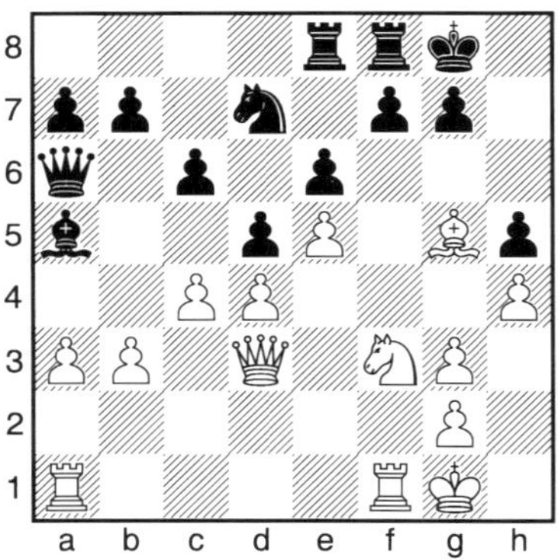

Aufgabe 15

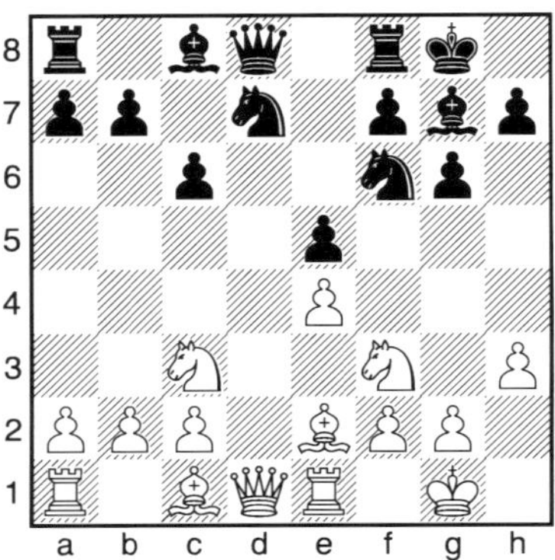

Aufgabe 16

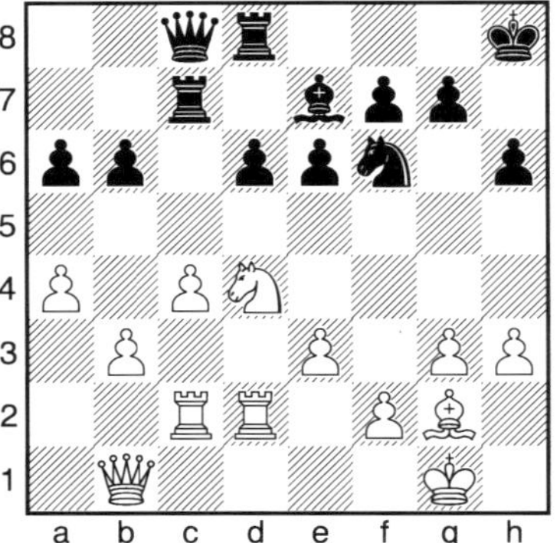

Aufgabe 17

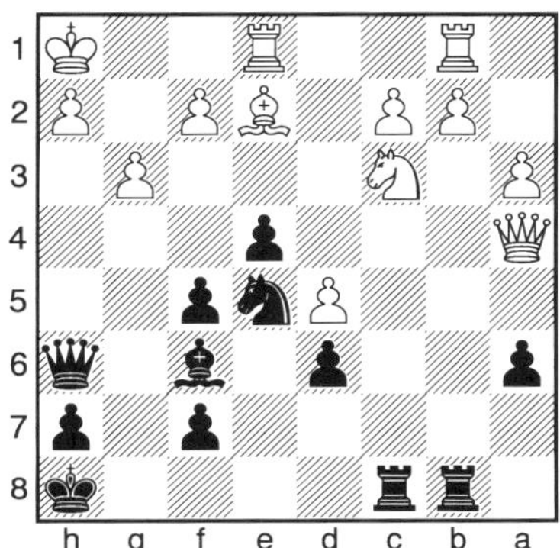

Aufgabe 18

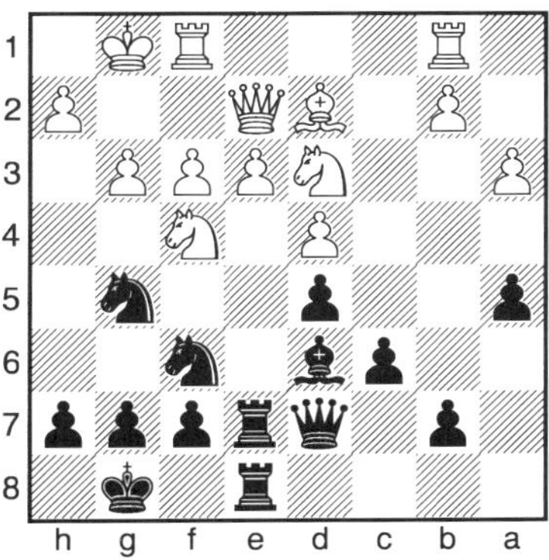

Aufgabe 19

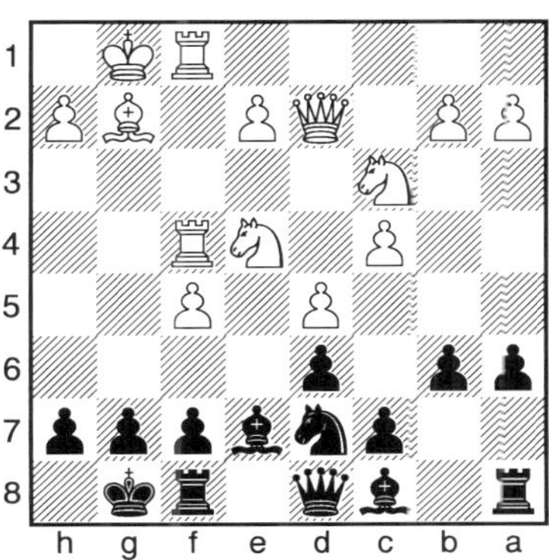

Aufgabe 20

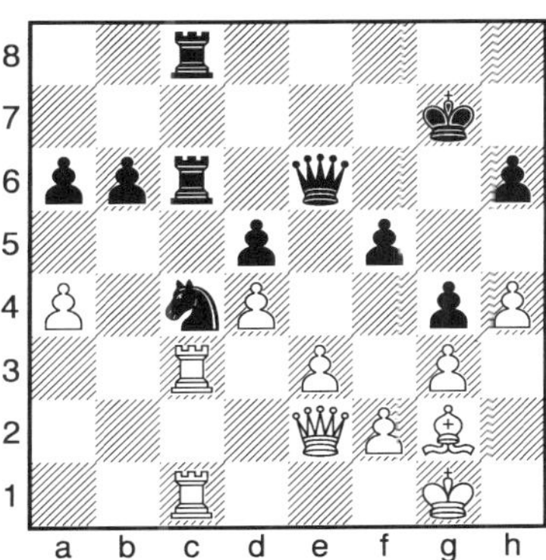

4. Anwendungsfelder

Nachdem Sie sich im vorherigen Kapitel sicherlich entspannen konnten, geht es nun mit voller Kraft weiter. Denn nun bekommen Sie die Gelegenheit, Ihre Kenntnisse bezüglich dreier praxisrelevanter Schwerpunkte zu vertiefen.

4.1 Ungleichfarbige Läufer

In den folgenden Beispielen werden einige grundsätzliche und häufig wiederkehrende Mittelspielmotive ausgearbeitet. Dabei ist zu beachten, dass die genannten Prinzipien nicht im Endspiel anwendbar sind, denn dort gelten andere Regeln.

Wei Yi – Bai Jinshi
China 2019

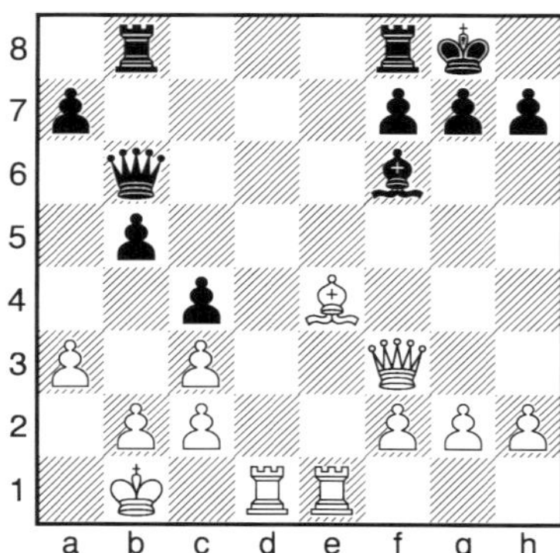

Hier sind die Läufer quasi „extrem" ungleich. Denn während der weiße König über einen vortrefflichen Bauernschutz verfügt und auf dunklen Feldern absolut nicht zu erreichen ist, wird Schwarz Probleme bekommen, die weißen Felder in Königsnähe ausreichend zu decken, sobald diese mehrfach bedroht werden. Und tatsächlich wird er daran zugrunde gehen.

20.Td7! Tfd8

Dieser Zug verliert unmittelbar. Besser war 20...a5.

Aufgabe: Wie würde Sie danach den Angriff fortsetzen?

21.Te3!

- 21...b4 22.Lxh7+ Kxh7 23.Dh5+ Kg8 24.Th3+–
- 21...g6 22.Ld5 b4 23.Txf7 Txf7 24.Te6+–

Aufgabe: Wie lautet nach dem Partiezug 20...Tfd8 der KO-Schlag?

21.Lxh7!+ Kf8 22.Txf7+ Kxf7 23.Dh5+ Kf8 24.Lg6 1-0

Auch hier musste (wie in Kapitel 2.1) zunächst erkannt werden, wo sich die Schwächen befinden. Sodan musste (analog zu Kapitel 2.4) bewertet werden, inwieweit eine Prophylaxe gegen die Ideen mit b5-b4 notwendig war. Abschließend folgte (im Sinne von Kapitel 2.3) die Verbesserung der Figurenstellung, um die Schwächen auszunutzen.

Duda – Laznicka
Prag 2019

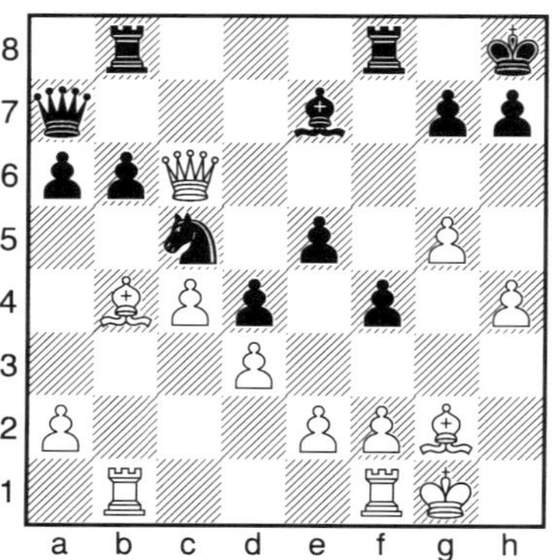

Zahlreiche schwarze Bauern stehen auf dunklen Feldern. Da die Stellung eher geschlossen ist, stellt sich die Frage, ob Weiß dennoch ungleichfarbige Läufer anstreben sollte.

Aufgabe: Bewerten Sie den Übergang ins Mittelspiel mit ungleichfarbigen Läufern. Ist der Vorteil zum Gewinn ausreichend oder nicht?

25.Lxc5!

In der Folge wird deutlich, welche Ideen am Königsflügel gegeben sind. Dazu reichen elementare Mattbilder aus und der Rest ergibt sich intuitiv. Eine Momentaufnahme führt zu zwei Schlüssen.

1. Der weißfeldrige Läufer kontrolliert die weißen Felder beim gegnerischen König.

2. Die Bauernstruktur muss so verändert werden, dass die weißen Schwerfiguren die gegnerische Festung mittels Opfer durchbrechen können.

Dieses Ziele wird in den nächsten Zügen realisiert.

25...Lxc5 26.De6 Tbe8 27.Dh3 De7 28.Lc6 Td8 29.Kg2!

Macht Platz für die Türme.

29...Td6 30.Le4 De8

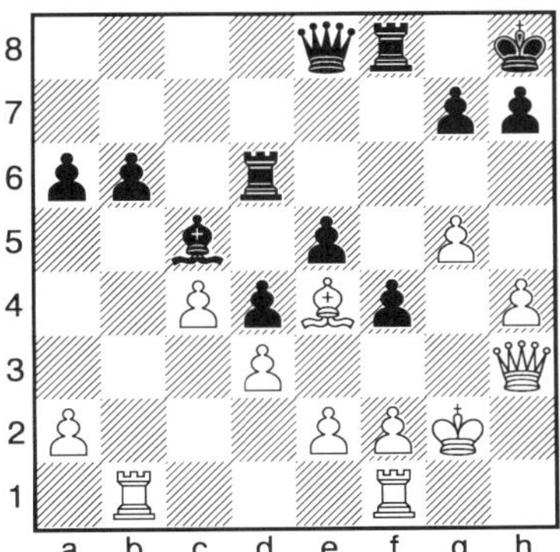

Aufgabe: Machen Sie sich Gedanken, wie Sie fortsetzen, wenn Schwarz etwas zum Schutz der Königsstellung unternimmt – oder wenn er dies nicht tut.

31.Df3 Tf7

Danach kann Weiß eine Schwäche provozieren.

Würde Schwarz nichts tun, geht es wie folgt für ihn zu Ende: 31...a5 32.Tg1 a4 33.Kh2 a3 34.g6 h6 35.Tg5 Tff6 36.Tbg1 Td8 37.Ld5 Lf8 38.Lf7 De7 39.Th5+–.

32.Dh5 g6 33.Df3 h5 34.gxh6 Th7 35.Th1 Txh6 36.Tbg1 Te6 37.Dg4 Te7 38.Kf3!

Hier steht der weiße König bombensicher, während der gegnerische nun arge Probleme bekommt. Mittlerweile ist überdeutlich geworden, dass der Läufer c5 nichts unternehmen kann, weil er der Spezies „Großbauer" angehört.

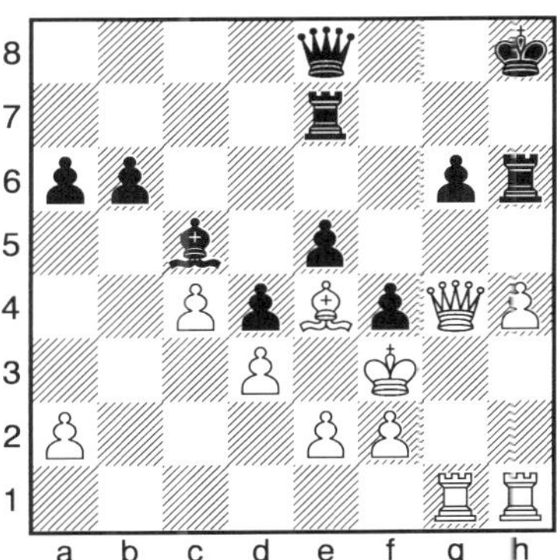

Eine Stellung mit extrem ungleichen Läufern

38...Tg7 39.Dg5 Th5 40.Df6 De7 41.Txg6 1–0

Im folgenden Beispiel geht es um die Frage, ob die Herbeiführung ungleichfarbiger Läufer sinnvoll erscheint. Wäre diese Entscheidung richtig, auch wenn der

Gegner mit aktiven Figuren auf d7, c5 und f4 verbleibt?

Barsegyan – Relange
Brest 2019

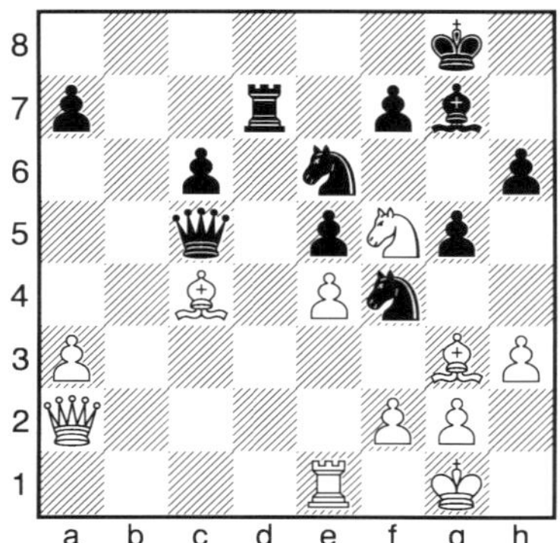

Aufgabe: Wie würden Sie nun fortsetzen?

30.Lxf4!

Genau dieser Abtausch ist erforderlich, denn danach ist die schwarze Stellung nur scheinaktiv. Die weiße Dame hat die eigenen Schwächen (2. Reihe) fest im Griff und der Springer f5 ist dem Läufer g7 haushoch überlegen, wohingegen der Springer f4 keine nennenswerte Aufgabe erfüllt. Außerdem bindet die Batterie in der Diagonale a2-g8 den gegnerischen Turm an den Bauern f7. Alles in allem muss Weiß nun lediglich seine Figurenstellung weiter optimieren, indem er den Untätigen eine Aufgabe gibt.

30...Sxf4 31.Tb1 Da5?

Danach bricht Schwarz taktisch zusammen.

Nach dem zäheren 31...Df8 hätte Weiß ein Standardverfahren nutzen können.

Aufgabe: Und zwar welches?

Nach 32.a4! treibt Weiß den Bauern bis a6 vor, wonach er auf der 7. Reihe eindringen oder eventuell einen Freibauern bilden kann.

1) Wartet Schwarz mit 32...De8?! ab, so kann Weiß nach 33.Tb3! seine Figurenstellung verbessern; z.B. 33...Kh7 34.a5 Se6 35.Db2 Lf6 36.Lxe6! (Abtausch der letzten aktiven gegnerischen Figur!) 36...fxe6 37.Se3 Dc8 38.Tb8 Da6 39.Db3+–.

2) Dies sollte Schwarz mit 32...a5! verhindern. Zwar behält Weiß nach 33.Tb6 (33.Db3) 33...Kh7 34.Db3 Dc5 35.Se3 eine positionelle Gewinnstellung, aber Schwarz kann noch kämpfen.

32.Lxf7+ Kh7 33.Lg8+ Kg6 34.g3 1–0

Swiercz – Hammer
USA 2018

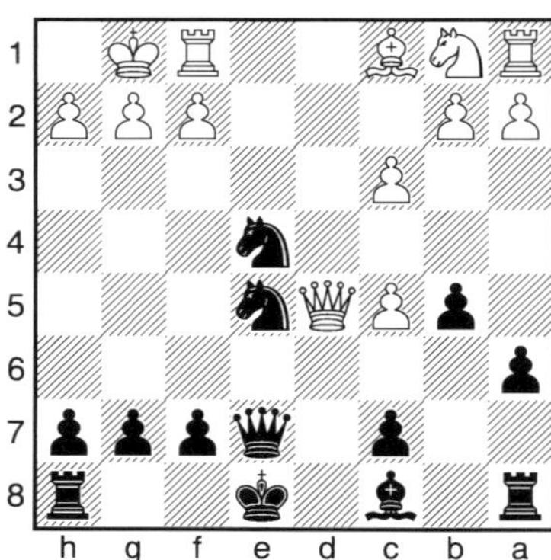

Diese Stellung ist aus einer ereignisreichen Variante der „Spanischen Partie" hervorgegangen. Im Moment geht es um den Doppelangriff auf Springer und Turm.

Aufgabe: Was ist dagegen zu tun?

12...Sxc5!

Bei ungleichfarbigen Läufern ist es typisch, die Qualität zu opfern, da dadurch der ungleiche Läufer sowie die Leichtfigur gegenüber dem gegnerischen ungleichen Läufer und dem Turm als Mehrangreifer zu betrachten wären. Entsprechend hat Schwarz mit seinem weißfeldrigen Läufer und dem Springer *zwei* Angreifer. Denn die weißen Felder können von diesen beiden Figuren bedroht werden, während der gegnerische schwarzfeldrige Läufer diese nicht verteidigen kann.

12...Tb8 13.Dxe4 Lb7 14.De3 0–0=

13.Dxa8 0–0 14.Le3 Scd3 15.Sd2?

Aufgabe: Hier hatte Weiß eine letzte Überlebenschance. Und zwar welche?

Wie so oft führt nur Abtausch bzw. Zentralisierung zu hinreichender Verteidigung – hier also 15.Ld4!.

(15.b4?! Ld7! 16.Da7 Lc6 17.Sd2 f5 18.f3 Ta8 19.Dd4 g5 mit gefährlichem Angriff.)

Allerdings darf dies nicht aus allgemeinen Erwägungen geschehen, sondern muss präzise berechnet werden muss.

15...Sg6 (15...c5?! 16.Lxe5 Sxe5 17.De4+=) 16.Df3 Sxb2 17.De3 Dd8 18.Te1

Nun sind sind die weißen Figuren offensichtlich wieder koordiniert und der Turm a1 kann später ins Spiel eingreifen.

15...c5

Mit der Drohung Lb7.

16.b4

Auf diesen Gegenschlag hatte sich Weiß verlassen. Er hat seine Figuren entwickelt und möchte seinen Läufer aufwerten.

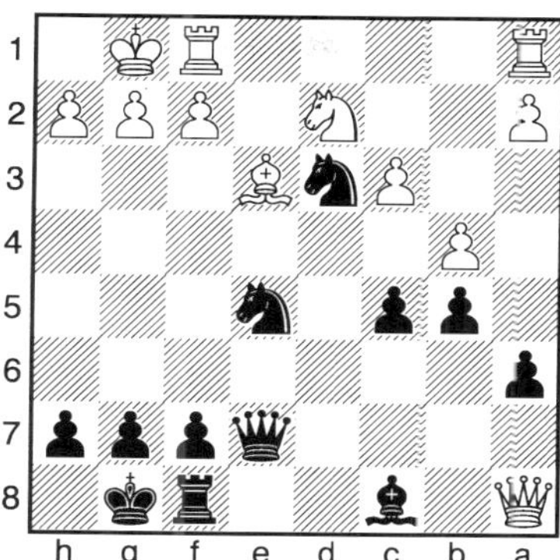

Aufgabe: Was sollte Schwarz nun tun?

Bei ungleichfarbigen Läufern zählt vor allem, welche Seite angreifen kann. In diesem Sinne ignoriert Schwarz das gegnerische Ansinnen und führt stattdessen einen überfallartigen Angriff aus. Dies geschieht ausdrücklich über die weißen Felder, um auf diesen mit dem zusätzlichen Angreifer (dem weißfeldrigen Läufer) die wunden Punkte anzugreifen, insbesondere den Punkt g2.

16...Dd7!!

16...Lb7? 17.Da7 cxb4 18.cxb4=

17.De4

Ein verzweifelter Versuch, die Dame zur Verteidigung zurückzubringen. Allerdings wird diese mehr gejagt, als dass sie helfen kann.

Hier ein Blick auf die ebenso hoffnungslosen Alternativen:

- 17.bxc5 Sc6 nebst Lb7
- 17.Se4 Lb7 18.Da7 Lxe4 19.Dxd7 Sxd7–+
- 17.Lxc5 Sxc5 18.bxc5 Lb7 19.Da7 Dc6 20.f3 Sd7–+

17...f5 18.Dh4 f4 19.Se4 Dd5 20.Lxc5 Sg6 21.Dg5 Tf5 22.Dg4 Dxe4 23.Ld4 Tf8 24.Dh5 f3 25.g3 Tf5 26.Dh3 Sdf4 27.gxf4 Sxf4 28.Dg3 Se2+ 0–1

Das folgende Beispiel zeigt, wie kompliziert es unter Umständen werden kann, wenn beide Seiten ambitionierte Ideen verfolgen.

Ben Artzi – Nedobora
Israel 2020

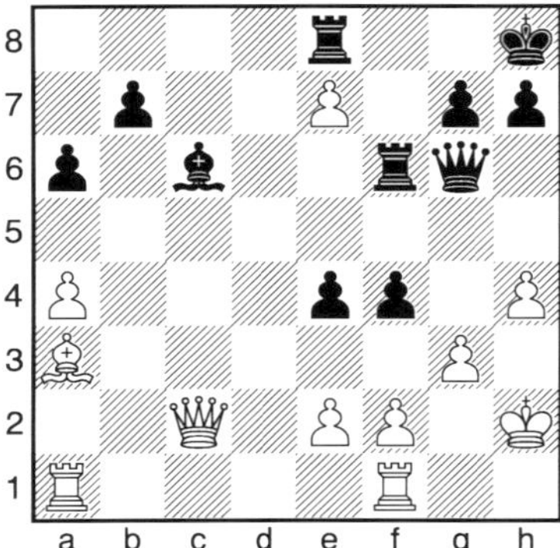

Aufgabe: Wie würden Sie fortsetzen?

30.Tad1?

Nach diesem Fehler kann Schwarz seinem Gegner allerlei strukturelle Defizite zufügen.

Weiß musste zuerst mit 30.e3! den gegnerischen Läufer kaltstellen und eine Reaktion erzwingen. So konnte er die Kontrolle über die vereinzelten Schwächen erhalten; z.B. 30...Dg4

(Auch nach 30...f3 31.Tad1 Dg4 32.Th1! hat er alles im Griff.)

31.exf4 Txf4 32.Tae1 Df5 33.Lc5 Txh4+ 34.gxh4 Df4+ mit folgerichtigem Dauerschach.

30...Dg4 31.Ld6

Aufgabe: Wie sollte Schwarz reagieren?

31...e3?

Nach 31...f3 fehlt dem Weißen nunmehr ein Tempo, sodass der Doppelangriff gegen h3 und a4 gewinnt; z.B. 32.exf3 exf3 33.Th1 Lxa4–+. Vermutlich hat Schwarz die Nuance mit dem Bauern a4 vergessen.

32.Lxf4 Txf4

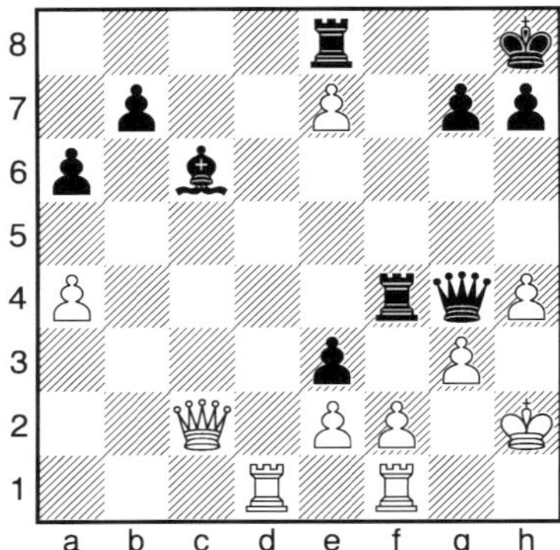

Aufgabe: Dies sieht recht stark aus. Haben Sie Nerven aus Stahl, um in dieser hektischen Stellung die richtige Reaktion zu ermitteln?

Nach dem Riesenbock **33.fxe3??** behält Schwarz problemlos die Stellungskontrolle.

Weiß musste sofort mit 33.Td8 Gegenchancen schaffen; z.B. 33...Ld7 34.Txe8+ Lxe8 35.gxf4 Dxh4+ 36.Kg2 Dg4+ =.

33...Tf6 34.Txf6 gxf6 35.Td8 De6 36.Dc5 Kg7 37.Txe8 Lxe8 38.a5 Lc6 39.Kg1 De5 0–1

4.2 Das Läuferpaar

Das Läuferpaar gilt besonders in offenen Stellungen als sehr vorteilhaft. Hierzu gibt es zahlreiche Musterbeispiele, die an dieser Stelle jedoch weniger thematisiert werden. Vielmehr sollen Sie sich mit Fällen beschäftigen, in denen die Stellungen eher geschlossen sind und mit rigorosen Methoden geöffnet werden müssen.

Rodriguez – Walther
Fernpartie 2019

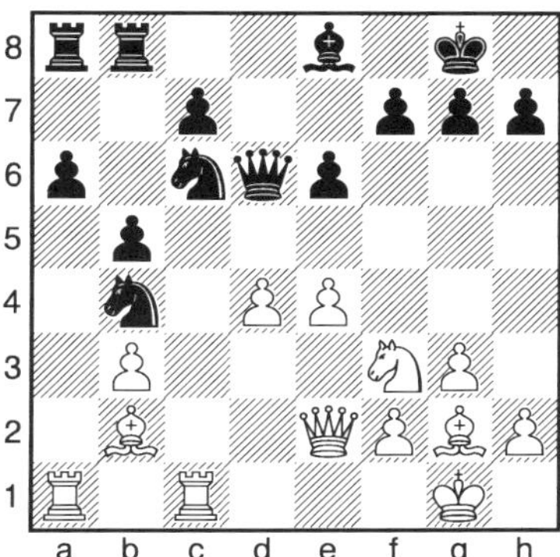

Aufgabe: Wie würden Sie hier fortsetzen?

In dieser klassischen Position, in der Weiß das Zentrum dominiert, will er allmählich sein Läuferpaar aktiver in Szene setzen. Dazu ist es notwendig, zunächst die Türme zu zentralisieren.

19.Te1 Td8 20.Tad1 Se7

In solchen und vergleichbaren Stellungen ist es wichtig, sich klarzumachen, wie der Angriff laufen soll. Dabei ist das Verhältnis zweier Faktoren von großer Bedeutung.

- Wie viel Zeit hat der Angreifer für die erforderlichen Manöver?
- Welche Möglichkeiten hat der Verteidiger?

Hier sieht die entsprechende Bilanz wie folgt aus:

Da Schwarz keinen schwarzfeldrigen Läufer mehr hat, wird er den Stabilisierungszug f7–f6 in Betracht ziehen. Weiterhin kann er versuchen, den momentan passiven Läufer mittels eines Springers auf d5 kaltzustellen. Dann wäre dieser Läufer eventuell gar nicht in der Lage, sich als Mehrangreifer in Szene zu setzen.

All dies sind prinzipielle und altbekannte Verteidigungsideen. Allerdings hat Weiß nicht allzu viel Zeit und sollte direkt die Gunst der Stunde nutzen, solange der Gegner noch nicht sämtliche Drohungen parieren konnte. Dazu bedarf es einer exakten Variantenberechnung und präzisen Stellungsabschätzung.

21.d5!

21.h4 c6 22.Se5 a5 23.Sg4 f5

21.Sh4 Sg6 22.Sf3 c6 23.h4 h6 24.h5 Sf8 in beiden Fällen mit komplizierter Stellung.

21...exd5

Aufgabe: Wie geht es konkret weiter? Rechnen Sie genau!

Mit **22.Le5!** nötigt Weiß die gegnerische Dame auf ein vom Königsflügel entferntes Feld, was auch zu einer Schwächung des Zentrums führt. Hiernach kümmert er sich um die Verbesserung seiner Figurenstellung.

22...Db6

22...Dd7 23.Lc3 a5 24.Db2 f6 25.e5 führt zu weißem Königsangriff.

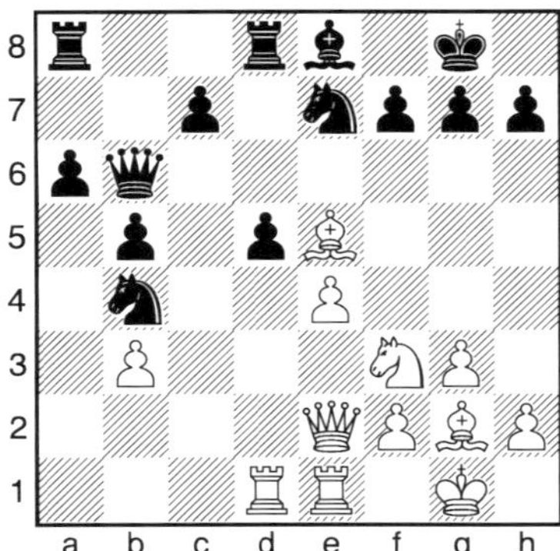

Die Ruhe vor dem Sturm

Aufgabe: Wie würden Sie den Angriff fortsetzen?

23.Sh4!!

Der Springer will idealerweise nach f5, um von dort den Druck auf g7 zu erhöhen. Auch kann in der Folge die weiße Dame ins Spiel gebracht werden.

23...Sg6

Dies ist schon der einzige Zug, der noch halbwegs funktioniert.

1) Nach 23...De6 24.exd5 Sbxd5 25.Dd2 Dh6 26.Dxh6 gxh6 27.Lf6! führt die labile schwarze Figurenstellung zu Materialgewinn: 27...Kf8 28.Lxd5 Sxd5 29.Lxd8 Txd8 30.Sf5+–.

2) 23...d4 24.Sf5 De6 25.Lxc7 Sec6 26.Dg4 g6 27.Dh4 h5

Aufgabe: Setzen Sie den Angriff fort!

Nach 28.g4! erhält Weiß einen vernichtenden Angriff. Insbesondere 28...gxf5 ist kaum attraktiv für Schwarz, da die Dame nach 29.exf5 Dh6 30.g5 Dh8 31.Lxd8 Txd8 32.f6+– ein Ehrenfeld in der Ecke erhält.

3) Nach 23...f6 24.Lc3 Dc5 25.Lxb4 Dxb4 26.exd5 nebst d6 (nach einem Wegzug des Springers) sollte Schwarz in Kürze zusammenbrechen.

24.Sxg6 hxg6 25.exd5 c5 26.h4

Der typische Mauerbrecher kommt zum Einsatz, um eine ebenso typische Schwächung der Königsstellung zu provozieren.

26...f6

26...Ta7 27.Lf4!

Nun droht Weiß, mit Dxe8 durchzubrechen.

27...Ld7 28.h5

(28.d6 halbiert quasi das Brett und dürfte ebenfalls gewinnen.)

28...gxh5 29.Dxh5 Dg6 30.Dxg6 fxg6 31.Ld6+–

27.Lf4 Lf7 28.d6 Ta7

Der Abtausch 28...Lxb3?! ist natürlich verfehlt, da am Ende die Verteidiger gegen den Freibauern fehlen; z.B. 29.Lxa8 Lxd1 30.Dxd1 Txa8 31.d7+–.

Aufgabe: Wie würden Sie nach 28...Ta7 fortsetzen?

29.De4! Tad7

29...Lxb3? 30.Dxg6 Lf7 31.Df5+–

30.h5! 1–0

Nach diesem Zug streckte Schwarz bereits die Waffen.

Sie können nun selbst versuchen, die verschiedenen Möglichkeiten zu analysieren.

Es sollte klar sein, dass der mörderische Freibauer in Verbindung mit dem Läuferpaar eine zerstörerische Wirkung auf den gegnerischen Königsflügel ausübt.

Hier zwei Beispielvarianten:

– 30...g5 31.Df5 gxf4 32.Le4 g6 33.hxg6 Lxb3 34.Dh3+– nebst Lf5

– 30...f5 31.De5 Sc6 32.Lxc6 Dxc6 33.h6 Lxb3 34.Td2+– nebst Lg5, f3 und Th2

Szymanski – Conde Poderoso

Fernpartie 2019

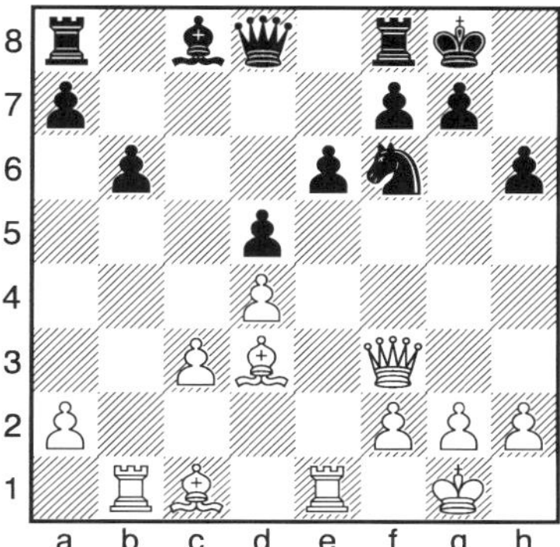

Aufgabe: Wie würden Sie als Weißer fortsetzen?

In dieser halboffenen Stellung stellt das weiße Läuferpaar einen großen Trumpf dar. Beide Läufer zielen in Richtung des gegnerischen Königs. Zusätzlich beherrscht Weiß die halboffene e-Linie.

Derweil liegen die Absichten von Schwarz auf der Hand, denn vorneweg lockt der Bauer c3 als Angriffsziel. Allerdings gibt es im Moment einen dynamischen Faktor, der eindeutig für Weiß spricht: der Entwicklungsvorsprung! Zwar müssen formal gesehen beide Seiten jeweils nur noch eine Figur entwickeln, aber der weiße Läufer greift meistens in einem einzigen Zug ins Geschehen ein. Und was dessen Entwicklung anbetrifft, hat Schwarz sich mit h7–h6 bereits arg geschwächt. Dies nutzt Weiß für seinen Angriff aus.

Mit **16.g4!?** geht er zum direkten Angriff über und will entsprechende Linien öffnen. Dabei will er die Zeit für jegliche Vorbereitung sparen und auf der Basis seines Entwicklungsvorsprungs klare Drohungen schaffen.

Schwarz dürfte wohl eher mit 16.Dh3 Te8 17.Lxh6 gxh6 18.Dxh6 Sg4 19.Dh5 Sf6= gerechnet haben.

16...Ld7?! wirkt inkonsequent und unnatürlich. Eventuell wollte der Schwarze in bestimmten Fällen den Bauern gedeckt halten.

(Partiefolge auf Seite 100 links)

1) Nach **16...e5** stehen Weiß zwei verschiedene Konzepte zur Wahl.

a) Entweder er bleibt mit **17.dxe5!? Se4 18.Txe4!? dxe4 19.Dxe4 g6 20.Le2 Ld7 21.Lxh6 Te8 22.Df4 De7 23.Td1** im Mittelspiel.

b) Oder er strebt mit **17.Txe5** ein Endspiel an; z.B. **17...Sxg4**

(Nach 17...Lxg4?! 18.Dg3! kann Weiß angreifen.)

18.Txd5 Dh4 19.Dg3 Dxg3+ 20.hxg3

Angesichts der weißen Bauern im Zentrum und des Läuferpaars wäre diese Struktur für Schwarz mit Unbequemlichkeit und Risiken verbunden. Da Weiß in beiden Szenarien im Vorteil bleibt, sollte Schwarz diese besser vermeiden.

2) Das normale 16...Lb7 wäre jedoch möglich gewesen. Auch hier muss Schwarz sich auf ein etwas schlechteres Endspiel einrichten; z.B. 17.g5 Se4 18.gxh6 Dh4 und nun sollte Weiß mit 19.Df4 die aktive gegnerische Figur neutralisieren.

(19.Tb3!? kommt eventuell in Betracht, um bei Bedarf längs der dritten Reihe aktiv zu werden.)

19...Dxf4 20.Lxf4 Tfc8 21.hxg7 Txc3 22.Tb3 Txb3 23.axb3 und nun kann Weiß gestützt auf sein Läuferpaar seine Ambitionen am Königsflügel weiter verfolgen.

Zurück zur Partie.

17.g5 Se4 18.gxh6 g6

1) 18...Df6 ist wegen 19.Dg2 nebst Te3 verständlicherweise weniger attraktiv, obwohl dies der Partiefortsetzung womöglich vorzuziehen gewesen wäre; z. B. 19...Tac8 20.Te3 g6 21.Tf3 De7 22.h7+ Kg7 23.Lf4!? usw.

2) 18...Dh4

Aufgabe: Setzen Sie den Angriff fort!

19.Txe4! dxe4 20.Lxe4 Tac8 21.Dg2 g6 22.Lxg6 Df6 23.Ld3+ Kh8 24.Lg5 Dxg5 25.Dxg5 Tg8 26.h4+–

19.Df4 Kh7

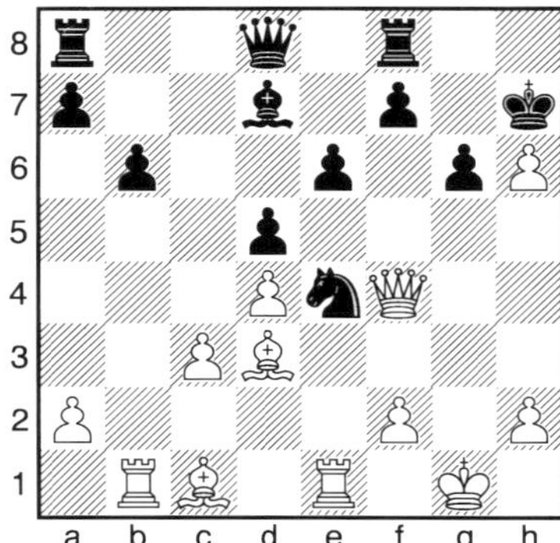

Aufgabe: Da der Gegner nicht ohne Gegenspiel ist, muss Weiß konsequent fortsetzen. Wie würden Sie die tun?

Mit **20.h4!** verhindert Weiß einerseits g5, andererseits kann bei Bedarf h4–h5 für wichtige Angriffsimpulse sorgen.

Alles andere würde entweder den Angriff schwächen oder wäre schlicht zu langsam; z.B. 20.Lxe4?! dxe4 21.La3

Aufgabe: Wie würden Sie nun fortsetzen?

21...g5! 22.Dxe4+ f5 23.De5 Tf7 24.c4 (Nach 24.d5 exd5 25.Le7 De8! 26.Dxd5 Lc6 27.De6 Tc8 28.Lxg5 Dxe6 29.Txe6 Ld5 ist das Endspiel zwar problematisch, sollte jedoch haltbar sein.)

24...Df6 mit offenem Kampf.

20...f5 21.f3 Sf6

Da es Schwarz zunehmend mulmig wurde, geht er zu einer behutsamen Verteidigung über.

Das optimistische 21...Sxc3 erzwingt quasi die standardgemäße Verbesserung der Figurenstellung.

22.Tb2 De7 23.Tg2 Tg8 24.Kh2!

Da Weiß den gegnerischen König angreifen will, verstärkt er seine Streitkräfte; z.B. 24...Taf8 25.h5 Df7 26.Teg1+– bzw. 25...g5 26.Lxf5+! Kxh6 27.De5+–.

22.De5

Da Schwar die dunklen Felder geschwächt hat, nimmt Weiß die Einladung gern an.

22...Tc8

Nach 22...Db8 23.Dxb8 Taxb8 24.a4! und dem Eindringen via b7 würde das Endspiel kaum noch Freude bereiten.

23.Lg5 Tf7

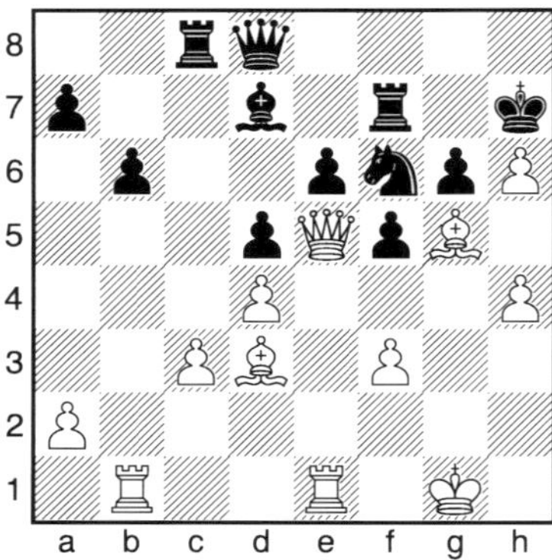

Aufgabe: Wie würden Sie nun fortsetzen?

24.Tbc1!

Da Weiß Raumvorteil hat und die gegnerischen Schwachstellen momentan halbwegs gedeckt sind, verschafft er sich einen neuen Zugang.

24...b5 25.Tb1 a6

25...Txc3 26.Lxb5+–

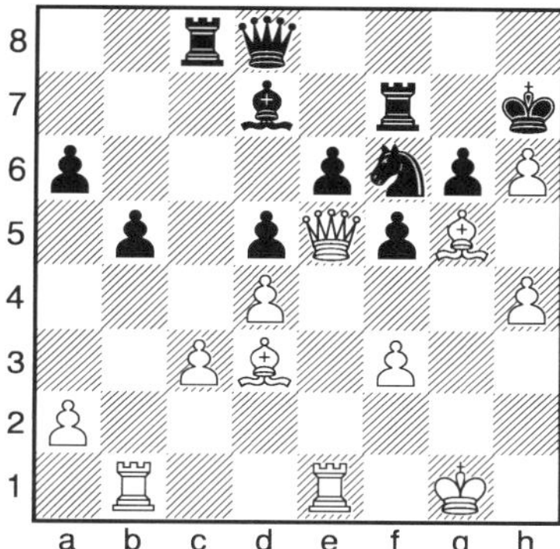

Aufgabe: Wie würden Sie nun fortsetzen?

26.a4!!

Wie schon vorher muss Weiß Linien öffnen, um seine Figurenstellung weiter zu verbessern.

26...bxa4

26...Txc3

Aufgabe: Hat Weiß dies etwa übersehen? Oder verfolgt er eine Absicht?

27.axb5!! Txd3 28.b6 Lb5 29.Tec1+– bzw. 27...axb5 28.Lxb5 Lxb5 29.Txb5 Dc7 30.Dxc7 Tcxc7 31.Txe6+–

27.Tb7 Txc3 28.Lxa6

Angesichts der Drohung La6–b5 tritt Schwarz die Flucht nach vorn an.

28...a3

Da Schwarz die c-Linie geschwächt hat, könnte Weiß nach 28...Txf3 damit drohen, auch diese zu erobern; z.B. 29.Tc1! Df8 30.Lxf6 Da3 31.Tf1! f4 32.Txf3 Dxf3 33.Tb8+–.

29.Tb8 De7 30.Ld2 1–0

In Anbetracht der schlichten Drohung Ld2–b4 und der Tatsache, dass die ursprüngliche Idee 30...a2 aus taktischen Gründen scheitert, gab Schwarz bereits hier auf.

30.Ld2 a2 31.Lxc3 Da3 32.Ta1

– 32...Dxc3 33.Txa2 Le8 34.Tg2+–

– 32...Dxa6 33.Ld2 Le8 34.De1 Da7 35.Tb4 Sg8 36.Lf4 Sf6 37.Df2 Sh5 38.Le5+–

So – Giri

Wijk aan Zee 2016

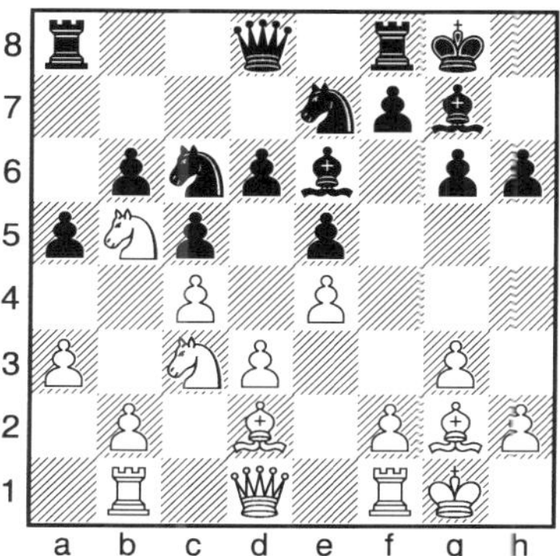

Aufgabe: Worum geht es in dieser Stellung und was würden Sie spielen?

Weiß hat bereits allerlei weißfeldrige Schwächen im gegnerischen Lager provozieren können und steht kurz davor, den Vorstoß b2–b4 durchzusetzen.

Nach der natürlichen Fortsetzung **16.Sd5** musste Schwarz entscheiden, wie er mit dem Störenfried auf d5 umgehen sollte.

16...Lxd5?

Zwar ist die Stellung relativ geschlossen, allerdings ist die Anfälligkeit des hellen

Felderkomplexes deutlich größer, als es Schwarz bewusst war.

16...Sd4 17.Sxd4 cxd4 18.f4 wäre bestimmt die bessere Entscheidung gewesen.

17.cxd5

Nach der Alternative 17.exd5 Sd4 18.Sxd4 cxd4 19.b4 axb4 geht Weiß mit 20.a4! gegen die Schwächen am Damenflügel vor.

17...Sa7 18.Sc3

Den passiven Springer des Gegners will Weiß natürlich nicht abtauschen.

18...f5

Schwarz plant offensichtlich, am Königsflügel einen Angriff zu starten und im Idealfall den gegnerischen Läufer einzumauern.

Aufgabe: Wie kann Weiß die daraus resultierenden Überlebenschancen zunichte machen?

Mit **19.h4!!** verhindert Weiß umgehend den Vorstoß g6-g5.

Dies ist einfacher als die ebenfalls interessante Alternative 19.b4!?, nach der es etwa folgendermaßen weitergehen könnte: 19...axb4 20.axb4 Dd7 21.bxc5 bxc5 22.Db3 g5 23.Db7 Dxb7 24.Txb7 Sac8 25.Sb5 g4 26.Sc7 Ta2 27.Td1 f4 28.Se6 Tf7 29.h3 f3 30.Lf1 h5. Auch hier steht Weiß überragend, muss jedoch noch schwierige technische Probleme lösen.

19...f4 20.Lh3 b5

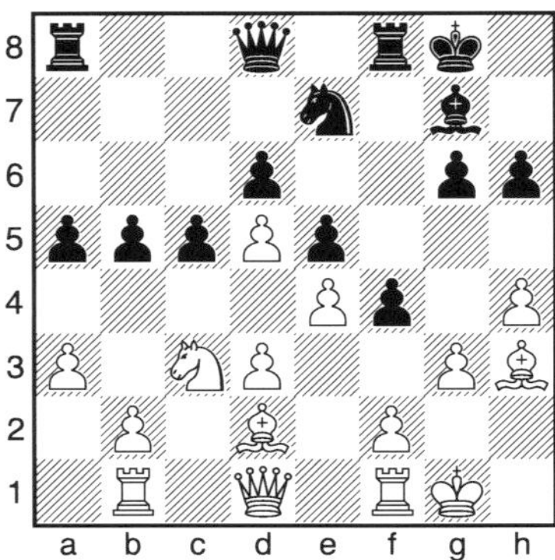

Aufgabe: Wie würden Sie nun fortsetzen?

Mit **21.Se2!** provoziert Weiß einen Bauernzug. Zugleich macht er sich auf den Weg zu den Schwächen am Damenflügel.

21...f3

21...g5? 22.Le6+ Kh7 23.hxg5 hxg5 24.Kh2+– nebst Th1.

22.Sc1 h5 23.Sb3

23.Lg5!? a4 24.b4 axb3 25.Sxb3+– nebst Sd2

23...a4 24.Sa1

Angesichts des drohenden Vormarschs b2–b3 geht Schwarz zum „Alles oder Nichts“-Modus über.

24...b4 25.axb4 cxb4 26.Dxa4 Sac6 27.Dd1 Sd4 28.Sc2 Sxc2

28...Se2+ ändert nach 29.Kh2 b3 30.Se1!? Sd4 31.Le3+– nichts an den Problemen.

29.Dxc2 Tb8 30.Tfc1

Nachdem Schwarz ausgekontert wurde, ist der Rest einfach.

30...Tb7 31.Db3 Kh8 32.Tc4 Sg8 33.Txb4 Txb4 34.Dxb4 Lf6 35.Tc1 De7 36.Db6 Lxh4 37.Tc7 1-0

Gopal – Pankratow
Armenien 2010

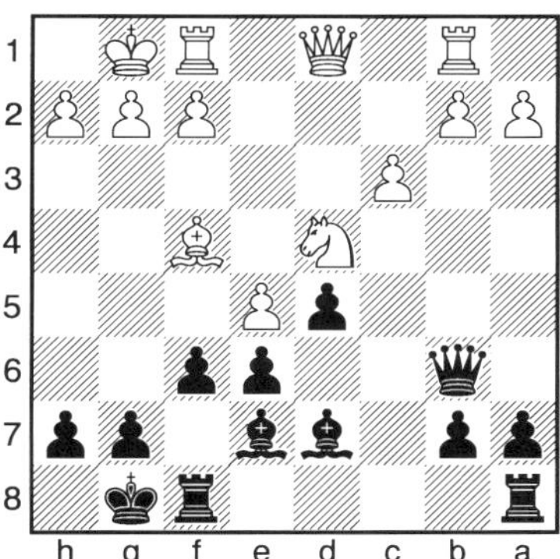

Aufgabe: Zwar hat Schwarz das Läuferpaar, aber die Stellung ist eher geschlossen. Was ist zu tun?

14...f5! erscheint paradox, weil Schwarz ungeachtet seines Läuferpaares die Stellung schließt. Allerdings geschieht dies aufgrund einer logischen Überlegung:

Zunächst reduziert die Schließung auch die Perspektiven des gegnerischen Läufers. Außerdem kann Schwarz auf beiden Flügeln Hebel einsetzen (g7–g5 nebst f5–f4 bzw. b7–b5–b4). Währenddessen hat Weiß Mühe seine Stellung zu verbessern, da er keine Kontrolle über die weißen Felder hat.

15.Dh5 Dd8!

Da ein Endspiel angesichts der eben genannten Hebeloptionen vorteilhaft für Schwarz wäre, strebt er ein solches an.

16.Tbd1 De8 17.De2

17.Dxe8 Taxe8 Immer aufmerksam bleiben! So behält Schwarz etwas Vorteil. (17...Tfxe8?! 18.c4! dxc4 19.Sxf5!)

17...g5 18.Lc1 f4 19.c4

Da Weiß nicht stillhalten will, öffnet er nun die Stellung. Danach kann sein Springer ggf. via b5–d6 an der Bildung eines Freibauern mitwirken. Des weiteren beabsichtigt er, mit De2–c4 den Druck auf e6 zu verstärken.

19...dxc4 20.Dxc4

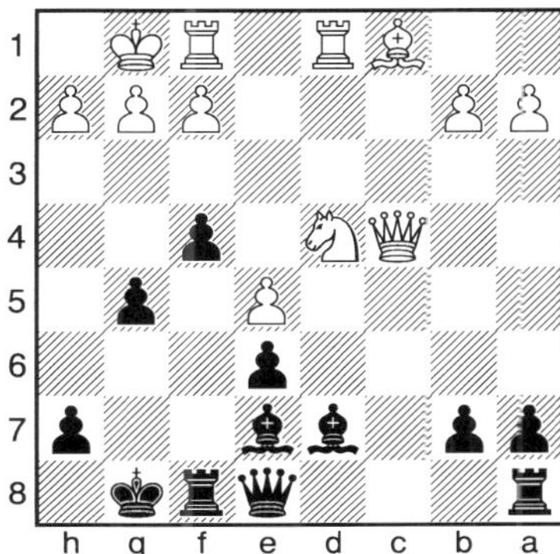

Aufgabe: Wie würden Sie nun fortsetzen?

20...Tc8

Auch mit 20...Ld8!? könnte die Figurenstellung verbessert werden; z.B. 21.Ld2 Lb6 22.Lb4 Tc8 23.Dd3 Tf7 mit deutlichen Stellungsvorteilen für Schwarz. Schon bald dürfte seine gesamte Truppe aktiv mitspielen, wobei jedoch auch der gegnerische Läufer noch ein Wörtchen mitzureden hätte.

21.Db3 Lc5!!

Danach wird der gegnerische Läufer nicht mehr aktiv, während der eigene (für den geringen Preis eines Bauern) goldrichtig postiert werden kann.

22.Dxb7 Lb6 23.b3 f3?

Schwarz überzieht seine Chancen und hätte sogar Probleme bekommen können, obwohl Weiß zu diesem Zweck mit äußerster Präzision vorgehen müsste.

Hingegen hätte Schwarz nach 23...Tf7! 24.De4 Td8! nebst Lc8–b7 sein Ziel erreicht.

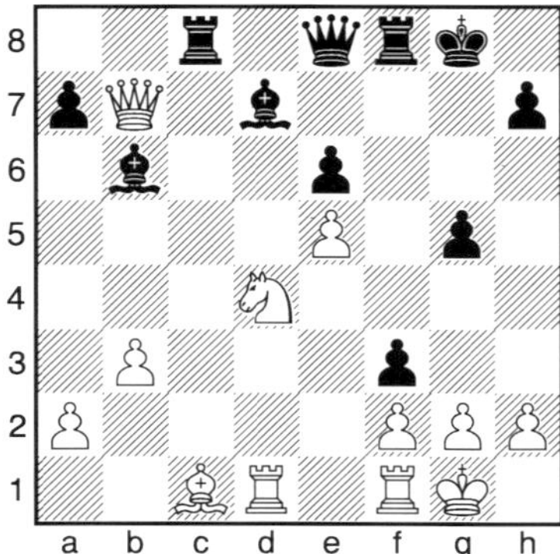

Aufgabe: Nun hat Weiß eine Chance, zurück ins Spiel zu kommen. Sie sind gefragt!

24.Le3?!

(Partiefolge rechts)

1) Der konkrete Ansatz **24.Lxg5!** führt laut Analyse zu deutlichem Vorteil für Weiß. Da der Turm f8 noch nicht einsatzfähig ist, kann Weiß seine Figuren rechtzeitig koordinieren. Der Verteidiger muss generell genau rechnen und die prinzipiellen Möglichkeiten korrekt einschätzen.

24...Tf7! 25.De4 Tg7

Aufgabe: Welche Verteidigung sollte Weiß nun anstreben?

Nach **26.Lh4!** ist der Läufer ein sicherer Verteidiger, während die Schwerfiguren um die Linien kämpfen können.

26...fxg2 27.Tfe1 Dh5 28.Tc1! Tf8 29.Te3 und Weiß behält den Vorzug.

2) 24.gxf3?

Aufgabe: Wie würden Sie nun fortsetzen?

Mit **24...Tc7!!** geht Schwarz der gestellten Falle aus dem Weg.

(24...Txc1? 25.Txc1 Lxd4 26.Tc7+–)

Und nach **25.De4 Txc1! 26.Txc1 Tf4** erhält er zur Belohnung eine Gewinnstellung.

Zurück zur Partie.

Mit **24...Tc7!** bereitet Schwarz die bereits bekannte Umsetzung des weißfeldrigen Läufers vor.

25.De4 fxg2 26.Dxg2 Lc8! 27.f3 Lb7 28.h3

Aufgabe: Weiß hat sich eine kleine Festung ausgedacht. Wie sollte Schwarz diese nun erstürmen?

In Stellungen, in denen der Gegner zahlreiche Schwächen hat, hat man oft die Wahl, die Dinge zu forcieren oder die Stellung zu stabilisieren. Wenn die erste Option nicht zwingend gewinnt, ist es oft sinnvoller, zunächst zu stabilisieren. Danach kann mit einfachen Zügen und ohne großes Risiko an der Zerstörung der gegnerischen Stellung gearbeitet werden.

28...Kh8?!

Nach 28...h6! 29.Kh2 Ld5–+ hätte Schwarz alles gesichert, während Weiß mit zahlreichen Schwächen verbleibt (2. Reihe, f3, e5).

29.Kh2 Tg7 30.Dg3

Hier hingegen kann Schwarz die c-Linie nicht nutzten, weil er ständig damit rechnen muss, dass die Punkte g5 und e6 schwach werden könnten.

30...Lc7!?

Schwarz nimmt den Bauern e5 aufs Korn.

31.Tc1 Lb8

Es ist nicht klar, ob der Läufer hier am besten steht. Nach wie vor kam 31...h6 in Frage.

32.Tc5 Ld5 33.Sb5! Dg6 34.Sd6

Weiß hat die c-Linie besetzt und seinem Springer einen Vorposten verschafft. Es ist deutlich zu sehen, dass einiges für Schwarz schief gelaufen ist. Da Weiß jedoch dauerhafte Bauernschwächen zu betreuen hat, hätte Schwarz h7–h5 oder den Korrekturzug Lb8–c7 versuchen können, um seine Stellung in Ruhe zu verstärken. Stattdessen entscheidet er sich erneut für eine forcierte Lösung. Möglicherweise hatte er im Rahmen der Partievorbereitung erkannt, dass sein Gegner im taktischen Bereich Schwächen aufweist. Außerdem kann Zeitnot eine Rolle gespielt haben.

34...g4? 35.hxg4 Dd3

Aufgabe: Was hätte Weiß tun können?

Mit **36.Te1?** verpasst er seine Chance und stellt die Partie ein.

36.De1! Lxf3 37.Tc4!

36...Txf3 37.Dh4 Tg8!

37...Lxd6! 38.exd6 Lb7–+ nebst Dxd6 gewinnt ebenfalls, aber der Textzug ist einfacher.

38.Dh6 Tgf8! 39.Tcc1 Tf2+ 40.Kg3 Lxd6 41.exd6 T8f3+ 42.Kh4 Th2+ 43.Kg5 Tf5+ 0–1

Moriarty – Mondino

Fernpartie 2019

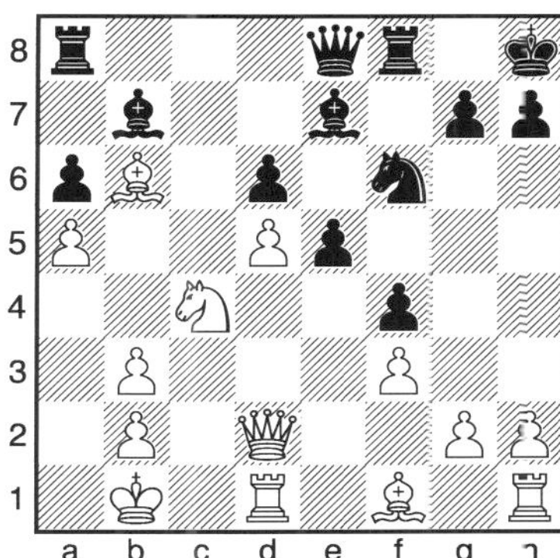

Womöglich werden Sie sich fragen, was diese Stellung im Kapitel „Läuferpaar" zu suchen hat, wo doch beide Seiten über ein solches verfügen. Bitte haben Sie etwas Geduld, denn im späteren Verlauf wird das Spiel auf Läuferpaar von entscheidender Bedeutung sein. Ich halte es für sinnvoll, gelegentlich auch ein Beispiel aufzunehmen, in dem die Entwicklung „hin zu einer bestimmten Thematik" veranschaulicht wird.

Konkret fällt zu der Stellung sogleich auf, dass die Bauernschwäche d5 nicht mehr zu verteidigen ist.

Aufgabe: Was ist angesichts dieser Sachlage zu tun?

Da der Zentrumsbauer nicht zu halten ist, muss offenbar Gegenspiel geschaffen werden. Zu diesem Zweck kommen Drohungen auf der Diagonale b1–h7 oder gegen die latente gegnerische Bauernschwäche d6 in Frage. Denn falls dieser Bauer fällt, würde die weiße „4 zu 1"-Majorität am Damenflügel ausgezeichnete Gewinnchancen mit sich bringen. In diesem Sinne ist es für Weiß also unerlässlich, die Entwicklung voranzutreiben und die Figurenstellung zu verbessern.

20.Ld3! Lxd5 21.Lc2

Damit ermöglicht Weiß den Aufbau einer „Dame-Läufer-Batterie“. Und da der Läufer d5 angesichts der Bauernschwäche d6 an Ort und Stelle bleiben muss, kann der Angriffsdruck in Ruhe verstärkt werden.

21...Dc6

So kontrolliert die Dame zwar das Zentrum, aber andererseits steht sie auf der offenen Linie verletztlich.

Möglicherweise war die natürliche Alternative 21...Tc8 vorzuziehen, obwohl Weiß nach beispielsweise 22.De2 Db5 23.The1 zumindestens volle Kompensation für den Bauern hat.

22.Tc1 Tab8

Setzt Schwarz mit 22...Lg8 auf Sicherheit, so ergibt sich nach 23.Thd1 folgendes Bild.

1) Nach 23...Lxc4?! (23...g6 24.Sxd6) wird Schwarz mit erheblichen Problemen auf den weißen Feldern konfrontiert; z.B. 24.bxc4 Tab8 25.Lf5 bzw. 24...Dxc4 25.Lxh7 De6 26.Lc2.

2) Um dies zu vermeiden, kann Schwarz noch versuchen, mit 23...e4 24.fxe4 d5 für Unruhe zu sorgen. Wenn Weiß jedoch den Durchblick bewahrt, steht Schwarz nach 25.exd5 Sxd5 26.Dd3 Tae8 27.Dh3 angesichts der Schwächen h7 und a6 ein schwerer Kampf bevor.

23.Thd1 Db5 24.Dd3 Dc6

Da Schwarz offensichtlich mit den Stellungsproblemen überfordert ist, ist es nicht verwunderlich, dass er binnen weniger Züge zusammenbricht.

Nach 24...Tfc8 25.Sa3 Db4 26.Dd2 Dxd2 27.Txd2 Lg8 28.Sc4 bekommt Weiß sein Druckspiel mit potenziellen Freibauern am Damenflügel.

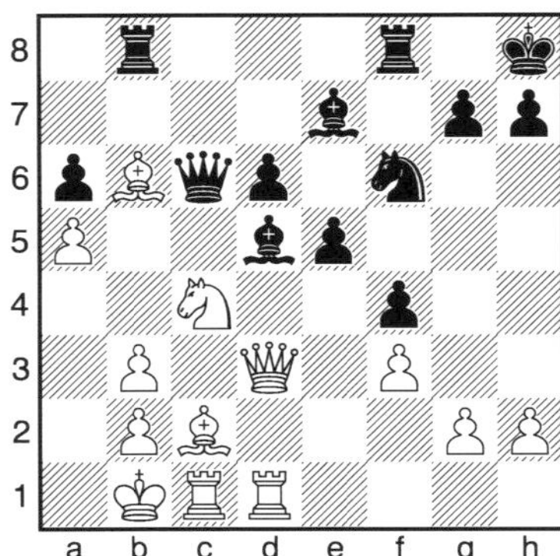

Aufgabe: Machen Sie sich noch einmal bewusst, wo die schwarzen Grundprobleme liegen und welche Figur alles zusammenhält. Nach der Ideenschmiede folgt dann die Planschmiede.

25.Dc3!

Da Weiß für seinen Plan nicht den direkten Weg wählen kann, muss er diesen Umweg (mit der Idee 25...Lg8 26.Sxd6) in Kauf nehmen.

25...Db7

Nach 25...Tfe8 26.Lf5 Db7 27.Dd3 g6 28.Lh3 Kg8 29.Dd2 Lf8 30.Tc3 Df7 31.g3 hat Weiß Angriff.

26.De1

Mit diesem kleinen Manöver macht die Dame endgültig Platz für die Türme und begibt sich außerhalb der Gefahrenzone.

26...Tfe8

Aufgabe: Was genau will Weiß erreichen?

27.Td2! Lf8 28.Tcd1

Das Grundproblem für Schwarz bleibt bestehen: Da der Läufer d5 sich kaum bewegen kann und der Läufer b6 die b-Linie blockiert, muss er ohne Gegenspiel auskommen. Entsprechend konnte Weiß in Ruhe manövrieren und nunmehr sollte sein Plan deutlich geworden sein: Er will den weißfeldrigen gegnerischen Läufer beseitigen und danach über die hellen Felder das gesamte Brett dominieren.

28...Df7! 29.Df1!

Als letzte Vorbereitung strebt die Dame zurück nach d3.

29...Tec8

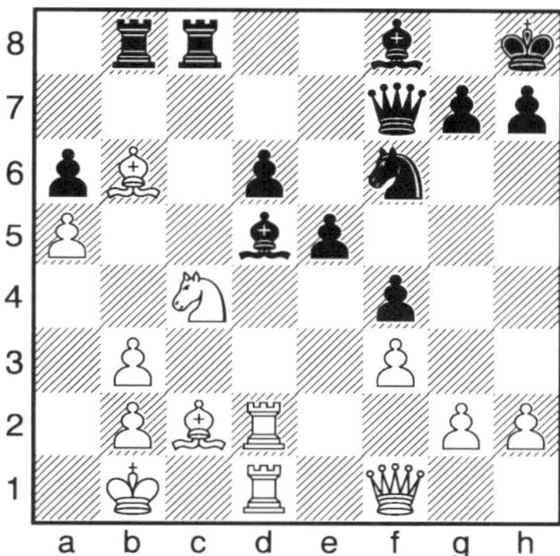

Aufgabe: Was passiert nun?

30.Txd5!! Sxd5 31.Dd3 Sf6 32.Sxd6 Lxd6 33.Dxd6

Zwar hat Weiß die Qualität geopfert, aber dafür hat er nun ein übermächtiges Läuferpaar. Angesichts der dauerhaften Schwächen auf a6 und h7 sowie den neuen Schwächen auf den dunklen Feldern ist die schwarze Stellung schon so gut wie verloren, und zwar insbesondere im Fernschach.

33...Dh5

Aufgabe: Gibt es etwas zu beachten?

Mit 34.h4! verhindert Weiß Dg5 und bietet seinen Randbauern zum Tausch gegen den Zentrumsbauern an.

34...Dxh4 35.Ld3!

Nun bringt Weiß seine Figuren für den Schlussangriff in Stellung. Bevor er jedoch den Bauern e5 nimmt, will er den gegnerischen Turm in die Ecke drängen.

35...Ta8 36.Dxe5 Te8 37.Dd6!

So behält der Läufer b6 die Möglichkeit, in die Mitte zu gelangen.

37...Dg3 38.Tc1! Dg5

Nach 38...Te1 39.Txe1 Dxe1+ 40.Ka2 Dd1 41.Ld8 Sg8 42.Lg5 fällt der nächste Bauer und schon bald auf a6 der übernächste.

39.b4! h6 40.Ka2 1–0

Während sich viele Spieler im Nahschach den technischen Rest noch zeigen lassen würden, sah Schwarz im professionellen Fernschach keinerlei Chance mehr. Für Sie könnte sich hier jedoch eine Möglichkeit bieten, die Verwertung des Vorteils in Trainingspartien gegen einen etwas stärkeren Gegner zu trainieren. Ansonsten hier noch eine Modellvariante, wie es weitergehen könnte: 40...Dd5+ 41.Dxd5 Sxd5 42.Lc5 Se3 43.b5!? 43.Le4 43...axb5 44.b4 Teb8 45.Kb3.

4.3 Positionelle Opfer

Positionelle Opfer führen in der Regel zu einer Stellungsumwandlung. Aus der Verschiebeung von Stärken und Schwächen resultieren Ungleichgewichte. So wird die Seite, die Material geopfert hat, beispielsweise auf die Ausnutzung gegnerischer Felderschwächen oder auf den Eindsatz einer Bauernlawine setzen.

Zu dieser sehr gefährlichen Waffe folgen nun fünf eindrucksvolle Beispiele. Um ein noch besseres Gefühl für positionelle Opfer zu erhalten, empfiehlt es sich, weitere Partien zum Thema zu suchen und zu analysieren.

Quesada Perez – Grandelius
PRO League 2018

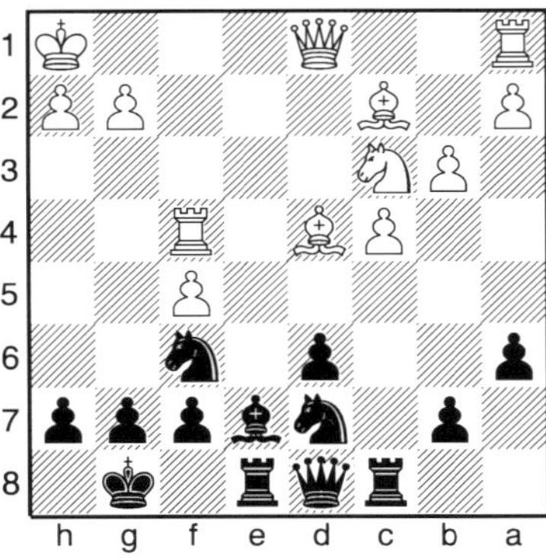

Aufgabe: Wie würden Sie als Schwarzer fortsetzen?

Das Vorpreschen des f-Bauern hat empfindliche Schwächen geschaffen und den Einflussbereich des Läufers c2 extrem eingeschränkt. Solche positionellen Fehler kommen sehr oft vor und als Reaktion sollte Schwarz so schnell wie möglich aktiv werden, um die Disharmonie unter den weißen Figuren auszunutzten.

In diesem Sinne ist das Bauernopfer **17...d5!** vollkommen korrekt.

18.Sxd5 Sxd5 19.cxd5

Aufgabe: Wie würden Sie nun fortsetzen?

Auch die Umsetzung **19...Lf6** ist strategisch naheliegend, um Kmontakt zu den schwarzfeldrigen Schwächen in der gegnerischen Astellung aufzunehmen. Allerdings hat Weiß einen Freibauern, sodass er die Stellung mit genauem Spiel noch zusammenhalten kann.

Noch stärker war es allerdings, mit 19...Ld6 direkt zum Angriff überzugehen, denn Schwarz kann von seiner zahlenmäßig überlegenen Angreiferschar profitieren, während Weiß noch einige Züge benötigt, um seine Figuren in Stellung zu bringen. Außerdem hat der Läufer c2 kein stabiles Feld und benötigt immer eine Deckung.

20.Tf3 Sf6 21.Te3 Txe3 22.Lxe3 h5

Nach diesem Zug (der selbstredend ersetzt werden könnte) ergeben sich einige Ideen für Schwarz. Allerdings kann er auch einen Fehler provozieren, denn nach 23.Lg5? De7! 24.g3 De5 25.Lxf6 gxf6 ist der schwarze König außer Gefahr, während es dem weißen an den Kragen geht.

20.b4

Statt die gegnerischen Figuren unter Kontrolle zu halten, schwächt Weiß sich weiter.

Besser war 20.Le4=, wonach auch 20...Lg5 wegen 21.Dg4! nicht mehr funktioniert.

20...Dc7 21.Tf2 Dc4 22.Lxf6 Sxf6

Zwar ist Schwarz mit lauter aktiven Figuren verblieben, aber wenn Weiß nun auf seinen letzten Trumpf setzt, bleibt die Stellung spielbar.

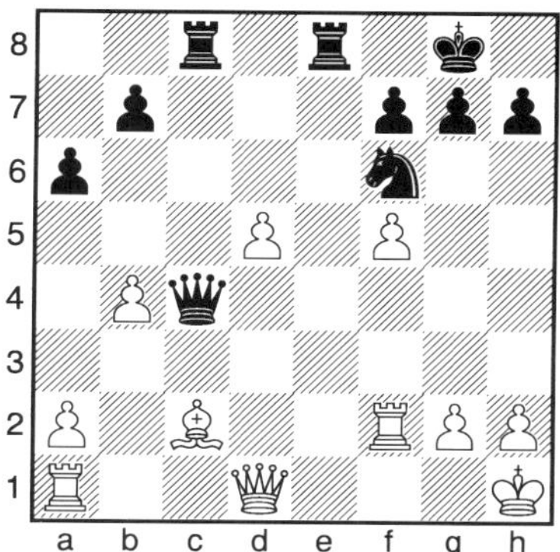

Aufgabe: Prüfen Sie Ihr Gespür für Gefahren! Wie würden Sie als Weißer fortsetzen?

23.Lb3?!

Dadurch erhält Schwarz neue Optionen, denn statt das Schlagen auf b4 zu forcieren, sollte Weiß besser auf Initiative setzen.

Bedeutend kritischer und prinzipieller wäre 23.d6 Dxb4!? mit Gegenspiel nach 24.Tb1 Dc5 25.Td2 bzw. 24.d7!? Sxd7 25.Dxd7 Te1+ 26.Tf1 Txf1+ 27.Txf1 Txc2 28.f6.

23...Dxb4 24.h3 Se4

Nun ist es so gut wie vorbei. Hier noch einmal die Kernaussage: Statische Faktoren wie permanente Felderschwächen und/oder permanent schlecht stehende Figuren können oft durch Bauernopfer ausgenutzt werden.

25.Tf3 Dc5 26.Kh2 Dd6+ –+ 27.Kg1 h5 28.Dd4 Sg3 29.Dh4 De5! 30.Td1 Sxf5 31.Dxh5 g6 32.Dg5 Sd4 33.Dxe5 Sxf3+ 34.gxf3 Txe5 35.d6 Td8 36.Td4 Td7 37.Kf2 Tf5 0–1

Inarkijew – Leko
Jermuk 2009

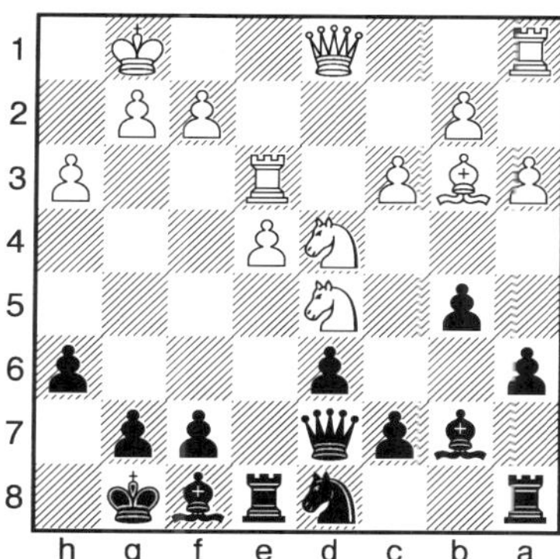

Aufgabe: Weiß steht offensichtlich aktiv. Wie sollte Schwarz fortsetzen, um die gegnerische Aktivität unter Kontrolle zu halten?

Der Abtausch **18...Lxd5!** entspannt die Lage und wirkt befreiend. Nach Preisgabe des weißfeldrigen Läufers besteht die zukünftige Strategie vor allem im Kampf gegen den gegnerischen Läufer.

19.Lxd5

19.exd5 führt zu einer dubiosen Struktur. Der Bauer d5 kann zur Schwäche neigen und der Aktionsradius des Läufers b3 wird eingeschränkt.

19...c6! 20.La2 g6

Die Lage hat sich erheblich verändert. Unter Inkaufnahme des latent rückständigen Bauern d6 hat Schwarz sämtliche Felderschwächen unter Kontrolle bekommen und kann mit diesem Ergebnis zufrieden sein.

21.f4?!

Dieses sehr optimistische Vorgehen (besser 21.Dd2) erinnert an das vorangegangene Beispiel. Wenn Sie sich dieses noch einmal in Erinnerung rufen, dürfte die Entscheidung nicht mehr schwerfallen, was zu tun ist.

Aufgabe: Suchen Sie nach einer Methode für einen schwarzen Gegenangriff!

21...c5! 22.Sc2 c4

Mit dem vorangegangenen Tempovorstoß visiert Schwarz ein Zielfeld für seinen Springer an und schränkt zudem den Aktionsradius des Läufers a2 ein.

23.Kh1

Der König geht prophylaktisch aus der Schusslinie, um das taktische Motiv d6-d5 nebst Lf8–c5 aus der Stellung zu nehmen. Allerdings hätte Weiß Zeit für 23.Sb4 gehabt, da d5 angesichts der ungedeckten Dame auf d7 noch nicht funktioniert. Stattdessen würde Schwarz allerdings mit 23...Se6 gutes Gegenspiel erhalten.

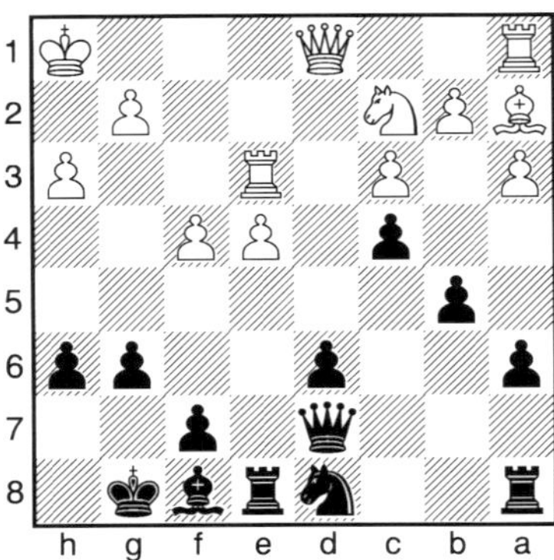

Aufgabe: Wie würden Sie nun konsequenterweise fortsetzen?

23...d5!!

Unabhängig von den taktischen Gegebenheiten opfert Schwarz sein Sorgenkind, um unverzüglich seine Figuren zu aktivieren. In der Folge wird der weiße Mehrbauer keine große Bedeutung haben, da er bald blockiert wird und sein Besitzer sich um allerlei Schwächen kümmern muss.

24.exd5

Angesichts der löchrigen gegnerischen Königsstellung sieht Weiß vom Damentausch ab. Allerdings gibt es einen bedeutenden Unterschied: Schwarz verfügt über die aktiveren Leichtfiguren sowie über die Vorposten für deren rasche Aktivierung. Diese Sprungfelder fehlen dem Weißen und zudem benötigt er zu viel Zeit für die Koordination seiner Figuren. Und diese wird er nicht mehr erhalten.

24...Sb7 25.Df3

(Partiefolge weiter unten)

1) Das Vorgehen **25.Tf3 Sd6 26.Sd4 Se4 27.f5** wirkt aggressiv, kostet allerdings letztlich zu viel Zeit.

Aufgabe: Was können Sie dem Schwarzen empfehlen?

Nach **27...g5! 28.Lb1** vermeidet **28...Sf6!** den Abtausch, wonach Schwarz sich (ähnlich wie in der Partie) nach und nach um die dunklen Felder kümmern kann.

2) 25.a4!? könnte eine interessante Option sein, um zumindest ein paar Schwächen loszuwerden. Auch behält Weiß die nötige Flexibilität, um seine Figuren entsprechend der schwarzen Aufstellung zu positionieren; z.B. ist 25...Lc5 26.Tf3 Tad8 27.Sb4 oder 25...Sc5 26.Tf3 Lg7 27.Se3 Te7 28.f5 nicht das Gelbe vom Ei, aber der Kampf geht weiter.

Zurück zur Partie.

25...Lc5

Logischerweise möchte Schwarz die e-Linie erobern und danach seine Figuren aktivieren. Weiß hingegen entschied nun, alles auf den Angriff am Königsflügel zu setzen.

26.Te5 Ld6 27.Txe8+ Txe8 28.Sd4 Sc5 29.Tf1

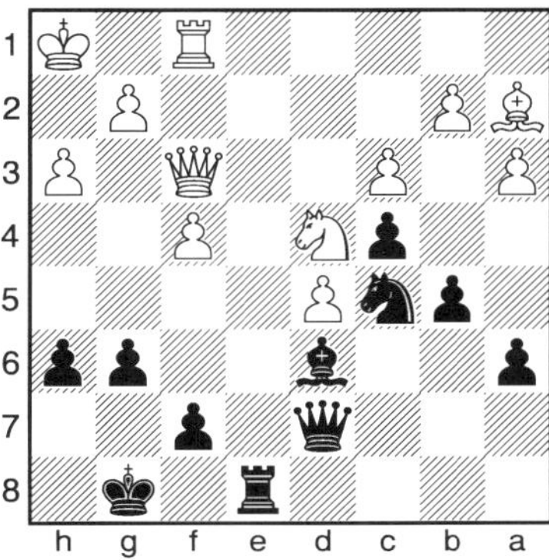

Aufgabe: Wie würden Sie in diesem wichtigen Moment fortsetzen?

Mit **29...Se4!** und jedem der folgenden Züge erschwert Schwarz die Aktivierung des Läufers a2 und verbessert gleichzeitig seine eigene Figurenstellung.

1) 29...Sd3? 30.f5 g5 31.b3 Lb8 32.bxc4 Dd6 33.g3 Se1 34.Df2 Sd3=

2) 29...Te4?! sieht auf den ersten Blick attraktiv aus, da sofort eine Drohung aufstellt und die schnelle Aktivierung der Figuren erzielt wird. Allerdings hat Weiß nach 30.f5 Tf4 31.Dd1 Txf1+ 32.Dxf1 Se4 33.Kg1 alles im Griff und durch die Reduzierung des Angriffspotenzials fällt die Verteidigung leichter. Dennoch bleibt der Vorteil bei Schwarz.

30.Td1 De7! 31.g3?

Damit nimmt Weiß eine irreversible Schwächung in Kauf und Schwarz ergreift sofort seine Chance.

1) 31.Lb1?! Sd2! 32.Df2 Sxb1 33.Txb1 De4 –/+

2) Auch wenn Schwarz nach 31.Kg1 Dh4 32.Lb1 Sg3 –/+ sämtliche Figuren in Szene setzen kann, liegen hier die größten Chancen für Weiß, seine Stellung noch irgendwie zusammenzuhalten.

Aufgabe: Wie würden Sie nun fortsetzen?

Nach **31...Lc5!!** droht die unmittelbare Invasion über die e-Linie. Erneut erweist sich der Abtausch als wichtiges Angriffsinstrument, um einen entscheidenden Verteidiger loszuwerden.

32.Kg2 Sd6!

Es ist wichtig, die Springerstellung zu verbessern, damit die Schwächen unmittelbar ausgenutzt werden können.

Allerdings hätte 32...Lxd4 auch sofort folgen können.

33.Tf1 Lxd4 34.cxd4 Sf5 35.Kh2 De2+ 36.Df2 Dxf2+

Auch 36...Sxg3!? wäre im Hinblick auf 37.Kxg3 Dd3+ 38.Kh4 g5+! 39.Kg4 Te3 möglich gewesen. Allerdings möchte Schwarz keine Komplikationen mehr zulassen.

37.Txf2 Te1 38.Td2 Kf8 39.g4 Se3 40.Kg3 Ta1 41.Kf3 Sxd5 42.Ke4 Sf6+ 43.Ke5 Te1+ 0–1

Beim nächsten Beispiel werden Sie sich umgehend von einem Sturm bedroht sehen und müssen entsprechend umsichtig vorgehen!

Korobow – Georgiev
Novi Sad 2016

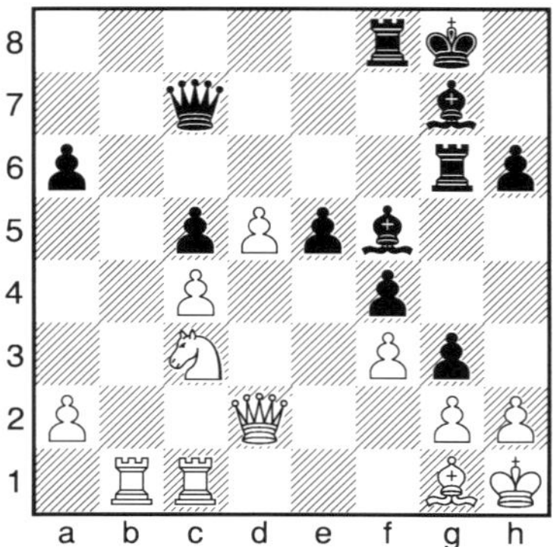

Aufgabe: Wie sieht Ihre Verteidigung gegen den für „Königsindisch" typischen Angriff aus?

Zunächst möge die Variante 28.Tb3? e4 29.fxe4?? Lh3!–+ als ebenso kleines wie aussagekräftiges Beispiel dafür dienen, welche Gefahren in der Stellung lauern.

Mit **28.Te1!!** verhindert Weiß den Durchbruch e5-e4 und bereitet Se4xc5–e6 vor, um über die weißen Felder zu dominieren! Bei dieser Prophylaxe ist er zum Qualitätsopfer bereit, wonach das Duo c4 und d5 sich als sehr stark erweisen würde.

28...gxh2 29.Lf2 Dd7

Schwarz möchte seinen Läufer für den Angriff behalten. Da dieser jedoch kaum ernsthafte Drohungen aufstellen kann, wäre es wohl besser gewesen, das Endspiel nach 28...Lxb1 usw. zu akzeptieren.

30.Se4 Kh7

Nach 30...Lh3 31.Lxc5 Lxg2+ 32.Dxg2 Txg2 33.Kxg2 Tf5 34.Th1 steht der weiße König sicher und das besagte Freibauern-Duo c4 und d5 entscheided die Partie.

Aufgabe: Was sollte Weiß nun tun?

Mit **31.Sxc5?!** Gab er dem Gegner nochmal Chancen auf Gegenspiel.

Dabei konnte er zu der Standardmethode 31.Lh4 Tg8 32.De2 greifen, wonach Schwarz kaum etwas unternehmen kann, weil jegliche Aktivierung auf schwarzen Feldern verhindert wurde.

31...Dc8 32.Se6!

Ein typisches Verfahren, um das Gegenspiel vollständig auszuschalten. Da Schwarz jedoch keinerlei Materialnachteil hat, kann er noch kämpfen.

32...Tg8?!

32...Lxe6 33.dxe6 Dxc4 34.e7 Te8 35.Lh4 ist nach wie vor problematisch für Schwarz, obwohl Weiß stets ein Auge auf Lf6 oder Txg2 halten muss. Entsprechend ist die Lage technisch alles andere als einfach.

33.Lh4?

Genauer wäre 33.Tb6!.

33...Lxe6?

Schwarz bricht unter dem konstanten Druck zusammen. Dabei hätte Weiß nach 33...Lxb1 34.Txb1 Dxc4 35.Tb7 Kh8 Probleme mit dem Bauern g2 bekommen.

34.dxe6 Dxe6 35.c5

Nun läuft alles nach Plan.

35...Df5 36.Tb7 Kh8 37.Tb6 Kh7 38.Txg6 Dxg6 39.Dd7 Kh8 40.c6 1–0

Im folgenden Beispiel kämpfen beide Seite um die Initiative. Sie werden erleben, wie es dem Schwarzen gelingt, den Spieß letztlich umzudrehen und dem Gegner die Initiative zu entreißen. Dazu bedient er sich der Methode des positionellen Opfers.

Izeta Txabarri – Smagin
Novi Sad 1986

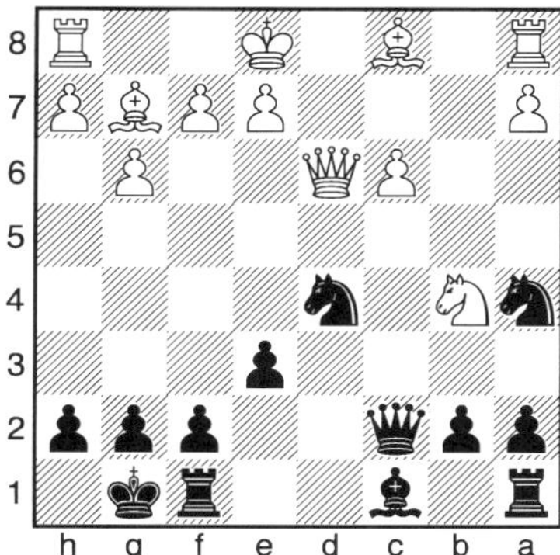

Aufgabe: Suchen Sie in dieser komplizierten Stellung nach Ressourcen für Schwarz!

Angesichts des starken weißen Stellungsdrucks muss Schwarze sich Gedanken machen, wie er seine Entwicklung beenden kann. Zu diesem Zweck ist konkrete Variantenberechnung erforderlich.

13...Dc6!

Die Dame stellt sich provokativ in die lange Diagonale, visiert dabei jedoch den gegnerischen Springer an, was das Konzept taktisch rechtfertigt.

Nach 13...Dc4 14.Dxc4 Sxc4 15.Sa3! kommt es zum Abtausch der Springer und Weiß kann um die Initiative am Damenflügel kämpfen; z.B. 15...Sxa3? 16.Lxa3 Te8 17.c4 Sf6 18.c5 usw.

14.La3?!

Aufgabe: Weiß will nicht klein beigeben, sondern wählt die prinzipielle Fortsetzung. Was war nun die Idee des Schwarzen?

14...Td8!

Fehlerhaft wäre 14...Te8?! 15.Sd6 Td8 16.0–0 mit gewisser Initiative.

15.e4 Sc4!

Schwarz wählt eine starke psychologische Waffe: Er verändert die Stellung grundlegend und auf eine Weise, die den Gegner aus seiner Angreiferrolle herausbringt und zum Umdenken zwingt.

15...Ld7!? wäre eine interessante Ausgleichsmöglichkeit; z.B. 16.exd5 (16.Sd4 Da4!) 16...Dxb5 17.Dxb5 Lxb5 18.Lb4 Sc4 19.a4 Ld7 20.0–0=.

16.exd5 Dxb5 17.Tb1 Da6 18.Le7

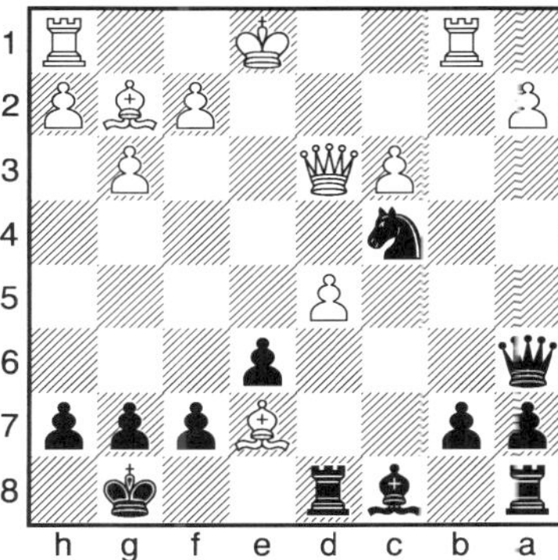

Aufgabe: Wie geht es an diesem Wendepunkt der Partie weiter?

18...Txd5!! 19.Lxd5 exd5 20.0–0

20.Dxd5 kann angesichts des Entwicklungsnachteils nicht funktionieren, denn bekanntlich darf die Königssicherheit nicht vernachlässigt werden; z.B. 20...Lh3 21.Dxb7 De6+

(21...Dxb7? 22.Txb7 Lg2 23.Tc7 Lxh1 24.Txc4 ist ungünstig für Schwarz.)

22.Kd1 Te8–+

20...Le6 21.f4

Dieses optimistische Vorgehen sollte Ihnen bekannt vorkommen. Allerdings ist es noch kein Fehler und außerdem kann es nicht schaden, den Gegner ein wenigbeschäftigen.

21.Tfe1 Tc8 ist der sichere Weg, bei dem beide Seiten ihre Chancen haben. Dies zeigt, dass das schwarze Qualitätsopfer gar nicht so schlecht war.

21...Lh3

Aufgabe: Wie sollte Weiß reagieren?

22.Tf2?!

Weiß wird ängstlich und inkonsequent. Nach der mutigen Aktion f2–f4 geht er nun zur Passivität über. Um die zweite Reihe zu kontrollieren, schwächt er die Grundlinie.

Wenn Weiß sich schon schwächt, so sollte zumindest die Zentralisierung gewährleistet bleiben: z.B. 22.Tfe1 Dc6 23.Tbd1! Sb2 24.Dxd5 Sxd1 25.Dxc6 bxc6 26.Txd1 mit einem remislichen Endspiel, in dem Schwarz angesichts der Struktur durchaus noch ein paar Ideen versuchen kann.

22...De6 23.De2 b6!?

Nach dieser soliden Fortsetzung bleiben sämtliche Linien geschlossen, sodass die Türme kaum noch zum Einsatz kommen.

24.Dxe6 fxe6 25.Tb3 Tc8 26.La3 d4!

Damit geht Schwarz zum Angriff über, wobei das Endspiel jedoch noch längst nicht verloren ist. Es bleibt die Quintessenz, dass bestimmte positionelle Opfer sowohl konkret rechnerisch als auch psychologisch begründet sein können.

Das letzte Beispiel zum Thema „positionelle Opfer" unterscheidet sich insofern von den übrigen, dass letztendlich keine Seite Material weniger haben wird. Weshalb es dennoch in diesem Kapitel besprochen wird, werden Sie im Partieverlauf erkennen.

Nepomnjaschtschi – Wojtaszek
Moskau 2019

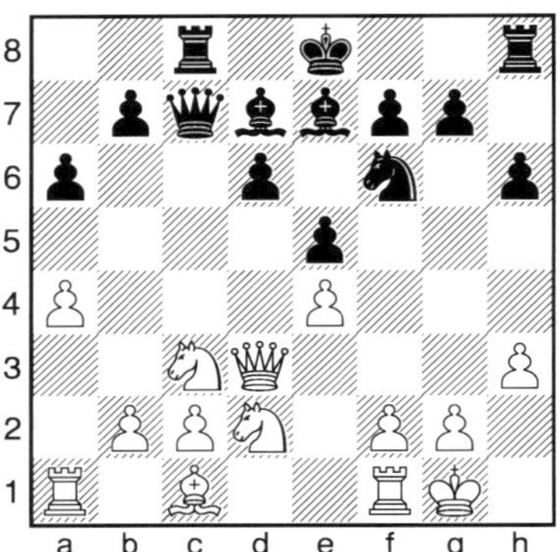

Aufgabe: Suchen Sie nach einer typischen Spielansatz für Weiß!

Mit **13.Td1** bereitet Weiß ein typisches Springermanöver vor, um den Bauern d6 zu blockieren.

13...0–0 14.Sf1 d5

Mit diesem typischen Bauernopfer, dessen Idee Ihnen auch schon in anderen Beispielen begegnet ist, hatte Schwarz bereits einige instruktive Vorgängerpartien gewonnen. Da Weiß diese kannte, wollte er vergleichbare Pfade vermeiden. Denn bei normalem Verlauf blockiert Schwarz den entstehenden Freibauern, wonach die weißen Figuren hinter dem Bauern passiv bleiben und Schwarz am Königsflügel und entlang der c-Linie eine gefährliche Initiative erhält.

In der Vorgängerpartie aus demselben Match (Nepomnjaschtschi – Wojtaszek, Moskau 2019) folgte 14...Le6 15.Se3 Dc5 16.De2 Ld8 17.Df3 b5, und obwohl Schwarz keine objektiven Probleme hatte, war ihm diesmal eine konkrete Lösung lieber.

15.exd5 Se8

Aufgabe: Wie würden Sie nun fortsetzen?

Mit **16.d6!** greift Weiß zu einem auch psychologisch begründeten Rückopfer, um nicht passiv zu bleiben und seinen Figuren attraktive Felder zu verschaffen.

16...Lxd6 17.Sd5 Dc6 18.Sfe3

Eins der attraktiven Felder ist das geräumte Feld d5. Allerdings gibt es das Dilemma, dass mehrere Figuren es gern besetzen würden. Da jedoch nur *eine* Figur dies tun kann, hat Mark Dworetzki die anderen in seinen Lehrwerken als „übrige" bzw. „überflüssige" Figuren bezeichnet. In der vorliegenden Partie ist dieses Motiv weniger relevant, aber für das allgemeine Schachwissen sollte kurz das Grundprinzip erläutert werden.

Bei dem Riesenbock **18...Lc5??** muss Schwarz sich komplett verrechnet haben (vielleicht übersah er, dass der Läufer d7 ungedeckt ist). Mit dem Textzug rennt Schwarz jedenfalls in die gegnerische Bauernlawine und kommt in der Folge totel passiv zu stehen, wonach es entsprechend schnell bergab geht.

Nach der korrekten Fortsetzung 18...f5 19.b3 Le6 20.Lb2 e4 21.Dd4 Tf7 wäre der Kampf vollkommen offen gewesen. Beispielsweise könnte Schwarz demnächst den Springer e3 mit f5–f4 bedrohen.

19.b4 Ld6 20.c4 b6 21.a5!

Angesichts der Gabel auf e7 hat Schwarz kaum noch Freude.

21...e4

21...bxa5 22.c5+–

22.Dd4 Le6 23.axb6 Lxd5 24.Dxd5 Dxd5 25.Txd5 Lxb4 26.Txa6 Sd6 27.b7

Dieser kleine Trick beendet die Partie.

27...Sxb7 28.Tb6 1-0

5. Vollständige Partien

Mehr und mehr nähert sich das Buch dem Ende. Allerdings wollte ich Ihnen noch ein paar weitere Übungen in Form von komplett kommentierten Partien nahelegen, damit Sie die Zusammenhänge der verschiedenen Partieabschnitte nachvollziehen können.

Zhao Jun – Wang Hao
China 2019

1.e4 c5 2.Sf3 Sc6 3.Lb5 g6 4.Lxc6 dxc6 5.d3 Lg7 6.h3 Sf6 7.Sc3 Sd7 8.Le3 e5 9.Dd2 Der Weiße wählte ein sehr ambitioniertes Eröffnungskonzept, um die Rochade des Schwarzen weniger attraktiv wirken zu lassen. Allerdings gibt es hiergegen ein sehr attraktives Konzept, bei dem beschleunigt die Figurenstellung verbessert wird.

9...h6 10.0–0 b6 11.a3

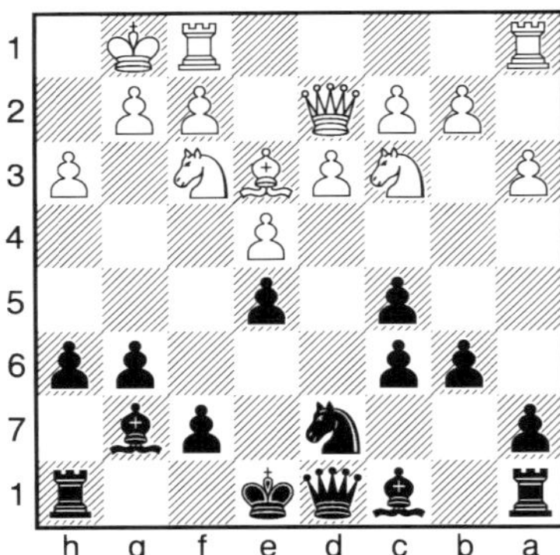

Aufgabe: Wie würden Sie nun fortsetzen?

11...Sf8!

Statt sich um die Pläne des Weißen zu scheren, geht Schwarz zum Angriff am Königsflügel über. Das ist modernes Schach!

12.b4 Se6

Die Praxis aus dem Fernschach zeigt, dass die ganze Idee kerngesund ist. Im Nahschach hingegen gibt es zwei starke Angriffspartien, eine davon das hier bearbeitete Beispiel.

13.bxc5

1) 13.Tae1 Sd4 14.Sh2 Dd6 15.Sa4 cxb4 16.axb4 Le6 17.c3 Sb5 18.Ta1 Td8 ½–½, Gramstad – Pérez Fernández, Fernpartie 2017

2) 13.Se2 f5 14.exf5 gxf5 15.Tae1 f4 16.Lxf4 exf4 17.Sxf4 Kf7 18.bxc5 Tf8 19.Se5+ Kg8 20.Sfg6 Te8 21.f4 Df6, Bus – Thierry, Fernpartie 2018

13...f5! 14.exf5 gxf5

Nunmehr muss sich Weiß Gedanken machen, wie er sich um seinen Läufer kümmert.

15.Dc1

15.Tae1!? f4 16.Sxe5 fxe3 17.Dxe3=

In der Vorgängerpartie zur Hauptpartie ging Schwarz mittels Bauernopfer ähnlich hart ran: 15.De1 0–0 16.Tb1 e4 17.dxe4 f4 18.Td1 (18.cxb6!?) 18...De7 19.Ld4? Sxd4 20.Sxd4 La6 21.Sxc6 Dxc5–+, Wang Hao – Carlsen, World Blitz 2018. Allerdings konnte der dortige Weißspieler nun als Schwarzer von der Idee profitieren.

Aufgabe: Wie würden Sie in der Partie nach 15.Dc1 fortsetzen?

15...e4!! 16.dxe4 f4

Vom Weltmeister gelernt und prompt umgesetzt. Vermutlich ist dies hier objektiv nicht ganz korrekt. Nicht ohne Grund wich Schwarz in einer Fernpartie davon ab. Jedoch soll es hier nicht zwingend um die Theorie gehen. Vielmehr bekommen Sie einen Einblick von der Schnelllebigkeit, mit der man bei Modevarianten zu tun haben kann. Außerdem sehen Sie, wie die generellen Herangehensweisen selbst angesichts moderner Vorbereitungsmethoden immer wiederkehrend sind. Man spielt prinzipiell, jedoch auf der Basis längerer Analysen.

Auch 16...Lxc3 führt übrigens nach einigen Verwicklungen lediglich zum Remis – wie in der Stammpartie Dlouhý – Platino, Fernpartie 2018: 17.exf5 Df6 18.fxe6 Tg8 19.Kh2 Lxe6 20.Tb1 Txg2+ 21.Kxg2 Lxh3+ 22.Kg3 0–0–0 23.cxb6 axb6 24.Lf4 Lxf1 25.Dxf1 Tg8+ 26.Sg5 Txg5+ 27.Lxg5 Le5+ 28.f4 Dxg5+ 29.Kh3 Dh5+ ½–½.

17.Td1

Auch 17.Ld2!? verdient Beachtung.

17...De7 18.Ld4

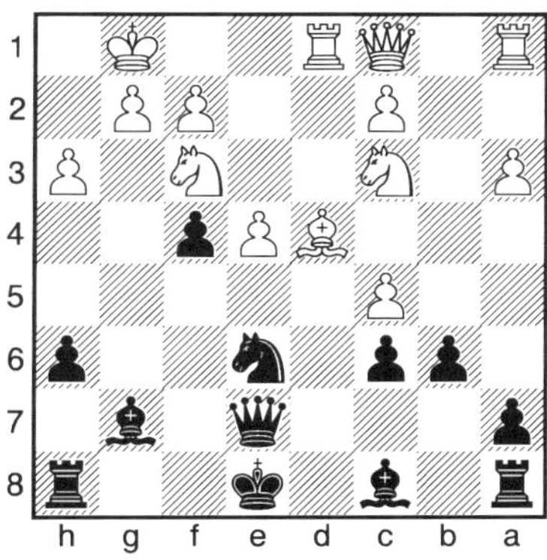

Aufgabe: Wie würden Sie in diesem entscheidenden Moment fortsetzen?

18...Tg8!!

Schwarz lässt sich nicht beirren und bleibt mit dem König in der Mitte, da er dank des Regenschirms e4 (verhindert Schachgebote entlang der e-Linie) relativ sicher steht. Nunmehr schleust er seine Figuren in die gegnerische Königsstellung ein.

Nach dem soliden 18...Sxd4 19.Sxd4 Dxc5 20.Sce2 0–0 21.Tb1 hat Weiß die Stellung soweit konsolidiert, dass nunmehr er sich der offenen gegnerischen Königsstellung zuwenden kann.

19.Dd2?!

Weiß reagiert hierauf sehr ruhig. In solchen Stellungen voller Dynamik sind konkretere Spielweisen meist die bessere Wahl; z.B. 19.e5 bxc5 20.Se4 Sxd4 21.Txd4 cxd4 22.Sd6+ Kd8 23.Dd2 und Weiß sollte keine Probleme haben.

19...Sxd4 20.Sxd4 Lxd4 21.Dxd4 Lxh3 22.g3

22.Sd5? verfolgt die Idee, mit der aktiven Dame beide Türme zu bedrohen und notfalls (mittels Dh5+) den Läufer h3 einzusammeln.

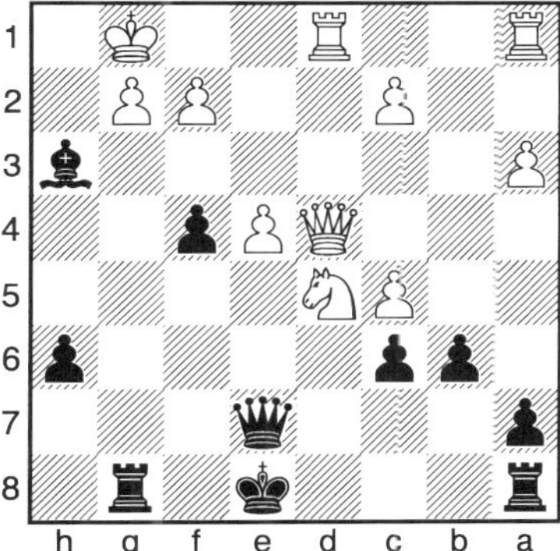

Aufgabe: Beide Seiten greifen an. Lässt sich das weiße Vorhaben widerlegen?

Nach 22...cxd5 23.Dxd5 Txg2+ 24.Kh1 Tg5 25.Dxa8+ Kf7 26.Tg1 kann Schwarz mit 26...Lg4!! ganz trocken gewinnen.

22...fxg3 23.f4

Bis hierhin war es mehr oder weniger forciert.

Aufgabe: Wie würden Sie nun fortsetzen?

23...Kf7!

Statt übereilt weiter anzugreifen, kümmert Schwarz sich rein prophylaktisch zunächst um die Sicherheit seines Königs. Zusätzlich werden die Türme verbunden. Nun sollte Weiß mit Dd6 ein schlecht stehendes Endspiel verteidigen. Er entschied sich jedoch, weiter anzugreifen, was angesichts fehlender eigener Königssicherheit nicht die beste Entscheidung war.

24.cxb6? Tad8 25.De3 Dh4 26.Txd8 Txd8 27.Se2

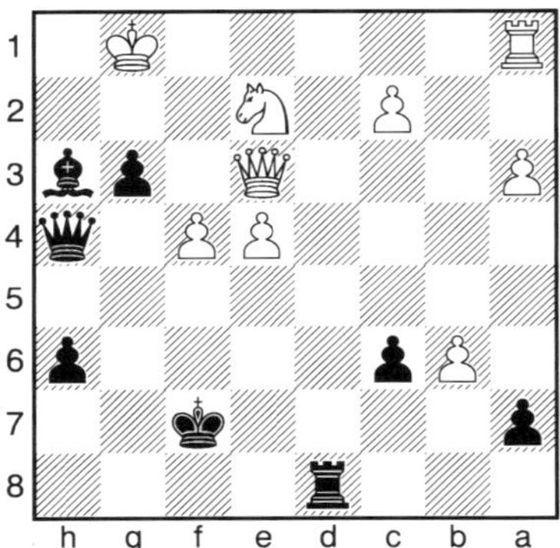

Aufgabe: Das Ende ist in greifbarer Nähe, denn vom weißen Angriff ist nichts mehr übrig. Dafür hat jetzt Schwarz einige Chancen. Finden Sie diese!

27...Tg8!!

Dort geht es nun rund, denn das Feld h2 ist gänzlich ungeschützt.

27...Le6? 28.Dxg3 Tg8 29.Dxg8+ Kxg8 30.bxa7 Dd8 31.Tb1 Da5 32.Tb8+ Kf7 33.a8D De1+ =

28.bxa7 Le6 29.a8D Txa8 30.Sxg3 Tg8 31.Da7+

Weiß versucht erfolglos, sein Glück im Dauerschach zu finden.

31...Kf8! 32.Dc5+ Ke8 33.Dxc6+ Ld7 34.Da8+ Kf7 35.Dd5+ Le6 36.Db7+ Kf8 37.Db8+ Kg7 38.De5+ Kh7 0–1

Pawlow – Grinew

Kiew 2012

1.Sf3 Sf6 2.c4 g6 3.Sc3 Lg7 4.e4 d6 5.d4 0–0 6.h3 c5 7.d5 e6 8.Ld3 exd5 9.exd5 Te8+ 10.Le3 Sbd7 11.0–0 Sh5 12.Dd2

In dieser Stellung lässt Schwarz nun ein normales Abtauschmanöver folgen, um durch die Dezimierung von Figuren seinen Raummangel zu mildern.

12...Se5

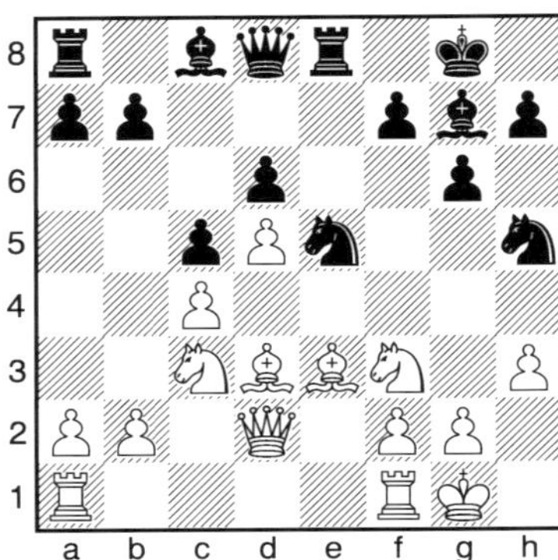

Aufgabe: Wie würden Sie nun fortsetzen?

Mit der Standardreaktion **13.Le2!** wird der labil stehende Springer h5 beäugt.

(Partiefolge auf Seite 119 links)

13.Sxe5 Txe5 wäre weniger gut, da Schwarz nach Eliminierung des wichtigsten weißen Verteidigers am Königsflügel angreifen kann.

1) 14.g4??

Aufgabe: Wie sollte Schwarz auf das optimistische weiße Vorgehen reagieren?

14...Dh4! 15.Kg2

15.gxh5 Lxh3 16.Lf4 Dg4+ 0–1, Nesterets – Nikolajew, Myrhorod 2010

15...Lxg4

15...Txe3 gewinnt ebenso, ist aber etwas komplizierter: 16.Dxe3 Lxg4 17.hxg4 Dxg4+ 18.Kh1 Ld4–+.

16.hxg4 Dxg4+ 17.Kh1 Sf4–+

2) 14.Tfe1 Ld7 15.Se4?!

Erneut sehen Sie die Folgen von allzu großem Optimismus. Weiß spielt konsequent gegen die Schwäche d6. Allerdings hat Schwarz bisher sehr gesund gespielt, sodass ihm gute Optionen zur Verfügung stehen.

Aufgabe: Wie würden Sie nun fortsetzen?

15...f5!

Da die Taktik funktioniert, kann Schwarz die Schwäche auf d6 indirekt verteidigen. Derweil stehen Läufer von Weiß etwas passiver, weshalb es ohnehin nicht einfach für ihn ist.

a) 16.Sxd6 Dc7 17.Sb5 Lxb5 18.d6! (18.cxb5? f4µ) **18...Dxd6** (18...Df7 19.cxb5 f4 20.Lxc5 Txc5 21.Te7±) **19.cxb5 Kh8** mit komplizierter Stellung.

b) 16.Sc3 Df8

Mit dieser typischen Reaktion deckt die Dame den Bauern d6 und bereitet den Vorstoß f5–f4 vor. Auch kann Lh6 bei Bedarf eine Möglichkeit sein.

17.g3 Tae8 18.Kh2 f4 19.gxf4 Sxf4 20.Lf1 Sxh3 21.Lxh3 Lxh3, Lautier – Murey, Paris 1989

Zurück zur Partie.

13...Sxf3+ 14.Lxf3 Sg3?!

Schwarz hat sich darauf verlassen, seinen Springer nach f5 umzusetzen, dabei allerdings die gegnerische Aktivität missachtet. Insbesondere bekommt Weiß genug Zeit, um gegnerische Schwächen aufzuspüren und aktive Figuren abzutauschen.

Nach der normalen Reaktion 14...Sf6 15.Lf4 hat Weiß sicheren Vorteil.

15.Tfe1 Sf5 16.Lg5 Txe1+ 17.Txe1 f6

Dieser Zug ist notwendig, auch wenn man ihn nur ungern spielt.

18.Lf4 Sd4 19.Ld1!

Von hier aus kann der Läufer via a4 in Szene gesetzt werden bzw. sich gegen den gegnerischen Läufer abtauschen. Derweil tut der unwirksame Springer auf d4 keinem etwas an.

19...Lf8 20.La4 Ld7 21.Lxd7 Dxd7 22.Se4 Kf7

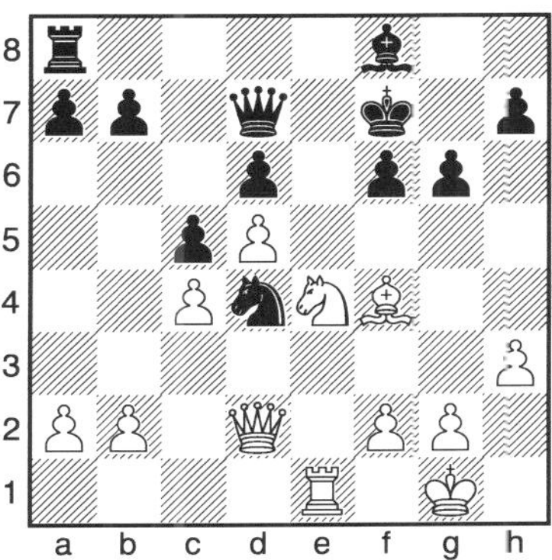

Aufgabe: Wie würden Sie nun fortsetzen?

23.Le3!

Weiß bekämpft den Springer, weil er seine Dame sonst nicht zum Königsflügel bringen könnte.

23...Sf5 24.Dc3 Le7

Aufgabe: Wie geht es konsequent weiter?

25.g4!

Um seine Figuren forciert auf bessere Felder zu bringen, will Weiß die Schwäche f6 weiter unter Beschuss nehmen. Nun folgt der angedeutete Abtausch.

25...Sxe3 26.Txe3 f5 27.Tf3 Tf8 28.gxf5 gxf5 29.Sg3 Ke8

Schwarz sucht letztlich sein Heil am Damenflügel. Weiß zeigt sich unbeeindruckt und verbessert weiter pragmatisch seine Figurenstellung.

30.Sh5! Kd8 31.Sf4 Tg8+ 32.Tg3!

Der Turmtausch ist kein bisschen dramatisch, da nahezu jedes Endspiel inzwischen gewonnen sein dürfte. Allerdings muss Schwarz noch den Abtausch der Damen vermeiden.

32...Txg3+ 33.Dxg3 Kc7

Die aktive Maßnahme 33...Da4! wäre wohl die letzte Chance gewesen. Allerdings hat Weiß mehrere Freibauern und Königsangriff, was auf lange Sicht wohl verwertbar sein müsste; z.B. 34.Dg8+ Kd7 35.Dxh7 Dxc4 36.Dxf5+ Kc7 37.Kg2+–.

34.Se6+ Kb6

Schwarz rennt ins offene Messer.

35.Db3+ Ka6?

Verkürzt das Leiden.

36.Sc7+ Ka5 37.Dc3+ 1–0

37...Kb6 38.Sa8+ Ka6 39.Da3+ Da4 40.Dxa4#

In der folgenden Partie meidet Weiß die Hauptvarianten, um aus der Position des Stärkeren heraus zu spielen. Dies ist eine häufig gewählte Methode, um einen nominellen Außenseiter in weniger bekannten Stellungen niederzuringen.

Kramnik – Timofejew

Moskau 2011

1.Sf3 c5 2.c4 Sf6 3.Sc3 Sc6 4.g3 d5 5.cxd5 Sxd5 6.Lg2 Sc7 7.0–0 e5 8.a3

Eine seltene aber giftige Nebenvariante. Weiß möchte sobald wie möglich b4 durchsetzen.

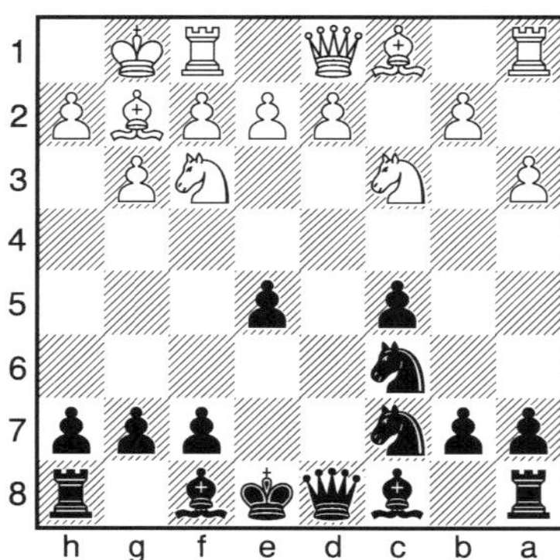

8...Le7?!

Schwarz reagiert nicht auf die weiße Absicht. Dieses Vorgehen ist unangebracht.

(Partiefolge auf Seite 121 links)

1) Auch **8...f6?!** gibt Weiß gute Chancen auf Eröffnungsvorteil.

9.e3! Le7 10.d4! cxd4 11.exd4 exd4

11...Sxd4 12.Sxd4 Dxd4 13.Db3!

12.Se2 Se6 13.b4 d3

13...0–0 14.Lb2 d3 15.Sc1 Dd7 16.Te1 a5 17.b5 d2 18.Sxd2 Se5 19.De2 a4 20.Lxe5 fxe5 21.Sf3±, Kroll – Abramow, Fernpartie 2015

14.Sf4 Sxf4 15.Lxf4 0–0 16.b5 Sa5 17.Tc1 Ld6

Hier vergab Weiß in einer Nahschachpartie die Chance auf Vorteil, was in einer später gespielten Fernpartie verbessert wurde. Wenn Sie wollen, können Sie selbst versuchen, den Weg zu finden.

a) Nach **18.Ld2?! a6 19.Tc3** hätte Schwarz in der Partie Delchev – Nikolov, Bulgarien 2011, mit 19...axb5 20.Txd3 Sc4 21.Lb4 Ta6 ausgleichen können.

b) Die erwähnte Verbesserung besteht in **18.Le3! 18...Lxa3 19.Ta1 Le7 20.Da4 b6 21.Sd4±**, Albuquerque – Lombart, Internet 2012.

2) Die angemessene Prophylaxe mit **8...Tb8!** ist damals wie heute der Hauptzug.

a) Und zwar im Hinblick auf die Folge **9.b4 cxb4 10.axb4 Lxb4** mit der Idee **11.Sxe5? Sxe5 12.Da4+ Sc6 13.Lxc6+ bxc6**–+.

b) 9.Tb1 f6 10.d3 Le6 11.Le3 Dd7 12.Sd2 b6

12...Le7 13.b4 cxb4 14.axb4 Sd4?

13.Da4 b5 14.Dc2 Tc8 15.Sce4 Sd5 16.Tfc1 Sxe3 17.fxe3 Sd8 18.b4 cxb4 19.Dxc8 Dxc8 20.Txc8 Lxc8 21.axb4 f5 22.Sc3 a6 23.Sd5 Ld6=, Tomaschewski – Jakowenko, Moskau 2006

Zurück zur Partie.

9.b4! 0–0 10.bxc5!?

Weiß öffnet die b-Linie und beabsichtigt ein Druckspiel am Damenflügel. Zum damaligen Zeitpunkt war dies eine Neuerung.

10...Lxc5 11.Lb2 Te8 12.Tc1 Lf8 13.Se4!?

13.d3 wäre etwas sicherer.

13...Tb8?!

(Partiefolge weiter unten)

13...f5 ist wohl die kritische Fortsetzung, obwohl auch diese dem Schwarzen keinen vollständigen Ausgleich garantiert. Weiß müsste nun entscheiden, was für ein Stellungstyp der geeignete wäre.

1) 14.Sc3!? Le6

14...e4 15.Se1 Le6 16.d3 Sd5 17.dxe4 Sxc3 18.Lxc3 Dxd1 19.Txd1 fxe4=

15.e4! f4

15...Df6 16.Te1 f4 17.Se2! fxg3 18.hxg3 Lg4 19.Db3+ Se6 20.Sf4±

16.gxf4 exf4 17.d4[2]

2) Zu spannenden Verwicklungen führt **14.Sc5!? e4 15.Sh4!? Dd5 16.Dc2!**; z.B. **16...g5** (16...Da2!?) **17.Dc3 Te5** (17...Se5!?) **18.Sf3 exf3 19.Lxf3 Dxc5 20.Db3+ Le6 21.Dxb7 Db5 22.Lxc6 Dxb7 23.Lxb7 Tb5 24.Lxa8 Sxa8 25.Ld4** und in diesem Endspiel erwartet Schwarz ein schwerer Kampf ums Remis. Allerdings kann er an mehreren Stellen von dieser Beispielvariante abweichen.

Zurück zu Partie.

14.d3

14.d4?! vereinfacht die Lage und ist deshalb gewiss nicht im Sinne von Weiß; z.B. 14...exd4 15.Sxd4 Sxd4 16.Lxd4 Sb5=.

14...Sb5?

Schwarz visiert das Feld d4 an, übersieht dabei jedoch die Antwort.

Besser ist 14...f6 15.Sc5 Lxc5 16.Txc5 mit geringem Vorteil für Weiß.

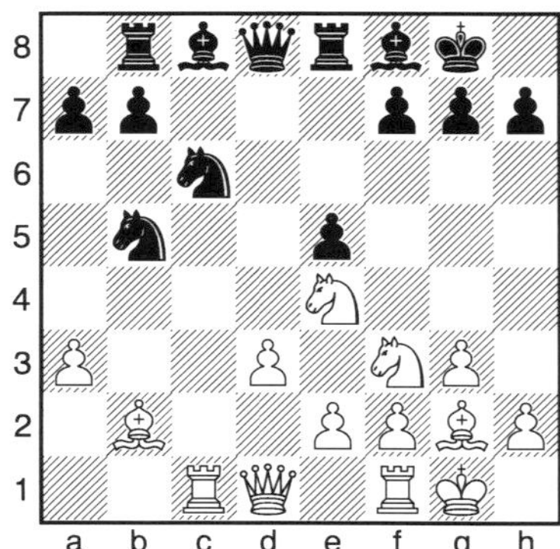

Aufgabe: Woran kann man sich nun zwecks Stellungsverbesserung orientieren? – Und wie würden Sie entsprechend fortsetzen?

Schwarz hat mit dem Springer auf b5 eine lose Figur zu beachten, und da der Bauer f7 lediglich durch den König geschützt ist, kann Weiß bereits mit einer taktischen Verbesserung der Figurenstellung aufwarten.

15.Sfg5!!

Diese taktische Ressource zwingt den Schwarzen, Zugeständnisse zu machen.

15...Sc7

15...h6? scheitert an 16.Sxf7! Kxf7 17.Db3+ mit gefährlichem Angriff.

16.Db3 Le6 17.Sxe6 Sxe6 18.e3 Da5

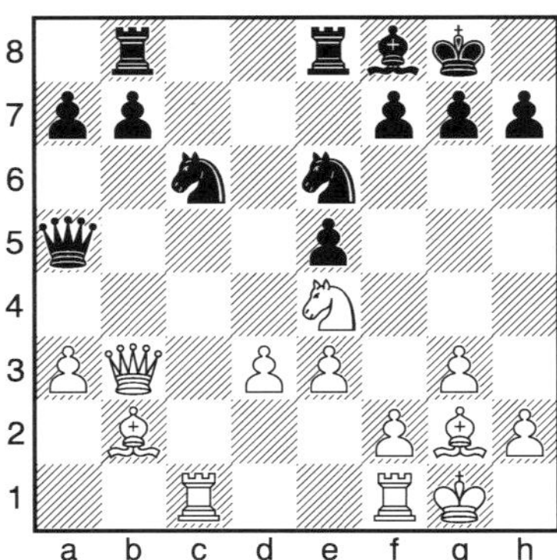

Aufgabe: Wie würden Sie nun fortsetzen?

19.Tc4!

Weiß verdoppelt auf der einzigen offenen Linie seine Türme. In Verbindung mit dem Läuferpaar wird sich ein Endringen in die schwarze Stellung vernichtend auswirken.

Nach 19.Tfd1?! leistet der Turm nichts, denn der Bauer d3 kann bei Bedarf auch mit Tc3 geschützt werden.

Und 19.Lh3 bindet den schwarzen Turm zwar an das Feld e8, aber der Zug macht keinen harmonischen Eindruck.

19...Ted8 20.Tfc1 Db6 21.Dc2 Sa5 22.Tc3 Td7

Aufgabe: Wie würden Sie nun fortsetzen?

23.Sd2!

Beginnend mit diesem Zug entfalten die weißen Leichtfiguren ihre volle Kraft. Wenn es gelingt, den Zug f7–f6 zu provozieren, ist die schwarze Stellung irreparabel geschwächt.

Die Alternativen 23.La1!? und 23.Tb1!? verdienen ebenfalls Beachtung.

23...Tbd8 24.Sf3 Td5

24...Sc6?! 25.Tb3!

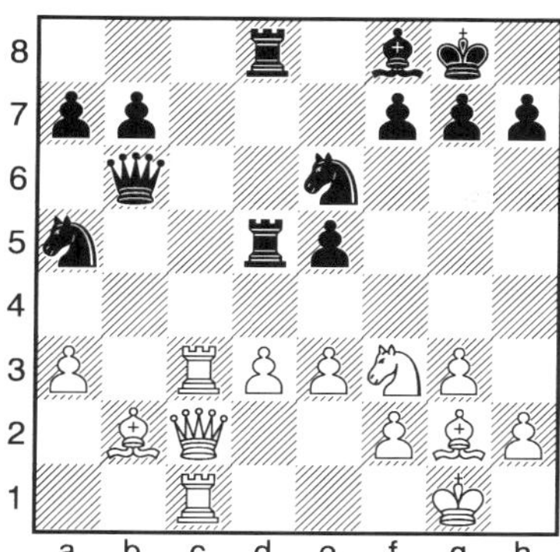

Aufgabe: Wie würden Sie in diesem wichtigen Moment fortsetzen?

25.La1!

Nun nimmt Weiß die b-Linie unter Beschuss und zwingt damit die schwarze Dame in die Enge.

25...Da6 26.Tb1 Sc6?

Nach diesem Zug ist die schwarze Stellung verloren. Ein ähnlicher Überseher wie im 14. Zug.

Zäher dürfte 26...Tb5 sein, um den Druck auf b7 etwas abzuschwächen.

27.Lf1!

Kramnik nutzt die ungünstige Lage der schwarzen Dame für taktische Ideen aus, um damit seine positionellen Vorteile zu vergrößern.

27...Lxa3 28.d4 Da5 29.Txb7

Auch 29.Txc6!? bxc6 30.Sxe5 führt prinzipiell zu einer positionellen Gewinnstellung, aber der Textzug ist forcierter.

29...Lc5!?

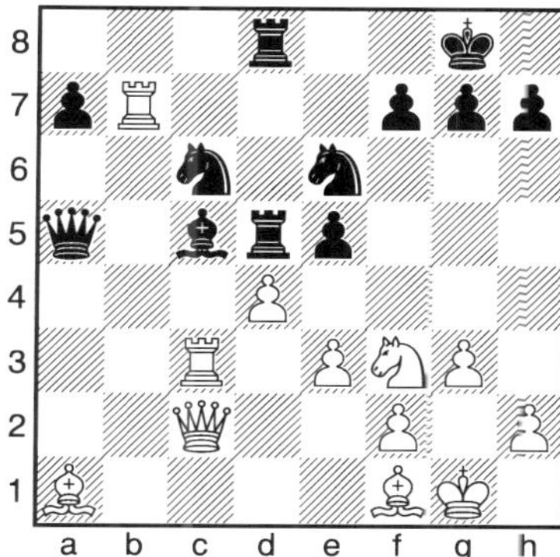

Aufgabe: Wie würden Sie nun fortsetzen?

30.Txc5?

Damit wirft Kramnik eine bis dahin glänzend gespielte Partie weg.

Er hätte mit 30.Tc4!! Da6 31.Db1 +– weiter gegen die schwarze Dame spielen sollen.

30...Txc5?

Schwarz nimmt das Geschenk nicht an und übersieht eine kleine Abschlusskombination.

Richtig ist 30...Sxc5! 31.dxc5 Dxa1 32.Df5 Tf8 33.Sg5 g6 34.Dh3 h5 35.Txf7 und nun:

1) 35...Txf7? 36.De6 Tdd7 37.Dxg6+ Kf8 38.Dxc6 Die schwachen schwarzen Bauern und der schwache König sowie die beiden Bauern für die Qualitäten sind Garanten für eine technische Gewinnstellung. Verfehlt wäre stattdessen 38.Sxf7? Td1=.

2) Nur mit dem präzisen 35...Sd8! 36.Txf8+ Kxf8 37.Dc8 Td2! kann Schwarz noch Hoffnung schöpfen. Dennoch steht ihm ein harter Kampf bevor.

31.dxc5 Dxa1 32.Df5! Tf8 33.Txf7! Txf7 34.Dxe6 e4 35.Dxe4 1-0

Stanescu – Necula
Fernpartie 2014

1.d4 e6 2.c4 f5 3.g3 Sf6 4.Lg2 c6 5.Dc2 d5 6.Sh3 Ld6 7.0–0 0–0 8.Lf4

Dies gilt als einer der stärksten weißen Aufbauten gegen den Stonewall.

8...Le7

Selbstredend will Schwarz seinen guten Läufer nur ungern abtauschen.

9.Sd2

Generell sollte Schwarz sich Gedanken machen, ob er den Läufer f4 mit h7–h6 nebst g7–g5 bedrohen oder ihn lieber mittels Sf6–h5 abtauschen will.

9...Sh5

Schwarz hat sich (im Gegensatz zu den unten gezeigten Alternativen) für den Abtausch entschieden. Dadurch bekommt er das Läuferpaar, muss jedoch einige Tempi investieren.

9...Sa6 sieht wie eine gesunde Idee aus und könnte vielleicht sogar zur Hauptwaffe werden. Nach 10.a3 h6 führen die folgenden Theorie-Varianten zu gutem schwarzem Gegenspiel.

1) 11.Le5 g5 12.f4 Sg4 13.Tfc1 Sxe5 14.fxe5 Sc7 15.Sf2 Ld7 16.e3 Le8 17.Sd3 Lg6 Rivera De León – Manduch, Fernpartie 2016

2) 11.e3 g5 12.Le5 Sg4 13.b4 Ld7 14.Tac1 Tc8 15.Dd3 Sb8!? 16.Sb3 b6 17.c5 a5 18.f4 a4 19.Sa1 Sxe5 20.fxe5 b5 21.Sc2 Le8 22.Kf2 Lg6, Vertíz Gutiérrez – Standke, Fernpartie 2019

10.Sf3 Sxf4 11.Sxf4 Ld6

11...g5 12.Sd3 Sd7 13.b4 Lf6 14.Tfd1 De7 15.Tab1 g4 16.Sfe5 Lxe5 17.dxe5 Dg7 18.cxd5 cxd5 19.Dc3², Genov – Todorovic, Subotica 2002

12.Sd3

Dies ist im Kampf gegen den Stonewall eine Standardidee der Sh3–Variante. Weiß sollte seinen Entwicklungsvorsprung konsequent zum Aufbau von Druckspiel nutzen. Dieser Vorgang muss jedoch abhängig vom schwarzen Aufbau variiert werdenen, denn da er recht flexibel reagieren kann, kann er gegen zu schablonenhafte Spielweisen oft gute Ausgleichschancen erzielen.

12...Sd7

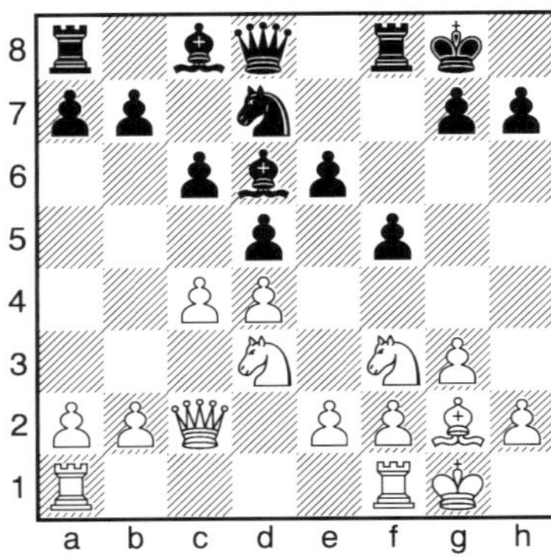

Mit **13.Tfd1** setzt Weiß auf Figurenspiel. Er möchte seine Figuren dergestalt koordinieren, dass er die gegnerischen Schwächen adäquat ausnutzen kann.

(Partiefolge auf Seite 125 rechts)

Den sehr direkten Ansatz **13.b4** sollte Schwarz mit **13...De7** nebst Spiel am Königsflügel beantworten.

1) 14.Tfb1 Sf6 15.c5 Lc7 16.a4 a6 17.Dd2 Sg4 18.h3 Sf6 19.e3 Ld7 20.Sfe5 g5! 21.Kh2 Dg7 22.Tb3 Le8 23.Th1 Sd7, Quidiello Prado – Ribés Colom, Fernpartie 2018

2) Nach **14.Dc3** werden die Probleme von Schwarz deutlich, die er angesichts seines Entwicklungsnachteils im Fall von Stellungsöffnung bekommen kann.

14...dxc4 15.Dxc4 Sb6 16.Db3 Sd5

17.Tab1 a5

Schwarz möchte einerseits seine Bauernschwächen reduzieren, andererseits Gegenspiel auf der a-Linie erhalten. Dabei macht er sich zunutze, dass b4–b5 aus taktischen Gründen nicht funktioniert.

17...a6 18.Sfe5 Ld7 19.a4±

18.a3 axb4 19.axb4 Ld7 20.Sfe5 Ta7 21.Ta1 Tfa8 22.Txa7 Txa7

Soweit lief für Schwarz alles nach Plan.

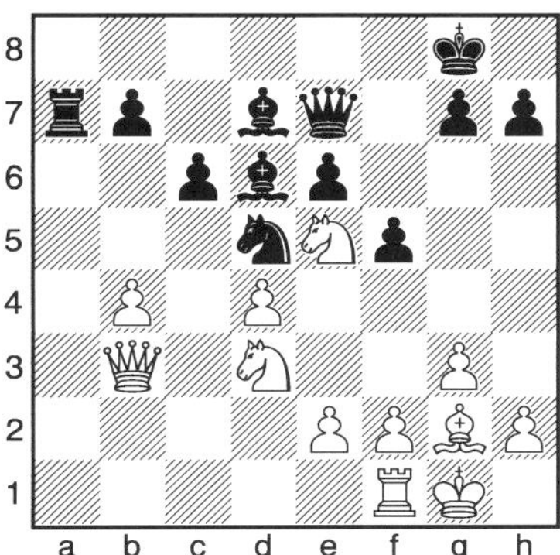

Aufgabe: Wie würden Sie nun fortsetzen?

Die schwarze Stellung sieht solide aus. Allerdings besitzt Weiß mit seinen Springern zwei gut zentralisierte und agile Figuren, die schnell eingreifen können. Im Moment streiten sie sich zwar um das Feld e5, aber es gibt ja die Alternativen auf f4 und c5.

Außerdem ist die Stellung eher geschlossen, sodass der eigene König recht sicher steht und die gegnerischen Läufer inaktiv bleiben. Deshalb sucht Weiß nach Möglichkeiten, um die Stellung zu öffnen und mit seinen Springern gegen das Läuferpaar anzukämpfen.

23.Tc1!! Le8 24.Lxd5!

Da mit keinem Königsangriff zu rechnen ist, ist das die geeignete Spielweise.

24...exd5

Nach 24...cxd5 25.Tc8 g5 26.b5! Kg7 27.b6 Ta1+ 28.Kg2 wird der Bauer b6 bald zu einem gefährlichen Freibauern.

25.b5! Ta3 26.Db1 cxb5 27.Tc8 De6 28.Dc1 Lxe5 29.dxe5 Ta6 30.Tb8 Tc6 31.Dg5 b6 32.h4

Wie so oft erzeugt der Randbauer in Kürze weitere Schwächen. Die schwarze Stellung ist hinüber.

32...Kf8 33.h5 h6 34.Dd8 Kf7 35.Tb7+ Kg8 36.Db8 Kh7 37.Sf4 Dg8 38.Te7 1–0, Trebizan – Purynychev, Fernpartie 2012

Zurück zur Partie.

13...De7 14.e3 a5

Damit geht Schwarz gegen mögliche Pläne mit b2–b4 vor. Dies hinterlässt jedoch auf den benachbarten Linien größere Lasten, weshalb sich Weiß in den nächsten Zügen darauf konzentrieren kann.

Lässt Schwarz mit 14...g5 einen typischen Königsangriff mit Bauern folgen, kann Weiß sich bequem auf den Damenflügel konzentrieren. Denn die übermäßige Aktivität kann meistens einfach gekontert werden; z.B. 15.Tac1 mit klarem Vorteil oder mehr für Weiß in allen folgenden Varianten.

1) 15...a6 16.a4 Dg7 17.a5 h6 18.b4

2) 15...f4 16.exf4 gxf4 17.Te1

3) 15...g4 16.Sfe5 Lxe5 17.dxe5 Dg7 18.Dc3

a) 18...h5 19.cxd5 exd5 20.b4+–

b) 18...dxc4! 19.Dxc4 Sxe5 20.Sxe5 Dxe5 21.Td2

15.Tac1 b6

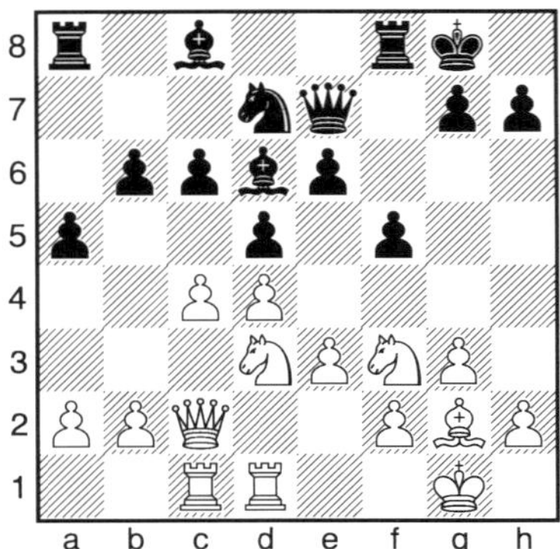

Aufgabe: In dieser kritischen Stellung ist Schwarz nun bereit, sich normal zu entwickeln. Kann Weiß noch vor Vollendung der gegnerischen Entwicklung etwas erreichen?

16.cxd5!

Jetzt ist die Zeit reif, um die Stellung zu öffnen und die Figurenstellung weiter zu verbessern.

16...cxd5

Die durch den Vorstoß a7–a5 verursachten weißfeldrigen Felderschwächen werden aufs Korn genommen. Dazu bringt Weiß den Lg2 ins Spiel, der degen den Stonewall zumeist nur Verteidigungsaufgaben wahrnehmen kann.

Aufgabe: Wie würden Sie nun fortsetzen?

17.Lf1! Lb7 18.Da4 Tfc8

Soweit hat Schwarz die Stellung stabilisiert. Sollte es zum Tausch der Schwerfiguren kommen, kann er ohne große Probleme die Leichtfigurenendspiele remisieren. Deshalb muss Weiß sich Gedanken machen, wie er trotz möglichen Abtauschs die gegnerischen Schwächen unter Druck setzen kann. Dabei ist es jedoch wichtig, die gegnerischen Konterchancen nicht außer Acht zu lassen.

Aufgabe: Wie würden Sie nun fortsetzen?

Mit **19.h4!!** verhindert Weiß g7–g5, sodass Sd3–f4 an Kraft gewinnt. Angesichts der Möglichkeit Sf3–g5 muss Schwarz nun ständig aufmerksam bleiben.

19...Sf6 20.Db5

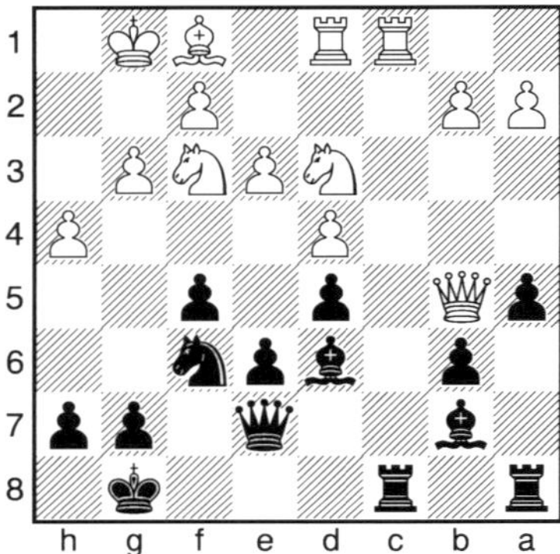

20...Txc1!?

Schwarz gibt die c-Linie her, da Weiß dort keine Einbruchsfelder besitzt. Unter Nutzung seines verbleibenden Turms will er im Idealfall Schwächen am Damenflügel loswerden. Eine grundsätzlich starke Technik, die im vorliegenden Beispiel jedoch auf einen positionellen Konter trifft.

(Partiefolge auf Seite 127 links)

Geht Schwarz schablonenhaft mit **20...Sd7** vor, so erhöht Weiß den Druck auf die ein oder andere Weise. Die folgende lehrreiche Möglichkeit soll zeigen, wie anfänglich gewonnene Mehrtempi in eine gewisse Initiative verwandelt werden können.

21.Sf4 h6 22.a3!?

Angesichts etwaiger Abtauschgedanken mit De7–b4 deckt Weiß prophylaktisch das Feld b4 und plant gleichzeitig, im richtigen Augenblick mittels b2–b4 Schwächen zu erzeugen.

(22.h5 wäre wohl ebenfalls möglich.)

22...Kf7 23.h5

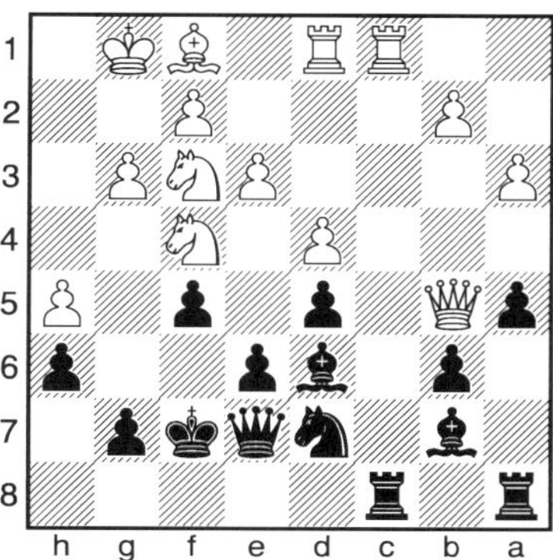

1) 23...La6? funktioniert nach wie vor nicht.

Aufgabe: Sehen Sie die Widerlegung?

24.Txc8! Lxb5 25.Txa8 Lxf1 26.Sg6!! Le2

26...Df6 27.Txf1+–

27.Sxe7 Kxe7 28.Se5! Lxd1 29.Sc6+ Kf6 30.Td8+–

2) 23...Dd8! 24.Da4 Txc1 25.Txc1 Tc8

Aufgabe: Wie würden Sie nun fortsetzen?

Mit **26.Tb1!** vermeidet Weiß Turmtausch und plant nun seinerseits, die gegnerische Struktur am Damenflügel zu lockern. Damit behält er weiterhin die Initiative.

Zurück zur Partie.

21.Txc1 Sd7 22.Sf4 a4

Darauf hat sich Schwarz verlassen. Schließt Weiß mit a2–a3 ab, so will Schwarze eine festungsartige Stellung einnehmen und diese schrittweise vereinfachen (im richtigen Augenblick Lb7–a6 oder auch Sf6–e4 usw.). Ansonsten kann er bei Bedarf mit a4–a3 den Bauern a2 für spätere Endspiele als Schwäche fixieren.

Nach dem antipositionellen 22...Lxf4?! entsteht eine klare Schwäche; z.B. 23.exf4 Dd6 24.De2 Tc8 25.Te1! Te8 26.Kg2 Sf6 27.De5

1) 27...Dxe5 28.Sxe5 Se4 (28...Tc8? 29.Te3!+–) 29.Te3!± nebst Tb3

2) 27...Dc6 28.Ld3 Se4 29.h5± und der weiße Turm kann gegebenenfalls via e2–c2 in Szene gesetzt werden – oder auch unterstützend am Königsflügel mit Th1 nebst h5–h6.

Aufgabe: Wie würden Sie nun fortsetzen?

Mit der starken Antwort **23.b4!!** erzwingt Weiß die Öffnung des Damenflügels, da sonst der Bauer a4 zur Schwäche neigen würde; z.B. 23.Sg5

(23.Se5 Sxe5 24.dxe5 Lc5!)

23...Ta5!

(23...h6? 24.Sgxe6 g5 25.hxg5 hxg5 26.Sh5!+–)

24.Dd3 Sf8 und Schwarz hat alles unter Kontrolle.

23...axb3

23...a3 bringt angesichts von 24.Sg5 Lxf4 25.exf4 keine Erleichterung.

24.Dxb3 Ta3

24...h6 25.Lb5 Sf8 26.h5±

Dieses Beispiel verdeutlicht, dass das Läuferpaar dem Schwarzen in dieser Stellung keinen Mehrwert verspricht, da er keinen der Läufer aktiv einsetzen kann. Denn Weiß hat im Vorfeld stets dafür gesorgt, dass sein eigener König sicher steht.

25.Db1 g6

Da passives Spiel über kurz oder lang zu unlösbaren Problemen führt und Schwarz inzwischen zu viele Schwächen hat, macht er sich auf die Suche nach Gegenspiel. Allerdings ruft er mit diesem Herangehen nur weitere Schwächen hervor.

26.Sg5 e5 27.dxe5 Lxe5 28.Lg2 Dd6 29.h5

Der Sturm auf das schwarze Königshaus! Zwar hat Schwarz seinen schwarzfeldrigen Läufer aktiviert, allerdings ist davon kaum etwas zu spüren und außerdem wird er in Kürze abgetauscht.

29...Ta8 30.Td1 Lxf4 31.exf4 Sf6

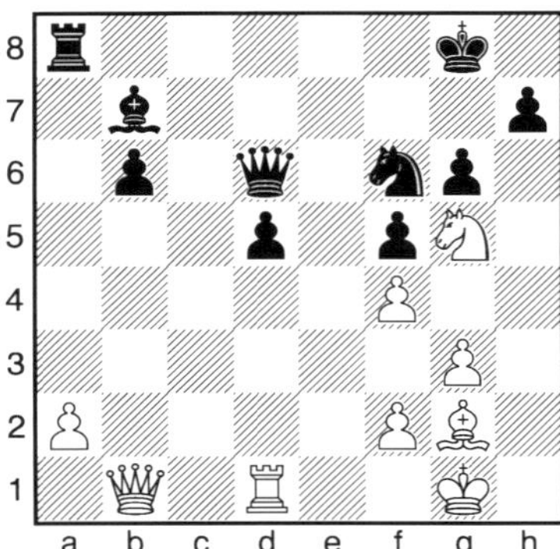

Aufgabe: Wie würden Sie nun fortsetzen?

32.h6!

Weiß öffnet die Stellung nicht, sondern will die kritischen Felder ins Visier nehmen. Allmählich werden die Probleme des Schwarzen immer konkreter. Ohne den schwarzfeldrigen Läufer sind nämlich die entsprechenden Felder noch anfälliger.

32...La6 33.Db3 Td8 34.a4!

Dieser Vorstoß legt den Bauern b6 als Schwäche fest. Auch geht damit eine wichtige Prophylaxe einher, denn nun kann Schwarz die b-Linie nicht weiter plombieren und dem Gegner somit eine Zugangsmöglichkeit verwehren.

34...Lc4 35.Dc3 Te8 36.Tb1! La2

36...Sh5 37.a5 b5 38.Dd4+–

37.Tc1 Dd8

Nach 37...Lc4 kann Weiß beispielsweise mit 38.Dd4 La2 39.Ta1 Lc4 40.Tb1 Tb8 41.a5 b5 42.a6 Dxa6 43.Ta1 Dd6 44.Ta7 ohne Risiko in die gegnerische Stellung eindringen.

38.Dd4 Dd6

Aufgabe: Setzen Sie den Schlussakkord!

39.Lf1!

Die letzte Verbesserung der Figurenstellung, mit der La2-c4 dauerhaft verhindert wird.

39...Tb8 40.Lb5 De7 41.Tc6 Sg4 42.Te6 1–0

Welti – Mentschikow
Fernpartie 2019

1.d4 d5 2.c4 c6 3.Sf3 Sf6 4.e3 e6 5.Sbd2 Sbd7 6.b3 Le7 7.Lb2 Se4 8.Dc2

8.Tc1 0–0 9.Dc2 f5 10.Le2 a5 11.0–0 a4 12.Se1 b6 13.Sd3 Sxd2 14.Dxd2, Cusicanqui – Gudzovaty, Fernpartie 2018

8...f5

Weiß hat sich für eine sehr solide Variante entschieden, worauf Schwarz zum aktiveren Stonewall-Aufbau übergeht.

9.Le2 0–0 10.0–0 Ld6

Nun ist eine normale Stellung entstanden. In der es vor allem wichtig ist, die generellen Ideen zu verstehen. Zunächst hat Weiß sich etwas Raumvorteil verschafft.

11.Se5 Sxe5 12.dxe5

Da Schwarz etwas weniger Raum zur Verfügung hat, ist er an Figurentausch interessiert. Weiß muss sich nun für einen Plan entscheiden.

12...Lb4

Aufgabe: Wie würden Sie nun fortsetzen?

13.Sf3!

Möglicherweise verdient 12.Sb1 Beachtung, und zwar vor allem, wenn Weiß am Damenflügel Linien öffnen will. Dies hat er allerdings hier nicht vor, zumal auch Schwarz mit Lc8–d7 nebst Tc8 ohne Schwächen von der Öffnung der c-Linie profitieren könnte. Deshalb sucht Weiß nach anderen Möglichkeiten.

13...Ld7 14.a3 Le7 15.b4 a5 16.c5 b6

Nachdem Weiß die Einladung zum Raumvorteil angenommen hat, greift Schwarz diesen unverzüglich an, bevor der Gegner diesen stabilisieren kann.

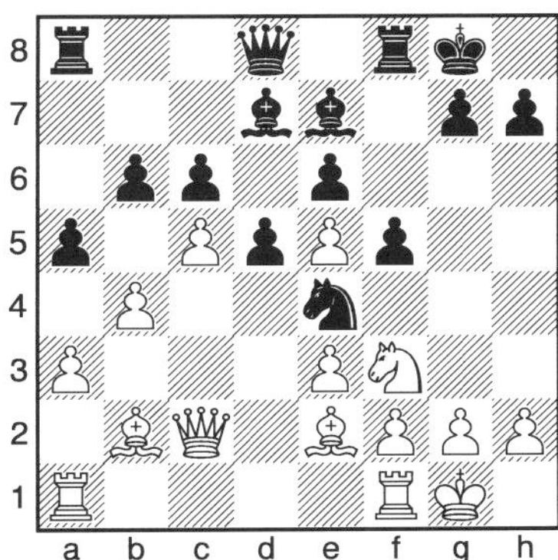

Aufgabe: Wie sieht der weitere Plan aus und wie würden Sie fortsetzen?

17.Ld4! h6?!

Mit diesem harmlosen Zug beabsichtigt Schwarz einerseits, irgendwann am Königsflügel anzugreifen und andererseits, seinem Springer dauerhaft das Felde g5 zu sichern. Allerdings gilt hier die Bauernregel: Jeder Bauernzug hinterlässt Schwächen.

Mit **18.Tfc1!** überdeckt Weiß im Geiste Nimzowitschs den Bauern c5. Denn angesichts der Bauernformation und des Läufers auf d4 fällt es Schwarz schwer, ernsthaftes Gegenspiel am Damenflügel zu organisieren. Entsprechend ist klar, dass Weiß auf dem Königsflügel angreifen möchte. Wer mehr Raum besitzt, kann letztlich schneller von einem Flügel zum anderen schwenken. Überlegen Sie derweil, welche Figurenaufstellung hierfür sinnvoll wäre.

18...bxc5 19.bxc5 Dc7

Aufgabe: Wie würden Sie nun fortsetzen?

20.Se1!

Der Springer wandert nach f4, um die weißen Felder anzuvisieren. Außerdem räumt er das Feld f3, um die Öffnung der g-Linie zu ermöglichen, denn immerhin hat Schwarz sich mit dem Zug h7-h6 empfindlich geschwächt.

20...Tfb8 21.Sd3 Ld8 22.Sf4 Dc8 23.f3 Sg5 24.Kh1!

Da Schwarz den bevorstehenden fürchterlichen Angriff komplett unterschätzt hat, geht es nun recht schnell.

24...Le8 25.Tg1 Sh7

Aufgabe: Wie würden Sie nun fortsetzen?

26.Ld3!

Nachdem sämtliche Figuren ideal postiert wurden, ist die Stellung reif zur Öffnung.

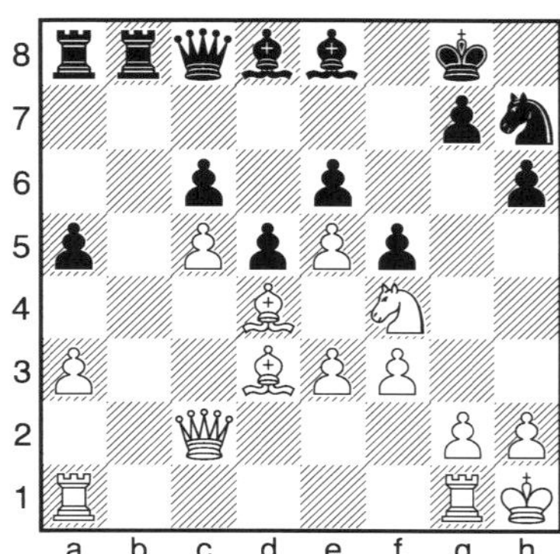

26...Sf8 27.g4 fxg4 28.Txg4 Tb7 29.Tag1 Taa7

Im Gegensatz zur vorherigen Partie setzt Schwarz auf passive Verteidigung, aber auch diese wird nicht von Erfolg gekrönt.

30.Dg2 Lg5 31.Lc2

Eine kleine Prophylaxe gegen eventuelles Gegenspiel mittels b3. Da Schwarz kaum etwas machen kann, kann Weiß die nötige Ruhe bewahren.

31...Db8 32.Tg3 Dc8 33.Dh3 Tc7 34.Sh5

Da der Druck gegen die Schwächen ohne Risiko maximiert werden kann, ist die Partie so gut wie vorbei.

34...g6 35.Sf6+ Lxf6 36.exf6 Th7 37.Lxg6 Lxg6 38.Txg6+ Sxg6 39.Txg6+ Kf8 40.Le5 Dd7 41.Ld6+ Ke8 42.Tg8+ 1–0

In dieser Partie hat die Verfolgung einer recht simplen Idee eindrucksvoll gezeigt, wie Schwächen aufgespürt und die Figuren entsprechend umgruppiert werden. Hat der Gegner zusätzlich kaum Gegenchancen, sollte Ruhe bewahrt werden, um die Stellung maximal zu verstärken, bevor die statischen Schwächen ausgenutzt werden.

Caruana – Meier, G.

Karlsruhe 2013

1.e4 e6 2.d4 d5 3.Sc3 dxe4 4.Sxe4 Sd7 5.Sf3 Sgf6 6.Sxf6+ Sxf6 7.Le3 Sd5 8.Ld2 c5 9.Lb5+ Ld7 10.Lxd7+ Dxd7 11.c4 Sb6

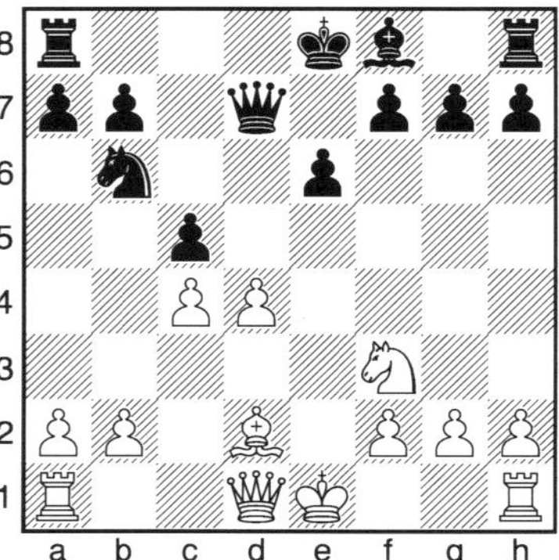

Aufgabe: Wie würden Sie nun fortsetzen?

12.Tc1! ist eine prophylaktische Maßnahme gegen die Drohung cxd4. Weiß möchte nicht auf c5 schlagen, da der schwarze Läufer f8 in einem Zug entwickelt werden könnte. Deshalb setzt er auf die Idee, nach c5xd4 mit c4–c5 nebst Sf3–e5 usw. einen gefährlichen Angriff auf den schwarzen König einzuleiten.

12...f6

Zwei Alternativen zeigen die Entstehung deutlicher weißer Initiative.

1) 12...cxd4 13.c5 Sd5 14.Se5 Db5 (14...Dc7 15.Da4+) 15.Df3 f6 (15...Sf6? 16.a4 Da6 17.b4+–) 16.Dh5+

2) 12...Le7 13.dxc5 Lxc5 14.b4 Le7 15.c5 Sd5 16.Se5 Dc7 17.Da4+ Kf8[2]

13.0–0 cxd4

Aufgabe: Wie würden Sie nun fortsetzen?

Mit **14.Te1!** mobilisiert Weiß eine weitere Figur, statt kopflos anzugreifen, denn erst wenn die schwere Artillerie in Position ist, können gefährliche Drohungen aufgestellt werden. Da Schwarz keinen weißfeldrigen Läufer mehr hat, greift Weiß insbesondere auf den en tsprechenden Felder an.

14.c5 ist verfrüht, denn nach 14...Sc8 gelangt der Springer über e7 nach c6 zurück.

14...Tc8

1) 14...Lc5 15.b4 Le7 16.c5 Sc8 17.Db3 e5 18.Sxe5 fxe5 19.Txe5 mit Angriffschancen.

2) 14...Le7 15.c5 Sc8 16.Db3 e5 17.Txe5+–

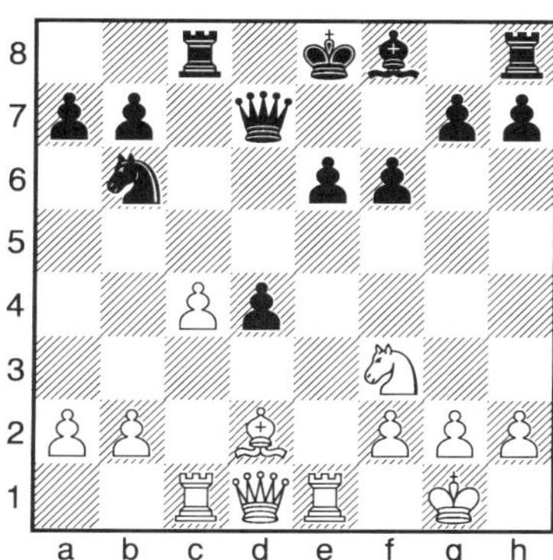

Aufgabe: Wie würden Sie nun fortsetzen?

15.Db3 gibt das Signal zum Angriff. Über die weißen Felder schafft Weiß erste Drohungen und fühlt konkret dem Bauern e6 auf den Zahn.

15...Le7?!

Nach diesem natürlichen Entwicklungszug gerät der König im Zentrum in einen derart starken Angriff, dass er in diesem Bereich bleiben muss.

Aber auch nach dem besseren 15...Kf7! behält Weiß die Initiative.

1) 16.Te4 Da4 17.Sxd4 Txc4 18.Txc4 Dxc4 19.Sxe6 Dxb3 20.Sd8+ Kg6 21.axb3 Lb4 22.Tg4+ Kh5 23.Td4 Lxd2 24.Txd2 Te8 25.f3 Te7 26.Kf2 mit etwas Vorteil für Weiß.

2) 16.Dd3 Kg8 17.b4!? e5 18.Sh4 und Weiß hat zumindest die Initiative.

16.c5! Txc5 17.Txc5 Lxc5 18.Txe6+ Kd8

Nach 18...Kf8 kann Weiß sich die Zeit nehmen, seine Stellung einfach positionell zu verstärken, da der Turm h8 vollkommen außer Spiel ist. Und da Schwarz außerdem bei jedem Zug mit taktischen Problemen rechnen muss, kann er wohl kaum noch eine ausreichende Koordination erreichen; z.B. 19.Te1!? d3 20.h3!? +–.

19.Te1 Dd5

19...Te8 (19...Kc8? 20.Dc2!+–) 20.Tc1 (20.La5!? Txe1+ 21.Sxe1) 20...Sa4 21.h4!

Da die schwarze Stellung halbwegs stabil ist, stürmt der h-Bauer voran (21.h3!?), wonach er im Endspiel schnell gefährlich werden kann; z.B. 21...Te6 22.h5.

20.Dd3 Sd7

Da seine Dame den h-Bauern anpeilt, will Weiß den d4–Bauern erobern bzw. weitere Schwächen provozieren. So kommt er rasch an den gegnerischen König heran.

20...Sc4 21.Lf4 Sxb2? 22.Db5 Sc4 23.Tc1+–

21.b4! Lb6 22.a4 a6 23.a5 La7

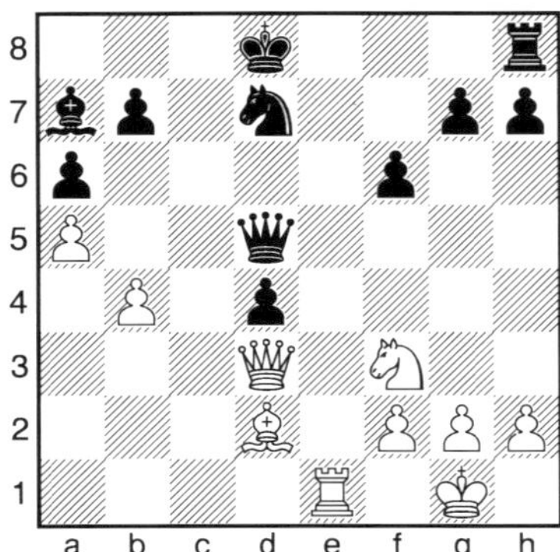

Aufgabe: Wie können Sie die gegnerischen Schwächen ausnutzen?

Mit dem wichtigen Zug **24.Lf4!** nimmt Weiß die Diagonale h2–b8 unter Kontrolle und schneidet dem gegnerischen König somit auch die Fluchtmöglichkeit zum Damenflügel ab. Unternimmt Schwarz nichts, wird Weiß über die e-Linie entscheidende Drohungen aufstellen. Da es jedoch angesichts der wackeligen schwarzen Position schwer möglich ist, „nichts" zu tun, ist Schwarz in positionellem Zugzwang!

24...Sb8

24...g5 (24...Te8? 25.Lc7+ +–) 25.Lg3 h5 26.De2 Df7

(26...h4 27.De7+ Kc8 28.De8+ Txe8 29.Txe8#)

27.Dc2

– 27...Lb8 28.Lxb8 Sxb8 29.Sxd4+–

– 27...Sf8 28.Lc7+ Dxc7 29.Te8+ Kd7 30.Te7+

25.Lxb8 Lxb8 26.Sxd4 Dd6 27.Se6+ Ke7 28.Sc5+

Jetzt gibt es bereits mehrere Gewinnwege. In der Partie nimmt Weiß einfach einen Bauern mit und behält weiterhin diverse Angriffsdrohungen gegen den König. Das ist der sicherste Weg zum Erfolg!

28.Sxg7+? Kf7 29.Dxd6 Lxd6 30.Sf5 Lxb4 31.Tb1 Te8

28...Kf7 29.Dc4+ Kg6 30.g3+– h5 31.De4+ Kh6 32.Dxb7 Dd2 33.Te7 Dd1+ 34.Kg2 h4 35.Dd7 Ld6 36.Se4 1-0

6. Übungsaufgaben

Abschließend folgen nach bewährtem Schema die letzten 28 Aufgaben. Damit verabschiede ich mich schon mal und wünsche Ihnen viel Spaß. Außerdem hoffe ich natürlich, dass Sie das Trainierte in Zukunft auf dem Brett wiedererkennen und die Methoden anwenden können.

(Lösungen ab Seite 172)

Übung 1

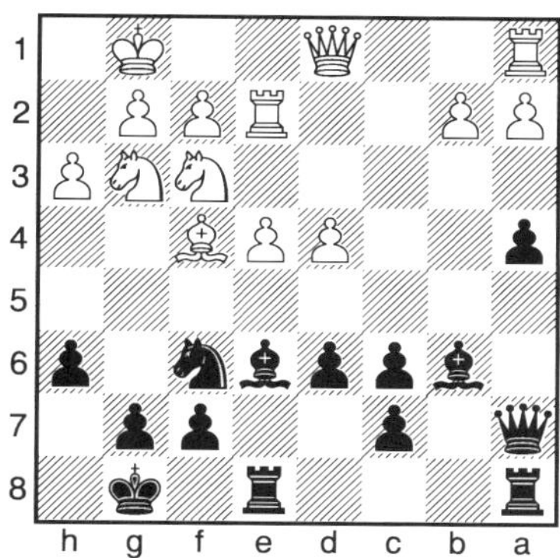

Übung 2

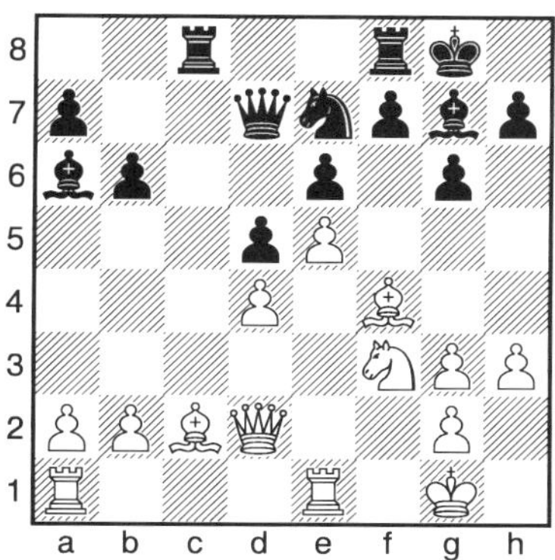

Übung 3

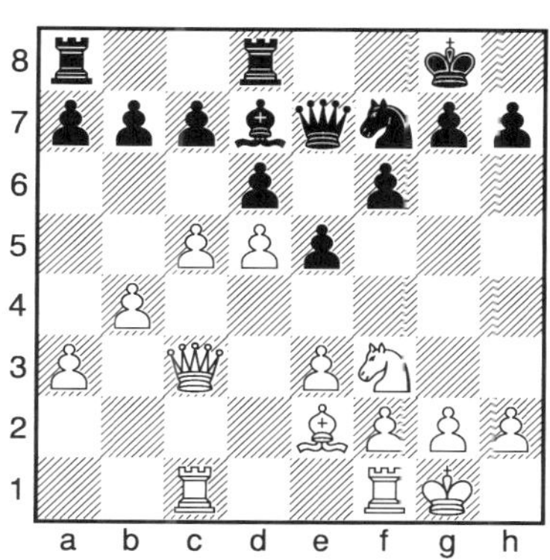

Übung 4

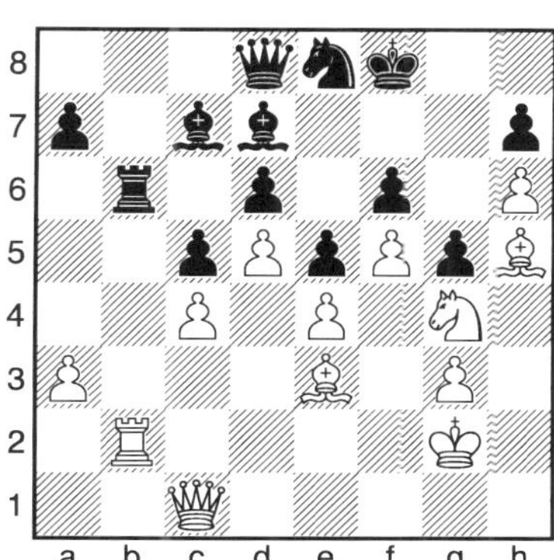

Übung 5

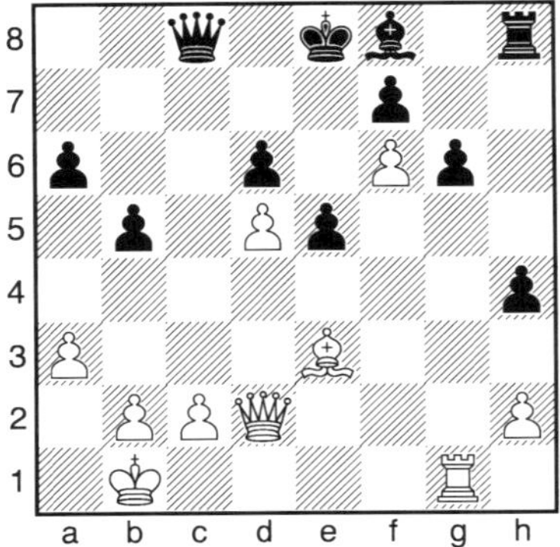

Übung 6

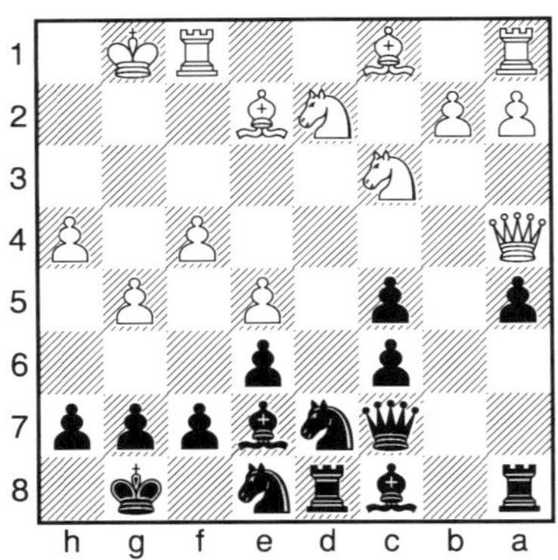

Übung 7

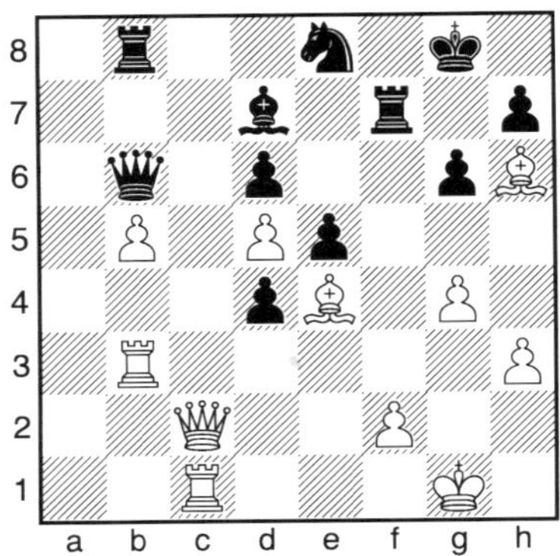

Übung 8

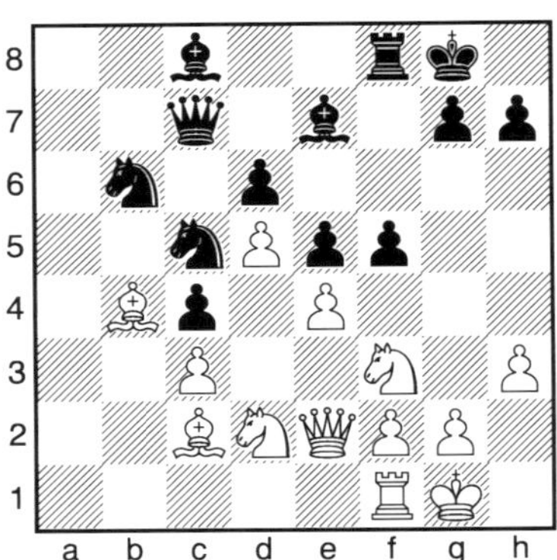

Übung 9

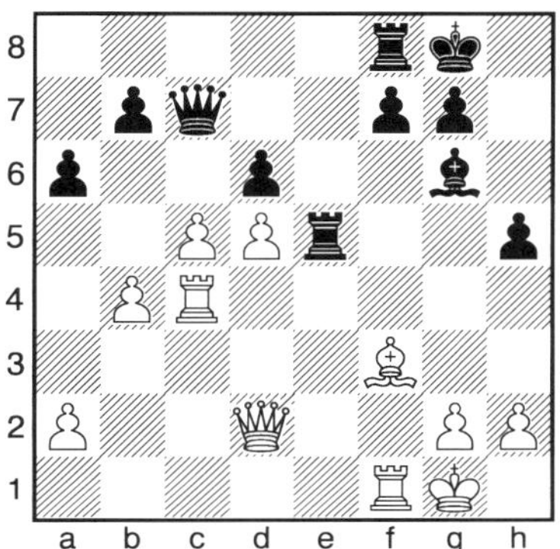

Übung 10

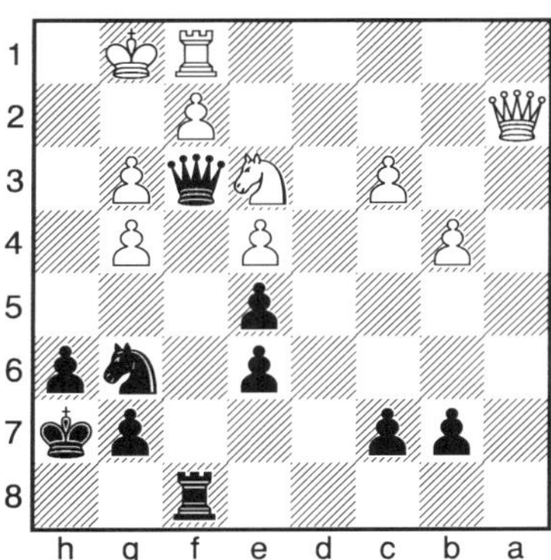

Übung 11

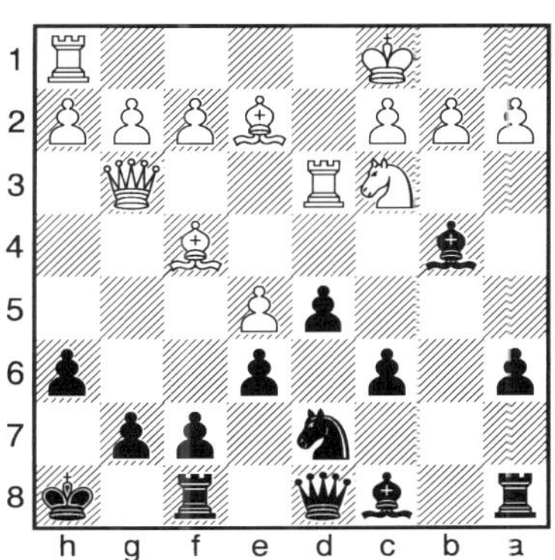

Übung 12

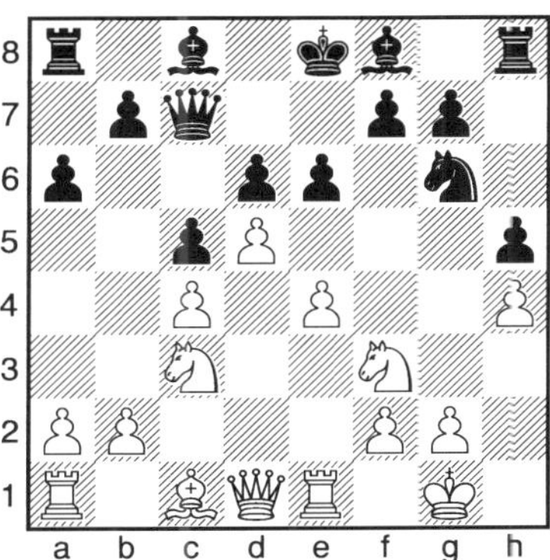

Übung 13

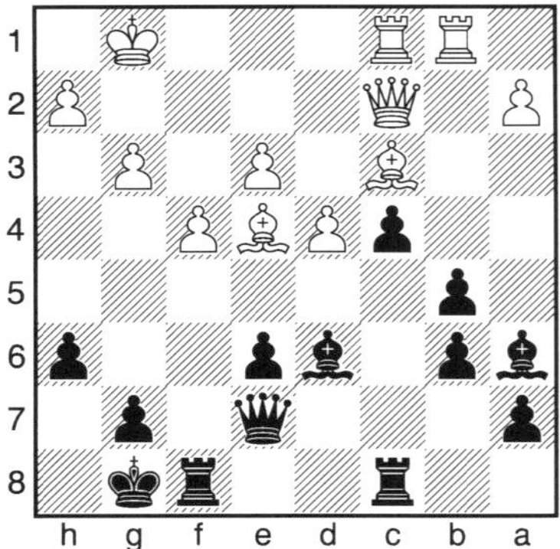

Übung 14

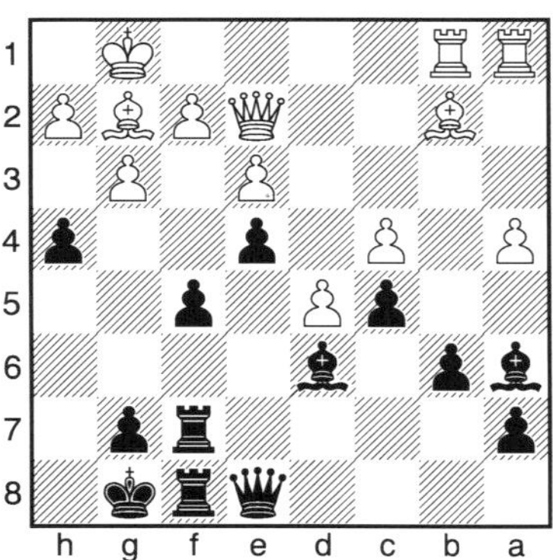

Übung 15

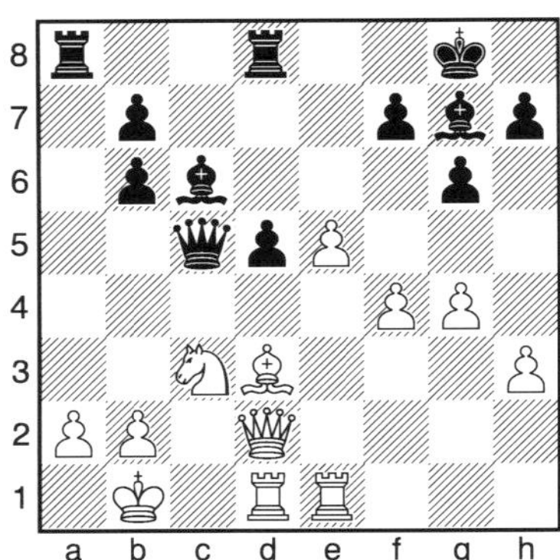

Übung 16

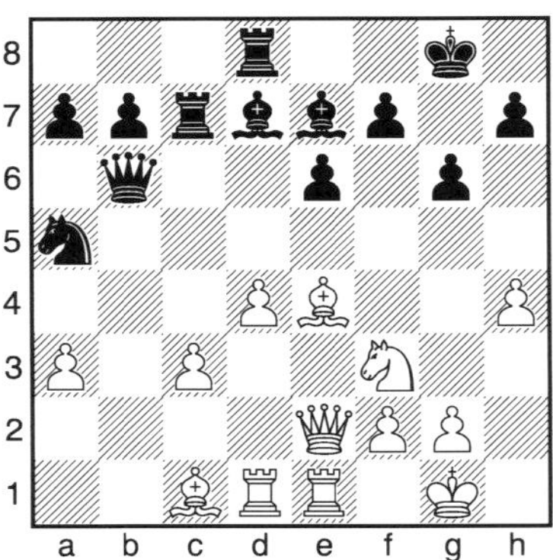

Übung 17

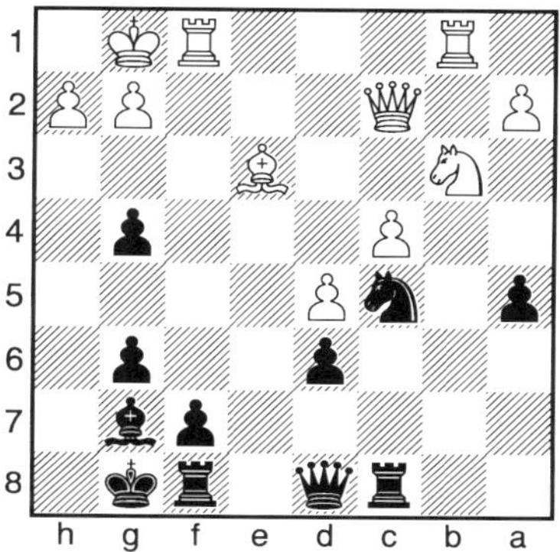

Übung 18

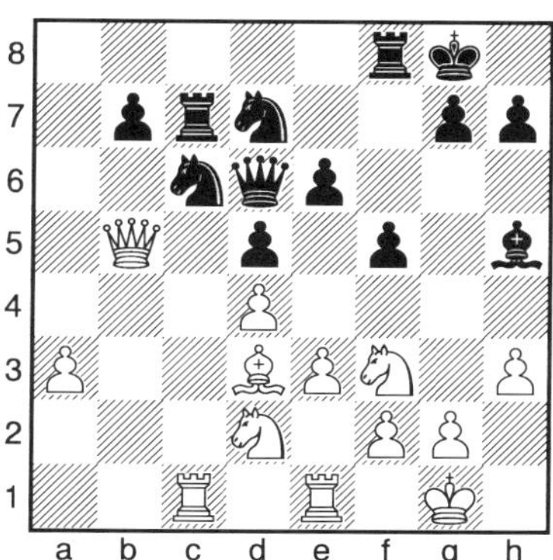

Übung 19

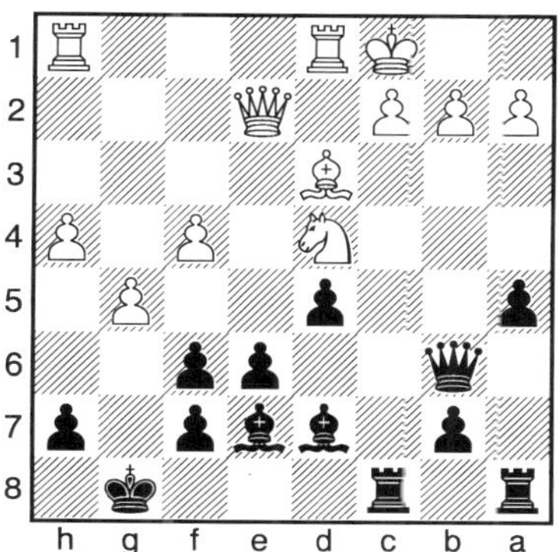

Übung 20

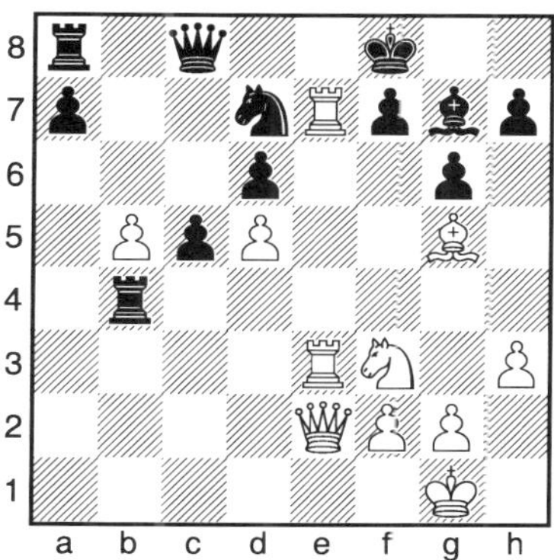

Übung 21

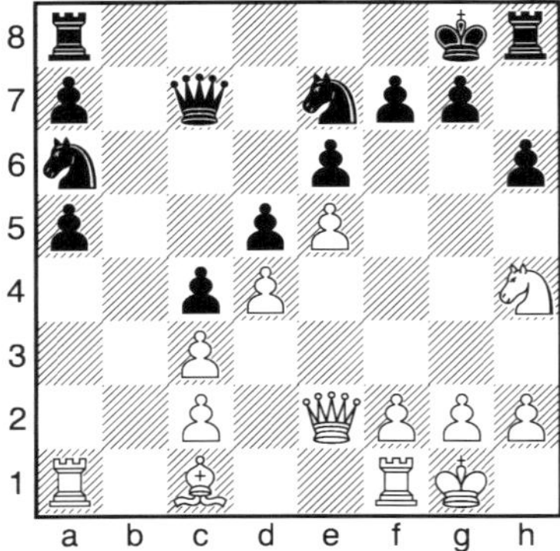

Übung 22

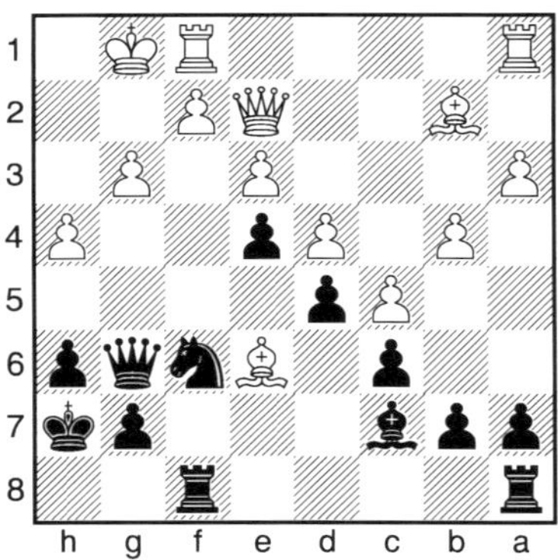

Übung 23

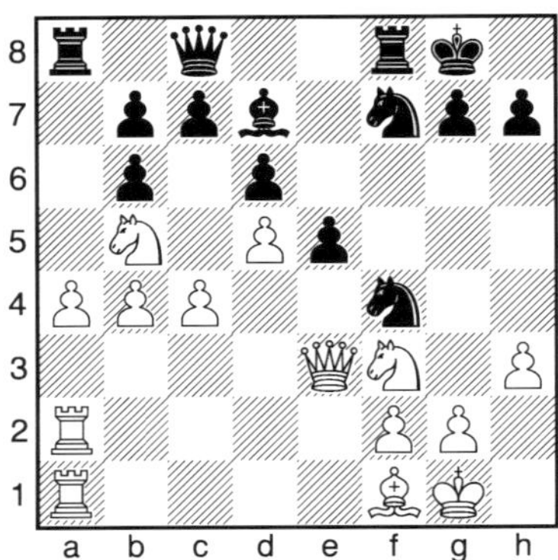

Übung 24

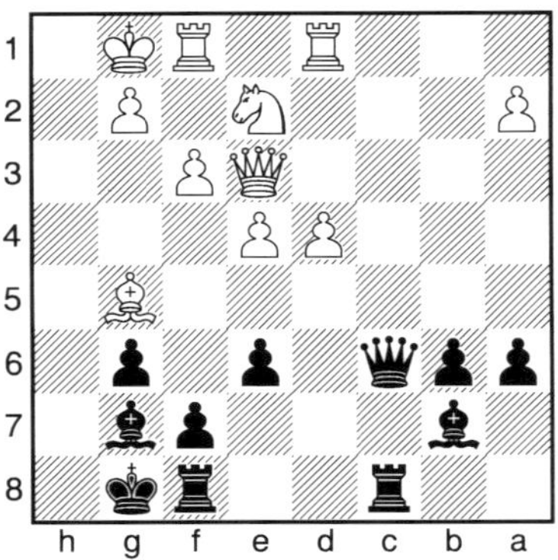

Übung 25

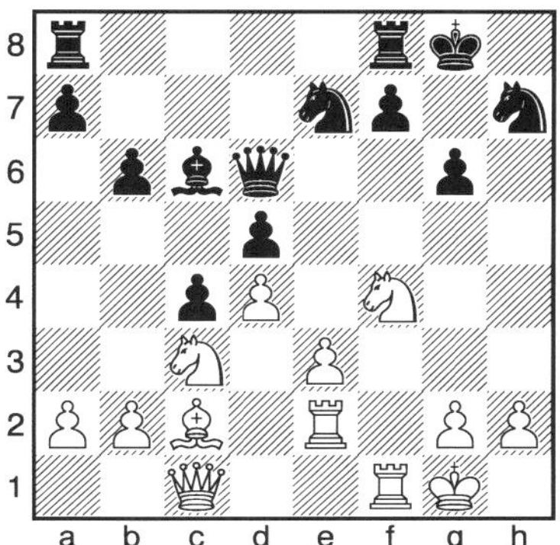

Übung 26

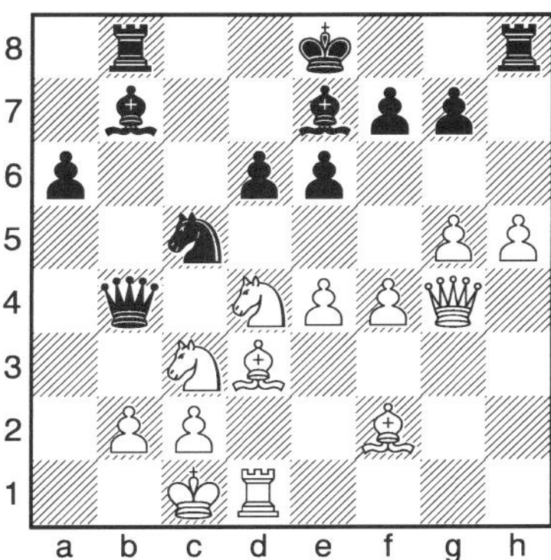

Übung 27

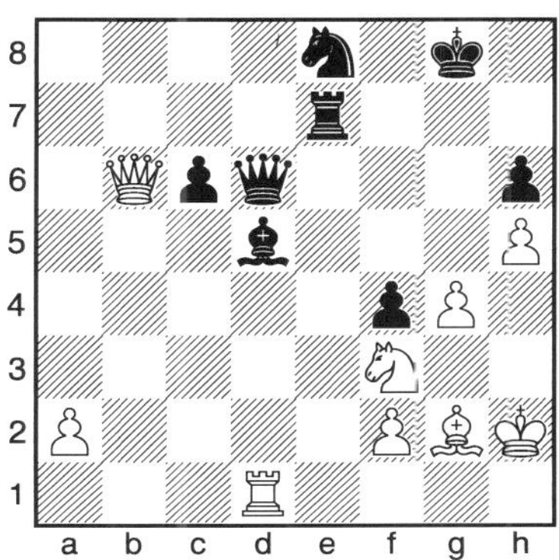

Übung 28

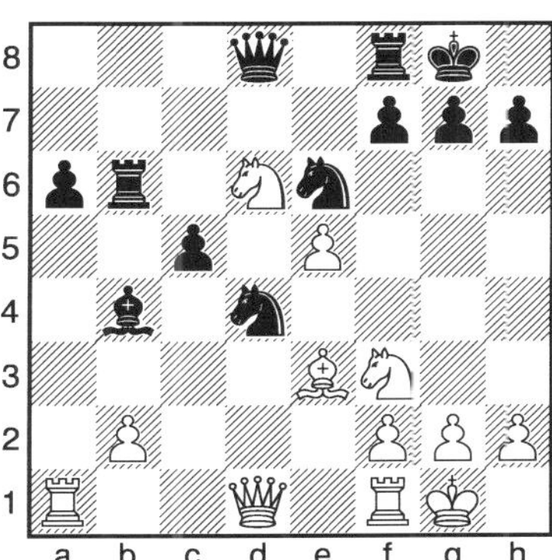

7. Lösungen

7.1 Felderschwächen

Übung 1: Die weißen Figuren deuten einen klaren Angriff an: Die Bauernkette wird von mehreren Figuren bedroht, inklusive des Mauerbrechers auf h5. Dadurch sind die Schwächen eindeutig am Königsflügel zu orten.

Der Weiße hat es sich einfach gemacht: Statt die komplizierten direkten Opferwege zu prüfen, erhöhte er die Anzahl an Angreifern gegen die Bauernkette und sprengte danach erst die Festung.

Hier gilt: Da der Gegner nur wenig Gegenspiel hat, bleibt genug Zeit, um die Stellung etwas zu verbessern.

21.Td6!!

(Partiefolge rechts)

1) 21.hxg6 Sxg6

(Nach 21...hxg6 22.Td6 müsste Weiß letztlich doch zur Idee aus der Partie greifen.)

22.Txd8+ Dxd8 23.Dh5

Nun bricht Schwarz zusammen.

23...Kf8

23...h6 24.Sxf7 Kxf7 25.Df5+ +–

24.La3+ Ke8 25.Ld6 Lxg2 26.Lxe6 fxe6 27.Sxe6 Dd7 28.Sxg7+ Dxg7 29.Kxg2 Df7 30.Dg4 Sf4+ 31.Kf3 Se6+ 32.Ke3+–

2) 21.Sxe6 fxe6 22.Td6 Sd5 23.hxg6

Aufgabe: Analysieren Sie die Verteidigungszüge 23..Txd6, 23...Dc7 und 23...Da5. Kann Schwarz mit einem davon überleben?

a) 23...Txd6 24.exd6 Lxb2 25.Dxe6+ Kh8 26.gxh7 Kxh7 27.d7 Dd8 28.Df7+ Lg7 29.Df5+ Kg8 30.Lxd5+ Lxd5 31.Dxd5+ Kf8 32.Dxb7 Ke7 Selbstverständlich bleibt es ein Spiel auf 2 Tore, aber die Remischancen sind intakt. Dennoch kann Weiß risikolos weiter kämpfen.

b) 23...Dc7!? 24.Txe6 b5 25.gxh7+ Kh8 26.Lxd5 Lxd5 27.Tg6 Lf7 28.Txg7 Kxg7 29.e6+ Kxh7 30.De4+ Kg8 31.Dg4+ Kf8 32.Dg7+ Ke8 33.Dh8+ Ke7 34.Df6+ Ke8 35.Le5 De7 36.Dh8+ Df8 37.exf7+ Kxf7 38.Df6+ Ke8 39.Dxa6 In diesem Endspiel kann Schwarz noch sein Glück versuchen.

c) 23...Da5 sieht extrem dreist aus; z.B. **24.Txe6 Dxa2 25.Kh2 Db1! 26.Ld3 Sf4 27.Lxb1 Sxe2 28.gxh7+ Kh8 29.Te7 Td1!** und auch in diesem Fall ist noch nichts entschieden.

Demnach erweist sich 21.Sxe6 als nicht durchschlagend. Alle drei Möglichkeiten scheinen spielbar zu sein.

Zurück zur Partie.

21...Sf5 22.Sxf7 Sxd6 23.exd6 Te8

23...Lxb2 24.Sxd8 Dxd8 25.Lxe6+ Kf8 26.Dxb2+–

24.Lxg7 Kxg7 25.De5+ Kxf7 26.h6

Letztlich ging Schwarz an seinen zahlreichen Schwächen zugrunde, Lupulescu – Ragger, Internet 2019.

Übung 2: Bei diesem Beispiel sind beide Königsstellungen geschwächt. Allerdings sind die schwarzen Figuren im Zentrum und somit in der Nähe des gegnerischen Königs konzentriert. Dies begründet den sofortigen Angriff mit

38...f4!!, denn seine Figuren können die entstehenden Bauernschwächen schnell ausnutzen, während Weiß das Feld e4 nicht dauerhaft mit einem Springer besetzen kann. Denn dieser wird umgehend abgetauscht, wonach g3 und f2 sowie (eventuell nach f4–f3) auch die weißen Felder anfällig bleiben.

39.Se4

1) Nach 39.Kg2 startet Schwarz mit 39...c4! 40.dxc4 e4!–+ den typischen Mattangriff.

2) 39.gxf4

Frage: Wie geht es weiter?

39...e4!! Diese Pointe galt es zu finden. Nun kann sich die schwarze Dame auf dem Weg zum Bankett machen. 40.dxe4 Dxf4 41.Dd3 Dxh4 42.Dg3 Dxg3+ 43.fxg3 Kh6–+

39...Sxe4 40.dxe4

Damit versucht Weiß verständlicherweise, die Stellung geschlossen zu halten. Inzwischen hat der schwarze Angriff jedoch eine verheerende Geschwindigkeit angenommen.

40.Txe4 fxg3 41.fxg3 Tf8 nebst Turmverdopplung und Eingreifen der Dame.

40...Tf8 41.c4?

Hiermit gibt Weiß die Kontrolle über das wichtige Feld d4 auf. Auch nach dem zäheren 41.Taa1 Tef7 42.Tf1 c4 steht er allerdings vor großen Problemen.

41...fxg3 42.fxg3 Dd4+ 43.Kg2 Tef7 44.Te2 Tf1 45.Txb7+ Kg8 46.Dd2 Dg1+ 47.Kh3

Nun bleibt wie so oft die Frage nach der Vorteilsverwertung.

Frage: Wie geht es weiter?

47...Td1 48.Tg2 Dh1+ 49.Th2 Df1+ 50.Dg2 Df6

Ein typisches Verfahren: Die weißen Figuren werden in schlechte Positionen gedrängt und stehen sich im Weg, während der Angreifer bereits mit elementaren Mattbildern liebäugeln kann.

51.Th1

51.De2 Dd8! 52.Tb3 Dd7+ 53.Kg2 Td2 –+

Frage: Wie setzen Sie nach 51.¯h1 den Schlussakkord?

51...Txh1+ 52.Dxh1 De6+!

52...Da6 53.Tb3 Dxc4?? 54.Tf3=

53.Kh2 Da6!!

53...Tf2+? 54.Kg1 Tc2 55.Df3=

54.Tb5 Tf2+ 55.Kg1 Tc2, Kratochvil – Janisch, Fernpartie 2015

Übung 3: Hier fällt insbesondere auf, dass durch den Vorstoß der h- und g-Bauern die weißen Felder am schwarzen Königsflügel deutlich geschwächt wurden. Dies kann Weiß mit einer Standardbatterie ausnutzen.

24.Lc2! Db6 25.Dd3 Tfd8 26.Dh7+ Kf8

Wann immer man angreift, darf die eigene Königssicherheit nie außer Acht gelassen werden.

Frage: Wozu würden Sie daher dem Weißen raten?

27.Ld3 Einziger Zug! **27...Dc5**

Nach 27...Dc6 und der einfachen Antwort 28.f3! ist Se2+ nicht mehr möglich.

28.Taa1 Td7

Frage: Was passiert nun?

29.b4!! ist der Schlüsselzug! Mit dieser Sprengung kann Weiß seine Figuren für den Angriff auf die vorab erkannten Kernschwächen (Bauer f7, Grundreihe) aktivieren. Dadurch wird außerdem eine wichtige gegnerische Ressource ausgeschaltet (Prophylaxe).

(Partiefolge weiter unten)

1) 29.Tae1!? Txd6 30.exd6 Td8 31.Lf4 Txd6 32.Lxd6+ Dxd6 33.Dxh5 Ld5 und dank des doppelten Qualitätsopfers kann Schwarz noch kämpfen.

2) 29.Lf4?! Txd6

Frage: Betrachten Sie nun die beiden Möglichkeiten 30.Lh6 und 30.exd6. Wie würden Sie darauf reagieren?

a) 30.Lh6? gewinnt nun nicht wegen **30...Dxe5!**.

b) 30.exd6 sieht optisch stark aus, aber nach **31...Le4!! 31.Lxe4 Se2+ 32.Kh2 Sxf4 33.g3 d3!** sieht Weiß sich mit größeren technischen Schwierigkeiten konfrontiert.

Zurück zur Partie.

29...axb4 30.Lf4 Txd6 31.Lh6 Lxh6

Nach 31...Dxe5 32.Ta7+– wird der Unterschied deutlich. Nun droht Matt auf h8 und der Läufer h6 kann wegen des Matts auf f7 nicht geschlagen werden.

32.Dxh6+ Ke8 33.Dh8+ Ke7 34.Df6+ Ke8 35.exd6 Dxd6 36.Ta7

Erneut gelangt der Turm auf die 7. Reihe, wonach Weiß nicht mehr locker lässt.

36...Lb7 37.La6! Sd5 37...Dd8 38.De5 38.Dh8+ Ke7 39.Txb7+ Txb7 40.Lxb7 Sc3 41.Ta1 1–0, Prystenski – Mujunenn, Fernpartie 2015

Übung 4: Angesichts der weißfeldrigen Bauernkette von Schwarz können insbesondere auf den dunklen Feldern Schwächen vorliegen. Jedoch könnte Schwarz mit b4–b3 speziell auf den weißen Feldern angreifen. Es ist also eine konkrete Berechnung erforderlich, um zu prüfen, ob sich eine positionelle Lösung taktisch rechtfertigen lässt.

Mit **28.b3?** gibt Weiß dem Gegner die Zeit, seinen König in Sicherheit zu bringen und dadurch die Stellung auszugleichen.

(Partiefolge weiter unten)

Nach 28.Lc5! hat Schwarz letztlich nur Läufer und Bauer im Angriff, während Weiß fast alle Figuren einschalten kann. Von daher ist das Vorhaben des Schwarzen zum Scheitern verurteilt.

(28.Td7 Db5! 29.b3 f6 30.Txe7+ Kxe7 31.Lc5+ Ke8 32.Sc4 Kd7 33.Dd4+ Ld5 34.Sb6+ Kc6 35.Sxa4 kann noch weiter analysiert werden.)

1) 28...Lxc5 29.Dxc5 Db7 30.Td7+–

2) 28...Dc7 29.Lxe7 Dxe7 30.Td7+–

3) 28...b3 29.Td7

a) 29...bxc2+30.Kc1 0–0 31.Txe7 a3 32.Lxa3+–

b) 29...0-0 30.Txe7 Td8 31.Td7 Txd7 32.Sxd7 Lxc2+ 33.Ka1 Db5 34.Sf6+ Kg7 35.Ld4 Dd3 36.Sg4+ Kf8 37.Dg1+–

Zurück zur Partie.

28...axb3 29.axb3 Dc8?

Nach diesem laschen Zug (statt besser 29...f6 30.Td4 Da8 31.Sc4=) bekam Weiß nochmal eine Chance. Vermutlich in Zeitnot ging er jedoch auf Nummer Sicher.

30.Ld4?!

30.Td7! Th5 31.Txe7+ Kxe7 32.Lc5+ Ke8

33.Lxb4 würde den schwarzen König fest ans Zentrum binden.

30...0–0 31.De2 Da8 32.Te1 Lf5 33.Sg4 Kh7 34.De5 Tg8?

Damit wirft Schwarz die Früchte seiner Verteidigung endgültig weg; besser war 34...f6 35.Dc7 Dd8 36.Da7 Kg7 37.Se3.

35.Sf6+ Lxf6 36.Dxf6 Lxc2+ 37.Kc1!? g5 38.Dxf7+ Kh6 39.Txe6+ Lg6 40.f5 Da3+ 41.Lb2, Perunovic – Horvath, Fernpartie 2018–19

7.2 Abtausch

Übung 1: Hier kann Weiß den Abtausch des guten Springers gegen den schlechten Läufer forcieren, wobei der gegnerische König auch noch an der Rochade gehindert wird. Diese Chance lässt Weiß sich nicht entgehen.

12.Lxf5!

12.Sxb4 Lxb4 13.Lxf5 exf5 14.e6 fxe6 15.Lxb4 Dxb4 16.Se5 ist nur Zugumstellung.

12...exf5 13.e6!! fxe6 14.Lxb4 Lxb4 15.Sxb4 Dxb4 16.Se5 g6

Frage: So weit so gut, aber wie geht es weiter? Sämtliche weißen Drohungen sind verhindert!

Richtig! Mit **17.Tc1!** droht Weiß mit dem Abtausch der letzten aktiven schwarzen Figuren, um so die Zentralisierung des gegnerischen Königs zu provozieren.

17...Ke7 18.a3 Da5

Da die gegnerische Bastion noch ziemlich resistent ist, müssen neue Schwächen geschaffen werden. Und wenn dies nicht leicht zu bewerkstelligen ist, führt oft der Abtausch von Bauern zum Ziel.

Frage: Wie geht es weiter?

19.h4!

Ein immer wiederkehrendes und wichtiges Motiv: der Mauerbrecher. Damit will Weiß den Schutz des gegnerischen Königs aufbrechen und sich somit Zugang zu diesem verschaffen.

19...Lb5

19...Thd8 20.h5!? g5 21.h6!

20.Te1 Kf6

Frage: Wie umschifft Weiß die letzten Klippen?

21.Te3!!

Der letzte wichtige Zug! Nun droht Weiß, die Türme auf der c-Linie zu verdoppeln oder mit der Dame auf den schwarzen Feldern einzudringen.

21...Da4 22.Dd2 Kg7 23.Tec3 Lc6 24.h5 1–0, Wolokitin – Nyjnyk, Mamaia 2012

Übung 2: In dieser Stellung versucht Weiß, den Isolani zu blockieren. Neben diversen Angriffszügen wie z.B. Sf8–g6 gilt es zu prüfen, inwieweit sich die Blockade aufhebeln lässt und ob die Isolanipartei davon profitiert (was meistens der Fall ist).

18...Lxd4!

Tatsächlich ist dies aus taktischen Gründen hervorragend, da nach 19.exd4 der Bauer nicht zu decken ist. Letztlich können solche taktischen Feinheiten deshalb funktionieren, da Weiß sich zu passiv aufgestellt hat, während die Figuren des Schwarzen einsatzbereit platziert sind.

18...Se6 19.Sxe6 Dxe6 20.Db3=

19.Txd4

19.exd4? stellt schlicht einen Bauern ein.

Frage: Wie genau kann der Bauer gewonnen werden?

Mit 19...Se6! 20.Dd3 Sxd4 und klarem Vorteil.

Nach **19...Se6** musste Weiß eine schwierige konkrete Entscheidung treffen. Stellt er seinen Turm mit Td4–h4 ins Abseits, um diesen bei Bedarf zu opfern? (Dies geschah u.a. in einer berühmten Partie Lasker – Tarrasch, weshalb ein solcher Turm gern als „Lasker-Turm" bezeichnet wird.) Oder ist der Rückzug Td4-d2 angebrachter?

Frage: Wie würden Sie sich als Weißer verteidigen?

20.Td2?

Nach 20.Th4 kann Schwarz keinen forcierten Gewinn vorweisen. Wahrscheinlich wäre nun eine ruhige Vorbereitung wie Ted8 oder Tc8–c7 angebracht. Die forcierten Varianten führen hingegen zu Vereinfachungen, die letztlich die Remischancen des Weißen erhöhen: 20...Tc4

(20...d4 21.Lxb7 Dxb7 22.exd4 Tc4 23.Dd2=)

21.Txc4 dxc4 22.Lxb7 Dxb7 und Schwarz behält etwas Vorteil.

Frage: Wie geht es weiter?

20...d4!!

20...Tc7!? ist unnatürlich, würde dem Vorstoß jedoch zusätzliche Würze verleihen. Denn nun kann Schwarz sich durch Verdoppelung in der e-Linie stark machen – und auf c8 hängt kein Turm mehr. Nach beispielsweise 21.Tdd1 d4 22.Lxb7 Dxb7 23.exd4 Sf4 24.f3 S6d5 hat Schwarz Angriff.

21.Lxb7 Dxb7 22.exd4 Se4!

Möglicherweise wäre jetzt die Rückgabe der Qualität am besten, was ein Zeichen dafür ist, wie schlecht es um den Weißen steht.

Der direkte Weg 22...Sf4? erweist sich als Verführung: 23.f3 S6d5 24.Lg3 Sxc3 (24...Se3?! 25.Db3!?) 25.bxc3 Sd5. Schwarz behält natürlich deutlichen strukturellen Vorteil, allerdings wird sich der Weiße noch wehren können.

23.Tdd1 Sf4 24.d5

Weiß hat verschiedene konkrete Probleme. Allerdings kann er für den Moment u.a. das Feld e2 hinreichend decken. Deswegen versucht Schwarz im Bereich der dynamischen Faktoren eine Disharmonie zu erreichen, indem er den Springer c3 bekämpft. Denn anschließend ist der Weg frei für seine eigenen Springer.

Frage: Wie geht es weiter?

Nach **24...a5!** ist die Partie mehr oder weniger entschieden.

25.Db3 b4 26.axb4 axb4 27.Sa2 Se2+ 28.Kh1 Sxc1 29.Sxc1 Sf6 30.d6 Dc6 31.Sa2 Dxd6 32.Lxb4 Db6 33.f3 Df2, Huzman – Aronian, Plovdiv 2010

Übung 3: Nach dem Abtausch **10.Lxe6!** kann Schwarz kaum noch Gegenspiel schaffen, da beide Läufer kaltgestellt sind. Allerdings muss man auch die nächsten Züge noch vorhersehen.

10...dxe6

Frage: Wie geht es im Sinne des Konzepts „Dominanz der gegnerischen Läufer" weiter?

11.b4! Dc7 12.Db1 b6 13.b5

Nun ist der Läufer c8 endgültig kaltgestellt. Schwarz strebte jetzt einen typischen „Königsindischen Angriff" an. Jedoch sollte sich dieser als wenig effektiv erweisen, denn die Figuren nehmen allesamt nicht am Angriff teil.

13...f6 14.Le3 Ld7 15.a4 Sc8

Frage: Wie geht es weiter?

16.Sd2! f5 17.f3 f4 18.Lf2 Sd6 19.a5 g5

Schwarz stürmt los, während sich Weiß um das Eindringen am Damenflügel kümmert. **20.Sc4 h5**

Frage: Wie geht es weiter?

21.Sxd6 Dxd6 22.Db3 Kh7 23.axb6 axb6 24.Ta6

Der typische Weg um einzudringen.

24...g4 25.Tfa1 Tab8

Wo befinden sich nun die Schwächen und wo gehören die Figuren hin? Diese Fragestellung wird im nächsten Kapitel intensiver behandelt, sodass es sich hier quasi um als kleines *warm up* handelt.

Frage: Wie geht es weiter?

26.Sa4!! Dc7 27.Sb2 gxf3 28.gxf3 Tg8 29.Sc4 Lf6+ 30.Kf1

Hier steht der König absolut sicher, während die Harmlosigkeit der schwarzen Läufer noch deutlicher geworden ist. Daher war die Stellung bereits hier strategisch gewonnen, was von Weiß sehr souverän umgesetzt wurde, Florea – Jensen Fernpartie 2016.

Übung 4: In dieser beengten Situation muss Schwarz um Entlastung kämpfen. Zu diesem Zweck muss er neue Felder für seine inaktiven Figuren suchen.

17...Dc8?!

Dies ist die falsche Entscheidung, denn die Dame stellt gewiss nicht das Kernproblem der schwarzen Stellung dar. Nun bekommt Weiße die nötige Zeit, um die Figurenaktivität zu maximieren und gleichzeitig gegnerische Befreiungsversuche zu vereiteln.

(Partiefolge auf Seite 146 links)

Nach **17...Sc6!** lacht den Springer insbesondere das Feld d4 an, da es durch keinen Bauern mehr kontrolliert werden kann. Allerdings muss der gegnerische Figurendruck durch Abtausch abgeschwächt werden.

(Nach 17...Tc8?! kann Weiß seine Dame besser stellen und behält so seinen Vorteil; z.B. 18.Db3! Sc6 19.Dxb7 Tb8 20.Da6 Txb2 21.Tfd1±)

1) 18.Lc5?! Sxa5! 19.Da2 Le6! 20.Dxa5 b6=/+

2) 18.b4 Sd4 19.Lxd4 Le6 20.Dc5 exd4 21.e5 d3 mit Gegenspiel.

3) 18.Dc5 Tc8 19.Tfd1 Dc7 20.Dd6 Lg4 21.Dxc7 Txc7=

4) 18.Tfd1

a) 18...Tc8?!

Frage: Gehen Sie behutsam vor. Was ist zu tun?

19.Df1!

Hier steht die Dame außer Gefahr und rennt nicht in die Gabel Sc6–d4.

19...Dc7

19...De7 20.Db5 b6 21.axb6 Sd4 22.Df1 Lb5 23.De1 Sxf3+ 24.Lxf3 axb6 25.Lxb6 Df6 26.De3 und Weiß behält einen Mehrbauern.

20.Tac1 Lg4 21.b4 Db8 22.h3 Lxf3 23.Lxf3 Sd4 24.Le2 mit klarem Vorteil.

b) 18...Le6 19.Da4 De7 20.Tac1 Tfd8 21.a6 Sd4!=

Zurück zur Partie.

Frage: Wie sollte das gegnerische Angebot beantwortet werden?

Die paradoxe Entscheidung **18.Dxc8!** sichert dem Weißen deutlichen Vorteil. Er schenkt dem Gegner die c-Linie, wird aber davon profitieren, dass er infolge der ungedeckten Figuren mehrere Tempi gewinnen kann.

Der natürliche Zug 18.Tfc1 vergibt den Vorteil, denn nach 18...Dxc4 19.Txc4 Sc6 20.a6 bxa6 21.Txa6 Sd4 kommt Schwarz zur Zentralisation und damit zu annäherndem Ausgleich.

18...Tfxc8 19.Tfd1 Le8

Auf 19...Le6?! folgt 20.Sg5!.

20.Lh3

20.Lf1!? wäre eine Idee, um den Läufer nach späterem b2–b3 via c4 nach d5 zu bringen.

20...Tc7

(Partiefolge rechts)

Die Alternativen gleichen ebenso wenig aus.

1) 20...Tc2

a) 21.b4 analog zur Partie sieht am konkretesten aus. Aber auch die Alternativen sichern Weiß eine gewisse Initiative.

21...Sc6 22.Lf1!

22.b5?! Sd4 23.Sxd4 exd4 24.Lxd4 Lxd4 25.Txd4 Lxb5=

22...Sxb4 23.Tdb1 Sc6 24.Se1 (24.Txb7!?) **24...Tc3 25.Ld2 Tc5 26.Txb7**

b) 21.Lxa7 Txb2 22.Lc5 und Weiß behält den Vorzug.

c) 21.Td2 Txd2 22.Sxd2 Sc6 23.Lf1 Ld7 24.Tc1 Tc8 25.Sb3 mit weißem Vorteil.

2) 20...Tc4 21.Lf1 Txe4 22.Lc5 Lf8 23.b4 Sc6 24.Sg5

Zurück zur Partie.

Frage: Wie würden Sie die weiße Stellung verstärken?

21.b4!

Damit macht Weiß sich daran, die gegnerischen Bauern als Schwächen zu fixieren, was an sich ein wichtiges Endspielthema ist.

21...Lb5

Nach 21...a6 22.Lc5 wirft der Läufer u.a. ein Auge auf d6, wobei der Druck mit beispielsweise Ta2–d2 noch erheblich verstärkt werden könnte.

Frage: Was ist nun zu tun?

Mit **22.Lf1!** wird der Blockadeläufer abgetauscht, wonach die schwarzen Schwächen noch deutlich spürbarer werden.

22...Lxf1 23.Kxf1 f5?!

Da Schwarz nicht weiter abwarten will, leitet er einen Harakiri ein.

Nach 23...a6 24.Lb6 Tc4 25.Td7 Sc6 hat Weiß zwei Möglichkeiten, um seinen großen Vorteil zu wahren.

1) 26.Sg5 Lf8 27.Sxf7 Txe4 28.Txb7 Txb4 29.Sg5

2) 26.Txb7 Txb4 27.Tc7 Sd4 28.Sxd4 exd4 29.Tac1

Frage: Wie würden Sie nun vorgehen?

Mit **24.Sg5!** nutzt Weiß die neu entstandenen Schwächen aus und es ist praktisch vorbei.

24...Lf6 25.Se6 Tc6 26.Td8+ Txd8 27.Sxd8 Tc4 28.b5!

Weiß setzt folgerichtig auf seine Bauern am Damenflügel.

28.Sxb7 Txb4 29.a6 Sc6 30.Tc1 Sd4 ist gewiss alles andere als gut für Schwarz, aber er kann noch kämpfen.

28...Tb4

Hiernach geht Schwarz rasch unter.

28...b6!? sieht nach einer interessanten Verteidigung aus.

Frage: Wie geht es weiter?

1) Nicht mit 29.axb6 axb6 30.Lxb6? (30.Sb7 mit klarem Vorteil) wegen 30...Sc8! 31.La5 Sd6=.

2) Stärker wäre 29.Lxb6! Sc8 30.Lxa7 Lxd8 31.b6 Sxb6 32.Lxb6 Lxb6 33.axb6 Tb4 34.exf5 Txb6 35.fxg6 hxg6 36.Ta7 mit gewonnenem Endspiel, denn die isolierten Bauern werden sich als zu schwach erweisen. Dies können Sie gerne als kleine Übung selbstständig prüfen!

29.Sxb7 Txb5 30.Sd6 Tb3 31.Lxa7 Sc6 32.Lb6 Le7 33.Sc8, Kasakowski – Nielsen, P.H., Litauen 2019

7.3 Verbesserung der Figurenstellung

Übung 1: In diesem elementaren Beispiel hat Schwarz eindeutige Bauernschwächen auf den dunklen Feldern. Daher gruppiert Weiß seine Figuren dergestalt um, dass diese Schwächen anvisiert werden.

22.Lc1! Lf8 23.Le3 Dd8 24.Ta2 Dc7 25.Tab2 La3

Da es sich um eine Blitzpartie handelt, ist der Bauernverlust auf h6 verständlich. Allerdings war es wichtiger, das Eindringen der weißen Türme zu verhindern.

26.Tb3 Lc5 27.Lxh6+–

Dass der amtierende Weltmeister diese Partie letztlich *nicht* gewann, ist ein anderes Thema. Hauptsächlich ging es ja darum, ein einfaches Beispiel für die Verbesserung der Figurenstellung darzustellen, Carlsen – Mamedow, Internet 2019.

Übung 2: Hier ist eindeutig zu erkennen, dass bei Schwarz etwas schiefgegangen ist. Allerdings muss man solch eine Gewinnstellung bekanntlich erst einmal sicher gewinnen. Angesichts des fehlenden schwarzfeldrigen Läufers des Gegners hat Weiß eine denkbar einfache Eingangsroute.

28.Db3!!

Weiß will nicht nur entlang der dunklen Felder eindringen, sondern droht mit f4–f5 die f-Linie aufzusprengen, wenn dies taktisch zu rechtfertigen ist.

28...Kf8

28...Sd8 29.Da3 Tc5 30.Lb4 Td5 31.Le7 Sc6 32.Lf6+–

29.Da3+ Ke8 30.f5, Jensen – Krzyzanowski, Fernpartie 2016

Hier ein paar Beispielvarianten, um die Aussichtslosigkeit der schwarzen Stellung zu unterstreichen.

1) 30...Kd8 31.f6 g5 32.Sf3 Kc8 33.Tc1 Td8 34.Sxd4+–

2) 30...h5 31.Tg5 Kd8 32.f6 g6

Frage: Wo ist der Nussknacker?
33.Sxg6! fxg6 34.f7+–

3) 30...exf5 31.Dd6 Tc8

Frage: Wie geht es weiter?

32.Sg6!! Le6 (32...fxg6 33.e6+–) 33.Tg3 Dg8 34.Sf4 g6 35.Sxe6 fxe6 36.Tc1 Se7 37.Txc8+ Sxc8 38.Dc7 Se7 39.Lb4 Th7 40.Db8+ Kf7 41.Dxa7+–

Übung 3: In dieser Blitzpartie hoffte Weiß, das Läuferpaar in Verbindung mit einem relativ agilen Turm auf der 4. Reihe möge hinreichenden Schutz bieten. Dabei schielte er sicher auch auf die dunklen Felder beim gegnerischen König. Allerdings kann Schwarz seine eigenen Figuren beschleunigt aktivieren.

21...Tb6+ 22.Tb4 d4!!

Damit räumt Schwarz das Feld d5 für seinen Springer und öffnet die Diagonale e6–a2 für einen möglichen Einsatz seines Läufer.

Frage: Was halten Sie von den Verteidigungsideen 23.exd4 und 23.c4?

Nach **23.exd4** geht es quasi automatisch weiter.

23.c4

1) Nach 23...Sd5?! 24.Txb6 Dxb6+ 25.Db3 oder 23...Txb4+ 24.axb4 Dxb4+ 25.Db3 kann Weiß noch im Endspiel kämpfen, auch wenn die Stellung gewiss nicht rosig aussieht.

2) 23...La4! 24.Dd2

Frage: Wie lautet der KO-Schlag?

24...Se4!! ist eine ebenso ästhetische wie brutale Lösung, um den Widerstand zu brechen; z.B. 25.Lxe4 Txc4 26.Ld6 Txd6 27.Tc1 Txb4+ 28.axb4 De5–+.

23...Sd5 24.Lh7+

24.Txb6 Dxb6+ 25.Ka2 Txc3–+

24...Kh8 25.Tf1 Txc3 26.Le5+ f6 27.Lxf6+ Txf6, Mamedjarow – Anand, Superbet Blitz 2019

Übung 4: Da Schwarz kein Gegenspiel am Damenflügel hat, sollte Weiß zwecks Schaffung neuer Schwächen am Königsflügel angreifen, denn dort kann der Schwarze seine Figuren schlechter umgruppieren.

25.f3! Se8 26.De3

Entsprechend wird die Dame umgesetzt.

26...a6 27.Df4 h6

Frage: Wie sollte Weiß nun vorgehen?

28.h4! Dd8 29.Kf2 Df6 30.De5

Hiermit möchte Weiß eine bessere Konstellation erreichen, denn mit einem Bauern auf e5 hat der Springer noch weniger Möglichkeiten zu manövrieren.

30.Dxf6 Sxf6 31.a4 wäre durchaus eine interessante und für Schwarz gefährliche Idee. Wenn er nichts macht, kann der Läufer g2 via f1 eingreifen. Also sollte er mit 31...Lc6 32.a5 den Damenflügel schließen. Damit ist der Bauer a6 dauerhaft als Schwäche fixiert. Dafür kann Weiß seinerseits nicht mehr die a-Linie öffnen. Das ist vielleicht eine Möglichkeit, die Leko sich noch vorbehalten wollte. Dennoch ist diese Idee durchaus denkbar. Die Stellung kann gut zum

Endspieltraining verwendet werden, um zu prüfen, wie Weiß am Königsflügel durchbrechen kann. Dabei hat er als quasi *back up*, dass die meisten Endspiele aufgrund der Schwäche a6 gewonnen sind.

30...Dd8

Frage: Wie geht es weiter?

Mit **31.Th1!** kämpft Weiß richtigerweise um die Öffnung der h-Linie.

31...Sf6

Schwarz nutzt eine seiner letzten Chancen und entsendet den Springer, um den Läufer c5 abzutauschen.

32.g4 Sd7 33.Dg3 Sxc5 34.bxc5 Df6 35.Td1?!

35.e3 wirkt viel logischer, da 35...e5 mit 36.g5 beantwortet werden kann.

35...g5?

Schwarz spürt die gegnerische Unsicherheit und schwächt etwas überoptimistisch seinen eigenen König. Allerdings wird diese emotional begründete Entscheidung ihre Rechtfertigung erhalten.

36.hxg5 hxg5 37.e3?

Frage: Statt passiv zu bleiben, hätte Weiß hier welche aktive Chance nutzen können?

Nach 37.Dd6 bekommt Schwarz unmittelbar große Probleme, da auch e5 verhindert wird. Zwei kurze Varianten mögen die Aussichtslosigkeit der Situation verdeutlichen:

1) 37...Df4 38.De7! Lc6 39.e3+–

2) 37...Te8 38.e3 De7 39.Dh2 f6 40.Th1 Dg7 41.Lf1! e5 42.Ld3+–

Da nach der aktiven Riposte **37...e5** tatsächlich mit einigem Gegenspiel zu rechnen ist, nahm Weiß das Remisangebot doch lieber an, Leko – Sarana, Deutschland 2019/20.

Grundsätzlich kann es nach 38.dxe5 Dg6 39.Lf1 Txc5 40.Ld3 Dh6 41.Kg2 noch recht spannend werden.

Übung 5: Wie es meistens in Sizilianern der Fall ist, zählt nicht allein die Idee, sondern auch deren konkrete Umsetzung. Manchmal gibt es Zugumstellungen, also zwei Wege, die zum Ziel führen, und das war auch hier der Fall. Es geht vor allem darum, sich diese Flexibilität klarzumachen und die beiderseitigen Kernschwächen zu erkennen, im schwarzen Lager also e6 und h7. Weiterhin sollte Schwarz den Druck im Zentrum beachten, um Gegenchancen zu schaffen.

20...Sc5!

1) 20...g6?! 21.Dh3 Sc5 22.b4 Scd7 23.Sd1 Te7 24.Sxe6 Dc4 mit Gegenspiel.

2) 20...Te7! 21.Dh3 (21.Taf1 Tae8) 21...Sc5 wäre der einzige Weg gewesen, um den Vorteil festzuhalten. Nun sind sämtliche Schwächen gedeckt und Weiß wird sich über die gegnerischen Absichten Gedanken machen müssen. 22.Sb3 Sxb3 23.cxb3 Tae8 24.Taf1 g6 25.Ld4 Lg7 Schwarz behält etwas Vorteil.

21.Taf1 Dd7?

So macht Schwarz die eigene Dame passiver, was in den seltensten Fällen eine gute Entscheidung ist. Offensichtlich hat er die verschiedenen Möglichkeiten nicht erkannt, wie der Bauer e6 indirekt geschützt werden konnte.

(Partiefolge auf Seite 150 links)

Nach **21...Te7!** überlebt Schwarz.

1) 22.Txf8+ Txf8 23.Txf8 Kxf8 24.Dxh7 und nach z.B. **24...Ke8** bleibt alles im grünen Bereich.

2) 22.Lh3?! g6 23.De2 Tae8 24.Tf6 Lg7 25.b4 Scd7 26.Lxe6+ Txe6 27.Txe6 Txe6 28.Scxb5!

Ein wichtiger Zwischenzug!

28...axb5 29.Sxe6

Frage: Wie sollte Schwarz reagieren?

Wenn Weiß auf Gewinn spielen will, sollte er mit **29...Dc3!** auf Aktivität setzen und den Finger auf die Wunde legen – also auf die offene weiße Königsstellung; z.B. **30.Ld4 Dh3 31.Sxg7 Kxg7 32.Df3 Dxf3 33.Txf3 Lxe4 34.Tc3** und in diesem Endspiel kann Schwarz gewiss auf Gewinn spielen. Allerdings musste er bis hierher mehrere präzise Züge finden.

3) Die Alternative **22.h4 g6 23.De2 Lg7 24.h5 gxh5 25.Dxh5 Sg6** führt zu einer komplizierten Stellung, die genauer zu analysieren sich lohnt.

Zurück zur Partie.

Frage: Was können Sie dem Weißen empfehlen? Beachten Sie: Sie sind nun in der Angreiferrolle!

Nach der Ungenauigkeit **22.b4?!** kann Schwarz einen wichtigen Angreifer eliminieren.

(Partiefolge rechts)

Weiß hätte diesen Umstand umgehend ausnutzen können, indem er mit **22.Lh3! g6 23.Dh4** den Druck erhöht.

1) 23...Lg7 24.b4 Sa4 25.Sd5+– ist mehr als eindeutig.

2) 23...Sc4

Frage: Gibt es einen Nussknacker?

Nein, es gibt sogar mindestens *zwei* Nussknacker.

a) 24.Sd5!! Lxd5 25.exd5 Sxe3 26.Tf7! Dxf7 27.Txf7+–

b) 24.Tf7 Dxf7 25.Txf7 Kxf7 26.b4 Sxe3 27.bxc5 Kg8 28.Df2 sollte ebenfalls gewinnen.

3) 23...Dc7 24.b4 Scd7

Frage: Gibt es hier eine adäquate Lösung?

a) 25.Sb1! weist auf ein rein positionelles Problem im schwarzen Lager hin: Der Bauer e6 ist arg schwach; z.B. **25...Dc4? 26.Sd2! Da2 27.S2b3**+–.

b) 25.Lxe6+!! wäre eine konkrete Lösung; z.B. **25...Txe6 26.Sxe6 Dxc3 27.Ld4 Dc4 28.Lxe5 dxe5 29.Tf7 h5 30.Txd7 Dxe6 31.Txb7**+–.

Zurück zur Partie.

22...Sa4 23.Sxa4 bxa4 24.Lh3

Frage: Der Kelch ging an Schwarz vorbei. Nutzen Sie die Chance!

24...Sg6? ist zu optimistisch.

24...g6! 25.De2 Lg7 26.c4 und der Kampf geht weiter.

25.Tf7! Dc8

25...Dxf7 26.Txf7 Kxf7 27.Df3+ (27.Dxh7 Lxe4) 27...Kg8 28.Lxe6+ Txe6 29.Sxe6+–

26.Sxe6 Txe6 27.Txb7?!

Noch stärker war 27.Txf8+ Sxf8 28.Df7+ Kh8 29.Ld4+–.

27...Kh8 28.Lxe6 Dxe6 29.Df3 Te8 30.Ld4 Le7 31.Lxg7+ Kxg7 32.Df6+ Dxf6 33.gxf6+ Kh6 34.fxe7 Sxe7 35.Tf7+–, Guseinow – Caruana, PRO League 2019

Übung 6: In solchen Stellungen hat Weiß kaum Gegenspiel. Zwar konnte er die a-Linie erobern, allerdings kann eine einzelne Figur nur selten Schaden anrichten. Hingegen verfügt Schwarz über die aktiveren Leichtfiguren. Insbesondere würde ein erfolgreiches Eindringen des Springers meistens schwerwiegende Folgen nach sich ziehen, da dies zumeist auf die Bildung eines Freibauern hinauslaufen wird.

Im Gegensatz zu Weiß kann Schwarz auch leichter Linien öffnen, rein theoretisch auch mit f7–f5 oder b5–b4. Manchmal kann der Vorstoß c4–c3 in Frage kommen, wenn das Spiel taktisch bzw. konkreter wird. Es gibt noch eine weitere versteckte Idee, die vorerst noch nicht genannt werden soll, um Ihnen die Gelegenheit zu geben, diese selbst aufzuspüren. Deshalb sollten sich die schwarzen Figuren zum Damenflügel orientieren und dabei auch mit der Drohung spielsn, die a-Linie zu erobern. – Was aber muss vorab unbedingt beachtet werden?

28...Kg7!

Wie immer: die eigene Königssicherheit! Das ist schon ein Vorgeschmack auf das prophylaktische Denken, welches erst im nächsten Kapitel eingehend diskutiert wird. Denn bei jedem Angriff gilt – in Anlehnunjg an den Ausdruck „die Ruhe vor dem Sturm" – dass der eigene König sicher stehen oder in Sicherheit gebracht werden muss.

29.De2 Tb7

Nun droht Schwarz, die a-Linie zu erobern. Dies hätte er nur in seltenen Fällen getan. Nämlich nur dann, wenn durch den Abtausch auch der b-Bauer fällt. Ansonsten würde er vielmehr den Abtausch vermeiden und so einen Angreifer mehr im Spiel halten. Dieser Technik werden Sie nun immer wieder begegnen, weshalb ich dies ein wenig hervorheben werde.

30.De1 Dc7 31.Kg2

Weiß fällt offenbar nichts ein und so wartet er halt das gegnerische Vorgehen ab.

Falls Weiß seinerseits an die Eroberung der a-Linie denkt, kann Schwarz nun bequem die b-Linie öffnen: z.B. 31.Da1 b4! 32.cxb4 Txb4 33.Ta8?

(Sollte Weiß hingegen passiv bleiben, wird früher oder später Material fallen. Beispielsweise verliert 33.Dd1 Db6 34.De2 Lc1!?–+ direkt einen Bauern. Man kann dies sicherlich noch feiner behandeln, aber es soll als Musteridee für dieses Beispiel genügen.)

33...Db6 34.Tc8 Sd3! 35.Lxd3 cxd3 36.Da8 Txb2 37.Tg8+ Kf6–+

Anhand dieser Mustervariante sollten nochmals ein paar Grundtechniken aufgefrischt werden. Der schwarze König war dank seiner Verteidiger (Läufer, Dame und natürlich auch die Bauern) komplett sicher, während Weiß seinen König entblößt hatte. Dadurch konnte Schwarz bequem seinen Gegenangriff durchsetzen und – wie angedroht – einen Freibauern bilden. Die Partie ist nun vorbei.

31...Db6 32.Kf3?

Damit schwächt Weiß seinen König ungemein, allerdings ahnte er nichts Schlimmes.

Frage: Wie würden Sie die schwarze Stellung verstärken?

Mit dem unscheinbaren Zug **32...Tc7!** bereitet Schwarz das Eindringen über die sich bald öffnende c-Linie vor.

32...Sd3 33.Lxd3 cxd3 34.Se3 b4 wäre (dank des Königs auf f3 und im Hinblick auf Ideen mit Dd4) eine weitere Möglichkeit, den dynamischen Faktor „Königssicherheit" ins Spiel zu bringen.

33.Kg2 b4

Da Weiß zu viel Zeit mit seinem König vergeudet hat, ist es nun vorbei. Schwarz setzte seinen Plan nun einfach um.

34.cxb4 Sd3 35.Lxd3 cxd3 36.Ta1 Tc2, Navara – Ding, Taschkent 2018

Aber noch einmal zurück zum 32. Zug. Wenn Weiß die gegnerische Idee erkannt hätte, hätte er mit **32.Kg1 Tc7 33.Ta3** vorgehen können.

Frage: Haben Sie eine Idee, wie Schwarz einen Durchbruch bewerkstelligen kann?

33...Ta7 34.Txa7 Dxa7 35.Db1 Sb3 36.Kg2 Da1 37.Dxa1 Sxa1 38.Lb1 Lc1 wäre beispielsweise eine Gewinnidee, falls Weiß gänzlich passiv bleibt, aber die Idee aus der Partie erkennt.

Übung 7: Der vorwitzige weißfeldrige Läufer verrät eigentlich alles, worum es in dieser Stellung geht. Durch sein Vordringen ins gegnerische Lager hat er daheim weißfeldrige Löcher hinterlassen. Genau diese wird der Schwarze jetzt ausnutzen.

Mit **23...Kh8!** bereitet Schwarz die gelegentlich anzutreffende Umsetzung der Dame via f8–g8 vor, um so den Kampf um die weißen Felder aufzunehmen.

24.Td2 Df8!! 25.Tad1 Dg8

So langsam sollte sich Weiß um seine Dame Gedanken machen, weshalb der Rückzug angebracht wäre. Getreu der Devise „Angriff ist die beste Verteidigung" setzte Weiß mit **26.Dc6?!** fort.

1) Nach 26.De2! Lb3 27.Ta1 Lc4 28.De1 Df7 bleibt Weiß im Spiel.

2) Hingegen wäre 26.Lc6 Txd2 27.Sxd2 Td8 gewiss nicht das, was man sich wünscht, zumal 28.De2?! keine Erleichterung bringt.

Frage: Und zwar aus welchem Grund?

Wegen 28...Td6 29.Lb5 Dd8! usw.

26...Ld6 27.Sh4

Statt passiv zu bleiben, tritt Weiß die Flucht nach vorn an. Da die strategischen Gegebenheiten dies nicht rechtfertigen, geht die Idee nicht auf. Dies ist übrigens oft ein paradox erscheinendes Phänomen: Hat man positionelle Probleme, spielt die Taktik meist für den Gegner.

27...Lb3 28.Txd6 cxd6 29.Txd6 Dc4 30.Dxc4 Lxc4 31.Sf5 g6 32.Se3 Lb3

Da Schwarz nun einen Freibauern bilden kann, ist die Partie entschieden.

33.Sd5 Lxa4 34.Sxb6 Lxd7 35.Sxd7 Txb2 36.c4 Tb7 37.Sc5 Txd6 38.Sxb7 Ta6 39.Sc5 Tc6 40.Sb7 a4, Petrosjan, T. L. – Kravtsiv, Riyadh 2017

Übung 8: Schwarz droht den Freibauern zu blockieren, um hinterher mit den üblichen Bauerndurchbrüchen Gegenspiel zu entwickeln. Im vorliegenden Fall kommt hinzu, dass die weißen Springer gerade optimal stehen, um dem Gegner rasch Probleme zu bereiten. Allerdings ist das erwähnte Gegenspiel nicht zu unterschätzen. Deswegen kommt dem Faktor „Zeit" in solchen Stellungen immense Bedeutung zu. Weiß hat abzuwägen, wie schnell und gefährlich die gegnerischen Chancen sind und ob er selbst irgendwelche Beschleuniger einsetzen kann, um dem gegebenenfalls entgegenzuwirken. Genau das hat er im vorliegenden Fall getan.

19.d6!!

Diese Art von Räumungsopfer, um Felder zur Verbesserung der Figurenstellung zu bekommen, ist übrigens ein Beispiel für die aggressive Prophylaxe. Die Absichten des Gegners werden aggressiv unterbunden, indem die Stellung durch eigene Drohungen verbessert wird.

19.a4 Sd6 20.Sb5

Frage: Wie würden Sie als Schwarzer reagieren?

1) Nach 20...Lxb5?! 21.Lxb5 f5 (21...c4!?) 22.h6 Lh8 23.f3 ist der Läufer h8 kaltgestellt.

2) Auch nach 20...gxh5! 21.Sxd6 Dxd6 22.Lb5 f5 hat Weiß Vorteil, obwohl hier erhöhte Wachsamkeit erforderlich ist.

19...Sxd6 20.h6 Lh8 21.Sd5 De6

21...Dd8 22.Dxc5 Lc6 23.Sc4 Sxc4 24.Lxc4 Lxd5 25.Lxd5+– wäre für Schwarz nicht zielführend.

22.Sc4

Nachdem Weiß seinen Freibauern ins Feuer geworfen hat, um die Flammen höher schlagen zu lassen, kann Schwarz sich vorerst nicht mehr um seine Gegenchancen kümmern. Vielmehr muss er nun behutsam vorgehen.

22...Tfd8 23.Sxd6 Dxd6 24.Td1 Df8

Frage: Wie würden Sie nun fortsetzen? – Was gilt es zu beachten?

25.a4! ist ein letzter wichtiger Zug, um den Gegner einzuschnüren. Nun kann Schwarz sich nur noch unter weiteren Schwächungen befreien. Ansonsten verbleibt er mit einer arbeitslosen Figur.

25...Lc6 26.Lc4 De8 27.b3 Kf8

Frage: Wie kann Weiß seine optisch starke Stellung verbessern?

Mit **28.Tg3** bringt Weiß seine letzte arbeitslose Figur ins Spiel, die sich bisher um die Deckung des Bauern g5 gekümmert hat. Dies ist jedoch nicht mehr notwendig. Vielmehr gilt es nun, den Druck gegen den gegnerischen König zu erhöhen, indem der Punkt f7 anvisiert wird.

Mit **28...Td6** setzt Schwarz alles auf eine Karte, um seinen Läufer h8 zu befreien.

Frage: Was ist nun zu tun?

29.Tdd3

Eine letzte wichtige Prophylaxe.

29...Tbd8 30.Tgf3 b6 31.Sxb6 1–0

Hiernach hatte Schwarz in der Fernpartie Dessaules – Milde, ICCF 2018, genug gesehen. Aber auch unter Nahschachbedingungen gäbe es einige, die solche Stellungen nicht mehr weiterspielen würden.

Hier ein Blick auf eine Mustervariante: 31...Txd3 32.Lxd3 De7 33.Lb5! Lxb5 34.axb5 Dxg5 35.Sd5 nebst Dxc5. Dabei war Sd5 prophylaktisch gegen De7 gerichtet.

Und angesichts dieses bereits mehrfach verwendeten Stichworts dürfte klar sein, worum es im nächsten Kapitel geht.

7.4 Prophylaktisches Denken

Übung 1: Der Zug **23.Td3!** bietet sogleich ein vortreffliches Beispiel für Prophylaxe! Weiß verteidigt den Springer c3, damit der Springer e2 beweglich wird und am Königsflügel entscheidend den Springer f6 vertreiben kann. Gleichzeitig verhindert Weiß einen möglichen Gegenangriff, da der eigene Angriff erheblich gefährlicher ist.

Die Alternative ist 23.Td2 Le8 24.Sd1 (24.g5? Sxh5 unklar) 24...De7 25.Sf4 Sd7 26.g5 Se5 und Schwarz hat bessere Überlebenschancen als in der Partie. Zwar sollte Weiß auch hier gewinnen, aber die Partiefortsetzung ist erheblich effizienter und objektiv stärker.

23...Dc5

(Partiefolge weiter unten)

1) 23...Le8

Frage: Wie würden Sie nun fortsetzen?

a) 24.g5?! Sxh5 25.Sf4 b4 26.Sce2 Dxc2+ 27.Ka1 Tc7 ist weniger klar.

b) 24.Sf4!! ist die bekannteste Gewinnmethode; z.B. **24...b4 25.hxg6 fxg6 26.Sxe6**+–.

2) 23...b4 24.e5!? (24.Sf4+–) **24...Sxg4** (24...dxe5 25.Se4+–) **25.fxg4 Lc6 26.exd6 Dd7 27.hxg6 fxg6 28.Sa4 Lxh1 29.Sb6 Dc6 30.Sxc8 Txc8 31.Sd4 Db7 32.d7 Dxd7 33.Dxh1**+–

Zurück zur Partie.

24.g5 Sxh5 25.Sf4 f5 26.Sxh5, Zhao Jun – Lu Shanglei, China 2015

Übung 2: Schwarz will sich mit f7-f6 aus der gedrängten Stellung befreien. Dies verhindert Weiß mit einfachen Mitteln, bevor er seine Überlegenheit im Zentrum ausspielt.

25.Lh5! Se5 26.c5! Sg6 27.cxd6 Txd6 28.Lxg6 hxg6 29.Dd2 g5 30.Dd4?

So macht Weiß die Sache unnötig kompliziert. Sofort gewinnt 30.Lb4!+–.

30...Tg8 31.Td3 Td7?

Schwarz ahnt nichts von der gegnerischen Absicht. 31...Lc8! nebst des eventuellem Schwenk nach h6 wäre die beste Lösung gewesen.

Frage: Wie würden Sie nach dem Partiezug 31...Td7 fortsetzen?

32.Tf5!! Kh7 33.Th3+ Kg6 34.Dd1, Fedortschuk – Ivanisevic, Paris 2014

Übung 3: Mit **18...Se8!** stellt Schwarz sich prophylaktisch gegen die Drohungen in der Diagonale a1–h8 auf.

19.Kh1 Le6 20.Tg1 f6 21.Tg3

Frage: Wie würden Sie nun fortsetzen?

Mit **21...Td7!** aktiviert Schwarz weitere Streitkräfte und erhöht somit sein Angriffs- und Verteidigungspotential!

22.Tag1 Tad8 23.Lc1 Lf5!

Schwarz provoziert eine weitere Schwächung, die ihm in der Folge neue Angriffsziele bietet.

24.e4 Lg6 25.h4 Sc7

Die Zeit ist reif, das Feld d4 aufs Korn zu nehmen, da die Brennpunkte g7 und f6 hinreichend geschützt sind.

26.Lf1 Se6 27.Th3

Dieser Zug bringt zwar wenig, aber die weiße Stellung ist nicht gerade beneidenswert.

Beispielsweise ist auch 27.h5 Lxh5 28.Dxf6 Tf7 29.Dc3 Sd4 30.Lg2 Se2 nicht im Sinne des Weißen.

27...Lh5 28.Thg3 Kh8 29.De3 Sd4 30.Lg2

Frage: Wie würden Sie nun fortsetzen?

Mit **30...Te8!** nutzt Schwarz die fehlende Koordination der weißen Figuren aus und erzwingt mit der einfachen Drohung Sd4–f5 weitere Zugeständnisse.

31.Th3

31.Lh3 f5!; 31.Dd3 Sf5

31...Da4

Durch das Eindringen der Dame entsteht eine Drohung, gegen die kein Kraut mehr gewachsen ist.

32.Lf1 Dd1 33.Lg2 Dc2 34.f4 Se2 35.Tf1 Td1 0-1, Khalifman – Kramnik, Linares 2000

Übung 4: Diese Partie überzeugt durch ihre Klarheit und ihren hohen Lerneffekt. Daher schlage ich Ihnen vor, die verschiedenen Verteidigungsmöglichkeiten selbstständig zu analysieren, denn das ist sicherlich eine gute Übung!

Mit **11.Dc2!** unterbindet Weiß das gesamte schwarze Gegenspiel am Damenflügel und bereitet zugleich die Umsetzung seines Springers vor.

11...Da5 12.Ld2 Da6 13.e5 Sd7 14.Se2 Sb6 15.Tac1 Da7 16.Sg3 g6

Da sich Schwarz hierzu verleiten ließ, macht Weiß sogleich mit dem Mauerbrecher weiter.

17.h4 La6 18.b3 axb3 19.axb3 Tfb8 20.h5 Lc8 21.hxg6 fxg6

Frage: Wie kann Weiß seine Stellung verstärken?

22.Sh1!

Der Springer hatte keine Aufgabe, also geben wir ihm eine: Er soll sich auf den Weg zum gegnerischen König machen!

22...Sd7

Frage: Wie würden Sie nun fortsetzen? Muss man etwas beachten?

23.Tb1!

Aufmerksam bleiben! Schwarz beabsichtigte, mit Da2 einzudringen, was sogleich unterbunden wurde.

Nach **23...Db6** müssen die weißen Figuren nur noch zum stark geschwächten gegnerischen König manövriert werden. Denn Schwarze ging zu optimistisch am Damenflügel zu Werke.

24.Lc1!

Macht Platz für die Dame.

24...Dd8 25.g4 Df8

Frage: Wie lautet die stärkste Angriffsführung?

26.g5!!

Das ist der richtige Aufbau! So gelangt der Springer direkt zur Schwäche f6.

26...Df5 27.Kg2 Kg7 28.Sf2 h5 29.gxh6+ Kxh6 30.Sh1!

Erneut geht es ins Eck, um den Hauptverteidiger, die gegnerische Dame, zu vertreiben.

30...Kg7 31.Sg3 Df8 32.Th1 Kf7 33.f5!!

Der entscheidende Durchbruch.

33...gxf5 34.Th7+ Ke8 35.Lh6 Dg8 36.Tg7 1–0, Efimow – Grabartschuk, Fernpartie 2019

Übung 6: Mit **19.Dc2!!** geht die Dame aus dem Einflussbereich des gegnerischen Springers – und dieser scheinbar einfache aber gar nicht so einfach zu findende Zug entscheidet die Partie.

In der Partie Ratkovic – Ristic, Kragujevac 2016, folgte 19.Lg5? (19.Sxd6? Sxd6 –+) 19...f6 20.Le3 a6 21.Sbd4 weiterhin mit weißem Vorteil.

19...Df6

1) 19...a5 20.Sxd6 Txd6 21.Lxd6 Dxd6 22.Txe4+–

2) 19...f5 20.Lg5 Lf6 21.Lxf6 Dxf6 22.Sxa7 Ta8 23.Sb5+– nebst Sfd4 mit einem Mehrbauern und positionellen Vorteilen.

20.Txe4 Dxb2 21.Dxb2 Lxb2 22.Tae1 Sxe4 23.Txe4 Tc5 24.Sxa7 Txd5 25.Le3+–

Übung 6: Obwohl Schwarz arg unter Druck, steht scheint er stets taktische Gegenchancen zu haben. Entsprechend muss Weiß die Ursache ergründen, die im vorliegenden Fall in der ungedeckten Dame gegeben ist.

Deshalb gewinnt einzig und allein 21.Da1!! De8 (21...Sf6 22.e4) 22.e4 Lc6 23.Ld6.

In der Partie Kramnik – Leko, Budapest 2001, geschah **21.e4?! Lc6 22.Td6 Ta8 23.Da3 Txa7 24.Dxa7 Dc8 25.Lf1 Sf6 26.La6 De8 27.f3 Lb5 28.Dxc5 Lxa6** 1/2–1/2.

Auch andere Möglichkeiten funktionieren nicht.

1) 21.Lxd5 exd5 22.Txd5 Db6 mit klarem weißem Vorteil.

2) Nach **21.Ld6 Te8 22.Lxd5 exd5 23.Db7 Df6! 24.Dxd7 Tcd8** behält Weiß nur geringen Vorteil.

3) Nach **21.Dc1 Sf6 22.e4? Db6!** kann eher Weiß Probleme bekommen.

4) 21.Da3 c4 22.e4 (22.Lxd5 Sc5 mit Gegenchancen) **22...Lc6 23.e5 Lb5 24.Db4 Tb8 25.Tb7 La6 26.Tdxd7 Txb7 27.Lxb7 Dxd7 28.Lxa6 Dd1+ 29.Kg2 Dd5+ 30.Kh3 Df3 31.Dxc4 Dxf2** und auch hier überlebt Schwarz.

Übung 7: Hier setzt Weiß die aggressive Prophylaxe ein, um nachdrücklich die gegnerische Rochade zu verhindern. Zu diesem Zweck macht er sich den ungedeckten Bauern g7 zunutze, der zur Zielscheibe verschiedener Angriffe wird. Als taktischer Faktor kommen die schlecht geschützten schwarzen Figuren hinzu. Denn da diese nicht durch Bauernschutz stabilisiert sind, können sie leichter einer Bedrohung ausgesetzt werden, auf die eine Reaktion folgen muss. Eine Reaktion wiederum kostet Zeit, die dem Schwarzen für die Rochade fehlen wird. In diesem Sinne ging Weiß aggressiv vor.

Mit der konkreten Maßnahme **15.b4!!** öffnet er sofort Tür und Tor. Gleichzeitig will er das Feld c5 für seinen Läufer erobern, um so die Rochade direkt zu verhindern.

15...Lxd4

Zu prüfen wäre 15...Lxb4.

Frage: Wie kann Weiß versuchen, daraus Profit zu schlagen?

Nach 16.Lxc6+! (16.Sxf5 exf5 17.Dd4 Kf8) 16...bxc6 17.Sxf5 exf5 18.Dd4 Sf6 19.c3 La3 20.Sg3 stellt Weiß seinen Gegner vor immer größere Probleme. Dennoch wäre diese Variante insbesondere nach 20...0–0 21.Sxf5 Dd7 22.Sxg7 Le7! 23.Lh6 Dg4 das kleinere Übel.

16.Sxd4 Sge7 17.Sxf5 Sxf5 18.Lc5 Dc7

Frage: Kann Weiß Fortschritte erzielen?

19.c4!

Nachdem Weiß sein Ziel erreicht hat, macht er weiter, wo er aufgehört hat: Er öffnet weitere Zugänge zum gegnerischen König.

19...dxc4 20.Dg4 De5 21.Tfe1 Df6 22.Dxc4 Sfe7 23.b5!

Getreu dem Motto: „Never change a running system!" – Weiß bleibt der Linienöffnung treu und so ist die Partie auch gleich vorbei.

23...axb5 24.Dxb5 Df5 25.Tec1 0–0 26.Dxb7 Sxa5 27.Dxe7 1–0, Perunovic – Drejew, Jerewan 2014

Übung 8: Schwarz will im Zentrum einen Angriff starten und somit sein Läuferpaar zur Geltung bringen. Es ist dabei wichtig zu erkennen, auf welchen Diagonalen und Linien der Schwarze seine Stärken in Szene setzen will. Dies wird speziell über die Diagonale a1-h8 geschehen, sowie mit dem Turm entlang der 4. Reihe. Daher nimmt Weiß stabilisierende Maßnahmen vor.

25.c3!

Weiß unterbindet konkret Td4 und verbindet damit weitere aggressive Absichten.

25...Lxd5?

Dies sollte lediglich dann geschehen, wenn es notwendig ist oder konkret Vorteile mit sich bringt. Beides ist hier nicht der Fall. Vielmehr kontrolliert Weiß die hellen Felder.

25...b4 26.De2 bxc3 27.Lxe4 Sxe4 28.bxc3 ist auch nicht das Gelbe vom Ei.

Frage: Womit kann Schwarz Gegenspiel aufziehen?

Mit 28...Dd8! mit Doppelangriff auf den König und den Sg5.

26.Sxd5 a5

Frage: Wie würden Sie nun fortsetzen? – Was gilt es zu beachten?

27.a3!! ist eine weitere starke Prophylaxe, um den Gegner nicht zum Zuge kommen zu lassen. Schwarz will mit seinem Turm für Gegenspiel sorgen, indem die Diaonale a1-h8 mit aller Kraft geöffnet wird. Deshalb verhindert Weiß mit a3 jegliche Ideen mit b5-b4 und spielt dabei selbst mit dem Gedanken b2-b4.

27.Lf1 b4 28.Ld3 Tf4! 29.Sxf4 exf4

Generell sollte dies auf lange Sicht gewonnen sein. Allerdings wirkt jetzt der Läufer g7 mit, sodass bei Ungenauigkeiten der Gegner wieder Chancen erhält; z.B. 30.Da8+ Kh7 31.Dxa5 bxc3 32.Lc2 De7! und die Sache ist alles andere als klar.

27...Dd8 28.b4! axb4 29.axb4 Tc4 30.Se3 Dc7

Hier ist präzise Technik erforderlich.

Frage: Wie würden Sie als Weißer die Komplikationen auf ein Minimum reduzieren?

31.Dc6 ist praktisch das Beste. Entweder tauscht Schwarz die Damen und hat ein klar verlorenes Endspiel (was objektiv noch das Beste wäre), oder er setzt alles auf eine Karte.

(Partiefolge auf Seite 159 rechts)

1) Nach **31.Da8+ Kh7** ist die Zentralisierung **32.Sd5!** das Genauste. Nun kann Weiß mit Lf1 die Qualität und damit die Partie erobern.

2) Nach **31.Sxc4?** wird es schwieriger: **31...e4 32.De3 Sa4!**

Frage: Wie würden Sie nun fortsetzen – und was gilt es zu beachten?

Mit dem einzigen Zug **33.Td4** werden erfolgversprechende Chancen im Endspiel bewahrt. Der Läufer bindet den Springer an den Bauern c4, wonach der weiße König aktiv wird. Dennoch ist nach **33...Lxd4 34.Dxd4 Dxc4 35.Dxc4 bxc4 36.Kc2 f5** noch gar nichts entschieden.

31...Se4 32.Da8+ Kh7 33.Lxe4 Txc3 34.Kb2!

Nimmt die Drohung Tb3 aus der Stellung.

34.Da2!? Lh6 35.Sd5 Tc1+ 36.Kb2 Dc6 37.Db3+–

34...Tc4 35.Sxc4 Dxc4 36.Dd5 Dxb4+ 37.Kc2 Da3 38.f3 1–0

Eine starke positionelle Leistung, Eljanow – Oparin, Novi Sad 2016

7.5 Zwischenstopp – Taktik

Übung 1: Ein Aufmerksamkeitstest: Ungedeckte Figuren lokalisieren und bedrohen!

20.Da5 1-0, Majorow – Starostis, Jurmala 2014

Übung 2: Offensichtlich ist die 7. Reihe anfällig. Daher sucht Weiß nach einer Möglichkeit die schwarze Dame abzulenken. Zusätzlich ist der Springer c4 nicht sicher geschützt. Dies kombiniert erlaubt eine kleine Kombination.

25.Lc5! Dxc5 26.Db7 Dxa7 27.Dxa7 e4 28.h4!

Der bekannte Mauerbrecher setzt die letzten Akzente.

28...Tfd8 29.Db7 Tb8 30.De7 Kh8 31.h5 gxh5 32.Dg5 Tf8 33.Dxh5 Sxb2 34.Sd5 Sd3 35.g3!?

Eine kleine positionelle Falle, die dem eigenen König einen zusätzlichen Schutz bietet. Dadurch provoziert greift Schwarz mit einem „Alles-oder-Nichts"-Versuch an.

35...Tb1+ 36.Kg2 Se1+ 37.Txe1! Txe1 38.Se7

Weiß hat kein nennenswertes materielles Übergewicht, aber viel wichtiger ist der Faktor „Königssicherheit". Aufgrund dessen wird Schwarz 1–2 Bauern verlieren. Zusätzlich geht die Koordination seiner Figuren verloren.

38...Tf6 39.Sxf5 h6

Nach 39...Tf8 40.Dg4 Le5 41.a4 ist die schwarze Stellung wegen des arg geschwächten Königs aussichtslos.

40.De8+ 1–0, Kalinitschew – Tischbierek, DDR 1986

Übung 3: 34.Txd5 Te1+ 35.Kh2 Dxd5 36.De7 Dxe5+ 37.f4 Db8 38.Df6 1–0, Gasanow – Mammadow, Baku 2010

Übung 4: Hier gibt es einige naheliegende Züge, wie beispielsweise 36.Tg4, obwohl schnell ersichtlich ist, dass die Verteidigung mit 36...f5 gut standhält. Deshalb muss die Harmonie gestört werden.

Rein strategisch besteht die Notwendigkeit, mit **36.Td4** die gegnerische Dame zu vertreiben und ein Tempo zu gewinnen. Hier könnte beispielsweise mit der Rechenmethode der richtige Kandidatenzug ermittelt werden.

36...De7 37.Lxg6+ Sxg6 38.Tg4 1–0, Radjabow – Cori, Tromso 2013

Übung 5: Der gegnerische Königsflügel ist offensichtlich arg geschwächt. Deshalb liegt ein taktischer KO-Schlag in der Luft. Dabei sieht das Vorgehen rein systematisch wie folgt aus:

– Bereits bedrohte Diagonalen in Richtung König beachten.
– Eventuell gegebene Materialungleichgewichte beachten (z.B. Lg3 gegen Sd5 – also sind die schwarzen Felder ebenfalls Ziele).

24.Te6!! Dxc4 25.Dxc4 fxe6 26.De4 Tf6 27.Le5 Taf8 28.Lxf6 Txf6 29.De5 Kg7 30.Td3 c5 31.h4 gxh4 32.Tf3 Kg6 33.De4+, **1–0**, Hort – Wockenfuss, BRD 1982

Übung 6: Da es in diesem relativ schweren Beispiel zahlreiche Verführungen gibt, kann beispielsweise die Ausschlussmethode gut helfen.

22.Sb5?

(Partiefolge rechts)

1) Beispielsweise ist **22.Se4** weniger effektiv; z.B. **22...Dxc1 23.Txc1 Txc1+ 24.Kg2 fxe4**

Frage: Welche prinzipielle Chance hat Weiß noch und woran scheitert diese?

Die letzte Chance **25.Da8+** scheitert an **25...Lc8**.

2) Unter Verwendung der Rechenmethode wird der Kandidatenzug rasch ermittelt. Um solche Kandidatenzüge zu prüfen und überhaupt erst zu finden, ist diese Methode tatsächlich sehr hilfreich.

22.h3!! Lh5 23.Se4 Dxc1 24.Txc1 Txc1+ 25.Kg2 fxe4

Frage: Wie würden Sie nun fortsetzen? – Was gilt es zu beachten?

– 26.Da8+! Kg7 27.Dxe4 Td1 28.g4+–
– 26.g4 Lxg4 27.hxg4 e3 28.f4+–

Zurück zur Partie.

Frage: Wie würden Sie nun als Schwarzer fortsetzen?

22...Lxf2+! 23.Kxf2 Dxe2+ 24.Kg1 De3+ 25.Kg2 Txc1 26.Txc1 Dd2+ 0–1, Bacrot – Mamedjarow, Moskau 2007

Übung 7: Die weiße Königsstellung ist augenscheinlich geschwächt. Allerdings reicht ein Springer als Angreifer nicht aus; die schwarze Dame muss zur Unterstützung auf die weißen Felder eilen. Nur sind diese gerade noch ausreichend gedeckt.

24...Ld4!!

Nach dieser Unterbrechung der vierten Reihe gelangt die schwarze Dame nach e4, wonach der Königsangriff die Partie entscheidet.

25.exd4

25.Lxd4 ändert genauso wenig: 25...De4 26.Tfc1 Sxd4+ 27.Kg1 Se2+ 28.Kf1 Df3 29.De1 Txa3–+ usw.

25...De4 26.Sf4 Txf4 27.Kh1 Sh4+ 28.f3 Txf3 29.Kg1 Txg3+ 30.hxg3 Dg2#, Komodo – Stockfish, SWCR-32 2011

Übung 8: In dieser chaotischen Stellung muss man den Durchblick behalten. Es ist zu prüfen, wie die größten Gefahren beseitigt werden – und sei es unter Rückopfer von Material.

22...De6?

22...Dg6! 23.Dd5+ Ld6!! 24.Txh8 Dh5+ nebst Dxe5–+

23.f4 Dg4+ 24.Ke3 Ke7 25.Txb8

25.Db4+ Kf7 26.Ld5+ Kg6 27.Txf8 Txf8 28.Dxf8

25...g5

Frage: Wie sollte Weiß reagieren?

Mit **26.f5?** setzt er alles auf eine Karte.

Stattdessen war es erforderlich, einen kühlen Kopf zu bewahren. Denn der schwarze König ist anfällig. Daher sind die Damen unbedingt auf dem Brett zu behalten: 26.g3!= gxf4+ 27.gxf4 Dg1+ 28.Ke2 Dxh2+ 29.Kd1.

26...Dxe4+ 27.Kxe4 Lg7 28.f6+ Kd7 29.Txh8 Lxh8 30.Ld5 Tc7 31.Kf5 a5 32.Lf7? 32.Le4! b4 33.Ld3 Tc5 34.b3 Ke8 35.Ke6 h6 36.h3 Tc6+ 37.Kf5 Tc3 38.Le4 Tc5 39.Ke6 Kf8–+

32...Kd8

32...Lxf6! 33.exf6 Tc5+ 34.Ke4 Tc2–+; 33.Le6+ Ke8 34.exf6 Tc5+ 35.Kg4 Te5 36.Lg8 h6–+

33.Lh5 Tc2 34.Lf3 g4!? 35.Kxg4 Txb2 36.Kf5 Tc2 37.Ke6 Ke8 38.h4 Txa2 0–1, Jakowenko – Sutovsky, Poikovsky 2016

Übung 9: Eine recht nette Stellung, in der es stets notwendig ist, auf die eigene Königssicherheit und die ungedeckte Dame zu achten. Weiterhin lauern ein Dutzend Verführungen am Wegesrand. Hier ist es absolut notwendig, die verschiedenen Mattbilder zu erkennen und tatsächlich alle Kandidatenzüge zu ermitteln.

23.Tc1+ Kb8 24.Sf8!!

Kein allzu oft anzutreffendes Motiv: Springerabzug auf die gegnerische Grundreihe! Gegen die doppelte Mattdrohung Sd7 und Txb7+ nebst Dc6+ sowie das potenzielle Grundreihenmatt mit De8 ist kein Kraut mehr gewachsen.

1) 24.Sd8? Le7!! 25.Tc8+ (25.Txe7?? Df2#) 25...Kxc8 26.De6+ Kb8 27.Dxe7 Sxe3+ 28.Ke2 Dxg2+ 29.Kxe3 De4+ 30.Dxe4 dxe4 31.Sxb7 a5 32.Sc5 Ta7 33.Sd7+ =

2) 24.Txb7+? Kxb7 25.Sd8+ Taxd8 26.Dc6+ Kb8 27.Dxb5+ =

24...Sxe3+

24...Le7 25.Sd7#; 24...Txf8 25.Txf8+ Lxf8 26.De8#

25.Ke2 Dxg6 26.Sd7#, Müller, R. – Galitschin, Internet 2020

Übung 10: 27.Lxf5!

Schwarz hatte die Schwächung der eigenen Grundreihe unterschätzt bzw. zu große Hoffnung in des Gegners Grundreihe gesetzt. Allerdings hat Weiß eine wichtige Ressource, die wohl übersehen wurde.

27...Sxf5 28.Te8+ Kf7 29.Dd7+ Kf6

Frage: Wie würden Sie nun fortsetzen?

Nach **30.Te1!!** ist der eigene König geschützt, während dem gegnerischen Exemplar eine Wanderschaft bevorsteht. Weiterhin muss zunächst die Frage nach der Deckung des Turms c8 geklärt werden.

30...Dg8

1) 30...Tf8 31.g4 Kg6 32.Te6+ Kg5 33.gxf5 Dd1+ 34.Kg2 Dg4+ 35.Kf1 Dd1+ 36.Te1 Dd3+ 37.Kg2!

2) 30...Dxc3 31.Te6+ Kg5 32.h4+! Kxh4 33.Te4+ Kg5 34.Dxc8+–

31.g4 g6 32.f4 h6 33.h4 Df7 34.Dxc8 1–0, Robson – Wolokitin,Tromso 2013

Übung 11: Damit Sie sich nicht unterfordert fühlen, folgt nun ein anspruchsvolleres Beispiel.

28.Lxf7+

(Partiefolge auf Seite 161 links)

Frage: Was folgt auf **28.Sh4?**

28...Lc5+ 29.Dxc5 Dh1+ 30.Kf2 Dxh2+ 31.Kf1 Dh3+ 32.Kg1

32.Kf2? Sg4+ 33.Ke2 Dd3#

32...Sg4

Frage: Wie würden Sie nun fortsetzen?

33.Lxf7+ Kh8

Frage: Wie würden Sie nun fortsetzen?

Mit der überraschenden Rettung **34.Df8+!! Txf8 35.Sg6+ Kh7 36.Sxf8+**=.

Zurück zur Partie.

28...Kh8 29.Sh4

29.Dg3 Dh1+ 30.Kf2

Frage: Hat Schwarz ein Problem, oder kann er sich noch retten?

30...Sg4+ (einziger Zug) 31.Dxg4 Dxh2+ 32.Kf1 Dh1+ 33.Kf2 Dh2+ =

29...Lc5+

29...Dh1+ 30.Kf2 Sg4+ 31.Kg3 Sxe5 32.Txh1 Td3+ 33.Kf2 Sxf7 34.Sg6+ Kg8 35.Le7 Lxh1 36.Txh1 Lxe7 37.Sxe7+ Kh8=

Frage: Wie sollte Weiß nach Ihren bisherigen Erkenntnissen reagieren?

30.Le3??

30.Dxc5 rettet auf übliche Weise das Remis: 30...Dh1+ 31.Kf2 Dxh2+ 32.Kf1 Dh3+ 33.Kg1 Sg4 34.Df8!!+ Txf8 35.Sg6+.

30...Dh1+ 31.Kf2 Td2+ 32.Te2 Se4+ 0–1, Sawtschenko – Iwantschuk, TUR Super League 2016

Übung 12: Dieses Beispiel ist nicht weniger knifflig, denn da die herkömmliche direkte Angriffsmethode bei präziser Verteidigung abgewehrt werden kann, muss durch ein Räumungsopfer die Hinzuziehung eines weiteren Angreifers ermöglicht werden.

Zu diesem Zweck muss Weiß seine arbeitslosen Figuren ins Spiel bringen. Dies ist ein gutes Beispiel dafür, dass sich Strategietraining häufig gut mit Rechentraining kombinieren lässt.

13.e5!!

13.Dh6 Kh8 14.Te3 Tg8 15.Th3 Tg7 16.Tdd3 Ld7 17.Tdg3 Tag8

13...fxe5 14.Se4 14..Tb8

Schwarz verliert auch in anderen Varianten.

1) 14...d5 15.Dh6 f5 16.Te3! f4 17.Sg5 Lxg5 18.Dxg5+ Kh8 19.Dxe5+ Kg8 20.Dg5+ Kh8

Frage: Wie würden Sie nun fortsetzen und was gilt es zu beachten?

21.Txe6! Lxe6 22.De5+ Kg8 23.Dxe6+ Kh8 24.De5+ Kg8 25.Txd5+–

2) Nach 14...Kh8 15.Sxd6+– ist die Stellung strategisch hinüber; z.B. 15...Lf6 16.Dh6 Lg7 17.Dh5 Ta7 18.Td2 nebst Te4–g4 oder g4–g5 usw.

15.Lb3 Kh8 16.Sxd6 Dd4 17.Da5 Df4+ 18.Kb1 Lxd6 19.Txd6 Tb5 20.Dc3 Dxf2 21.Lc4 Dc5 22.Ted1 Tb7 23.Df3 f5 24.Txc6 1–0, Zaas – Dubuc, Fernpartie 2017

Übung 13: Bei diesem klaren Beispiel für aggressive Prophylaxe nimmt Weiß die gegnerischen Schwachpunkte unerbittlich aufs Korn.

32.Db6!

Insbesondere die dunklen Felder sind anfällig. Allerdings muss der nicht einfache Schlussakt noch vorhergesehen werden.

32...Sxe5?

Ein wenig Erleichterung würde die Alternative 32...Tc8 33.Sd6 Sxd6 34.exd6 La4 35.Ld3 bieten. Hingegen beschleunigt der Textzug das Ende.

Frage: Was hatte Weiß in der Partie vor?

33.Db8+!! Kh7 34.Sxe5 Dxe5 35.Tf1 1–0, Adams – Al Sayed, Gibraltar 2014

35.Ld3+ Kg7; 35.Te1 Dd6 36.Ld3+ Kg7 37.Txe6 Dxe6 38.Dxc7+

Übung 14: Hier ist brutale Rechenkraft erforderlich.

Nach der Fehlentscheidung **29...Lxc7?** verliert Schwarz ohne größeren Widerstand.

Besser war 29...Txc7!? 30.Lxc7 Lxc7 31.Txa3 Txd4 32.exd4 Dxd4+ 33.Kf1 Lxh2.

Frage: Wie würden Sie nun fortsetzen? – Was gilt es zu beachten?

34.Da8+! Kg7

1) 35.Da4 Dg1+ 36.Ke2 Dxg2+ 37.Kd1 Df1+ ist gewiss noch nicht einfach.

2) 35.Txe6!! Dc4+ 36.Te2 Dc1+ 37.Te1 Dc4+ 38.Kf2 Dd4+ 39.Tee3 Dd2+ 40.Kf3 h5 41.g3 Lg1 42.De8 Df2+ 43.Ke4+–

30.Dc4 e5

30...Ta5 31.Txc7 Txc7 32.Dxc7 Dxc7 33.Lxc7+–

31.Lxe5 Txe5 32.dxe5 De7 33.e6 Kf8 34.Tc1 1–0, Anand – Carlsen, Sotschi 2014

Beide Varianten verlieren objektiv gesehen, allerdings hätte Schwarz bei 29...Txc7 deutlich bessere Verteidigungschancen.

Übung 15: Bei diesem Beispiel ist ein gewisser Killerinstinkt notwendig, denn sonst kann die Partie recht lange dauern.

28.gxf5 gxf5 29.Lxf5+!! Dxf5

Eine Alternative wäre 29...exf5

Frage: Gibt es für den Weißen einen Weg um durchzubrechen?

Nach 30.e6 Df6 31.Sfg5+ hxg5 32.Sxg5+ droht gewinnbringend Dh5+ nebst Sf7; z.B. 32...Txg5 33.Txg5 Lf8 34.Dh5+ Lh6 35.Tg6 Df8 36.Lh4.

Frage: Wie würden Sie nun fortsetzen?

30.Sfg5+ Kg6

30...hxg5 31.Dh5+ Kg7 32.Sxg5+–

31.Sxe6+ Kf7 32.Sg7 Txg7

32...Dxh3 33.e6+ Kf6 34.Tg6#; 33...Kf8 34.Tg3 Dh4 35.Sf5 Txg3 36.Sxh4 Txg1+ 37.Kxg1 Lxh4 38.Lxh4 Tc7 39.Lf6

33.Txg7+ Ke6

33...Ke8 34.Dg4 Dxg4 35.T1xg4+–

34.T1g6+ Kd7 35.Kg2+–

Die Variante stammt aus der Partie Aleksejew – Iskusnyh Wladiwostok 2014.

Übung 16: Nun bekommen Sie nochmal etwas mehr Denkarbeit.

22.b3!!

Vor dem Angriff muss zunächst die Verteidigung geschwächt werden, indem die möglichen Gegenangriffe reduziert werden.

Der direkte Ansatz 22.Lxh7+? scheitert nach 22...Kxh7 23.Sfg5+ Lxg5 24.Txf8 Le3.

Frage: Wie würden Sie als Verteidiger reagieren?

22...Sa5! ist die zäheste Verteidigung, da der Springer nicht akut bedroht ist.

(Partiefolge rechts)

22...Sxa3? ist ein Fehler.

Frage: Finden Sie den Schlüssel der Widerlegung!

1) 23.Lxh7+? Kxh7 24.Sfg5+ Lxg5 25.Txf8

Frage: Wie kann Schwarz sich verteidigen und somit das verfrühte Opfer auf h7 ausnutzen?

a) 25...Dxf8 26.Sxg5+ Kg8

a1) 26...Kg6 27.Tf1 De7 28.Sf7 Dh4 29.Dd3+ De4 30.Dg3+ Kh7 31.Dh3+ Kg6 32.Dxe6+

a2) 27.Dh5 Df5 28.Tf1 Le8 29.Dh4 Dd3

(29...Dg6 scheitert an dem ebenso bekannten wie ästhetischen 30.Dh8+ Kxh8 31.Tf8#.)

Und nun gewinnen die Standardmattbilder mit **30.Dh8+** bzw. **30.Tf8+**.

b) 25...Le3+!! 26.Dxe3 Dxf8 27.Sg5+ Kg8 28.Dh3 Df5 29.Dxf5 exf5 30.Txa3+=

2) 23.Sh4!! schafft Platz für die weiße Dame! Nun ist der Angriff unwiderstehlich. Wie findet man solche Ideen?

Wenn die üblichen Opferideen nicht funktionieren, werden weitere Kandidatenzüge geprüft, um die Dame ins Spiel zu bringen. Dass dies im vorliegenden Fall aufgrund der Verführung schwierig ist, weist darauf hin, dass diese Thematik gut durch das Lösen von Studien trainiert werden kann, in denen es oft zahlreiche Verführungen gibt, die bei der Suche nach Kandidatenzügen erkannt und vermieden müssen werden.

23...Lxh4 24.Txf8+ Dxf8 25. Dh5 g6 26. Dxh4 Tc7 27.Sg5

Zurück zur Partie.

Frage: Finden Sie die Schlüsselidee!

23.Sh4!!

23.Lxh7+ Kxh7 24.Sfg5+ Lxg5 25.Txf8 Le3+ 26.Dxe3 Dxf8 27.Sg5+ Kg8 28.Tf1 De8

23...Lxh4 24.Txf8+ Dxf8 25.Dh5 Lf2+ 26.Sxf2 g6

Nun gibt es mehrere Wege zum Sieg.

27.Lxg6

27.Dh4 Sxb3 28.Td1; 27.Dh3 Sxb3 28.Tf1 Sxd4 29.Sg4 Sf5 30.Sf6+ Kf7 31.Dxh7+ Dg7 32.g4 Dxh7 33.Sxh7

27...Dg7 28.b4 Dxg6 29.Dxg6+ hxg6 30.bxa5 Lb7 31.Sd3 Tc3 32.Sc5 Lc8 33.Ta2 und das Endspiel sollte technisch gewonnen sein.

Die Variante stammt aus der Partie Grischuk – Caruana, Paris 2017

7.6 Zwischenstopp – Fehler

Übung 1: Nach **21.d5** geht die Idee von Schwarz tatsächlich auf.

21...Dg5 22.Dxe4 Lxd5! 23.h4

Allerdings darf er seine Stellung jetzt nicht überschätzen.

23...Dh6??

23...Lxe4 24.hxg5 f6=

Frage: Wie kann der Fehler ausgenutzt werden?

Nach **24.De5! La8 25.Tc7** stehen plötzlich alle weißen Figuren aktiv und Schwarz muss auf der Hut sein.

25...a5?

Dies ist weniger präzise als 25...Td8, was Platz für die Dame macht und Schwarz somit im Spiel hält.

26.Df6 b5 27.f3 mit siegreichem Zugzwang, Corrales Jimenez – Shetty, Kanada 2006.

Übung 2: Hier hätte Weiß seinen Angriff ohne große Risiken mit 23.h4! Lxa3 24.Df5 fortsetzen können.

Nach **23.Txf7? Kxf7 24.Dxh7** hätte Schwarz sich hingegen retten können.

Frage: Und zwar wie?

24...Dc3??

24...Sxe5 25.Dh5+ Kg8 26.dxe5 Lf8!

25.Tf1+ Lf6 26.Txf6+ 1–0, Paulsen – Burger, Berlin 2013

Übung 3: 23.Tf1?

23.Se4! Txe4 24.Lxe4

1) 24...Sxf2? 25.Tc1! Sxe4+ 26.Kg2 Scd6 27.Lxd6 Dxd6 28.Td1 De5 29.Te1 mit klarem Vorteil.

2) 24...Lxf2+ 25.Kh1 Sce3 26.Lxe3 Sxe3 27.Dxf2 Sxd1 28.Dxa7 und Weiß kann im Endspiel ums Überleben kämpfen.

23...Lxf2+ 24.Txf2 Te1+ 25.Lf1

25.Tf1 Dc5+ 26.Kh1 Sf2+ –+

25...Dc5 26.Sa4 Dd4 27.Kh1 Sce3 28.Lxe3 Sxe3, Ponkratow – Khismatullin, Russland 2013

Übung 4: Im Kampf um die Initiative ist die eigene Königssicherheit stets zu beachten. Deshalb war es hier unabdingbar, das gegnerische Angriffspotential zu bekämpfen.

32.Sc6?

32.Lxf4! Dxb6 33.Ld2 g6 34.Dc4±

32...Lxc6 33.Dxc6 Se2+ 34.Kf1 Sd4 35.Lxd4 exd4

Optisch mag es vielleicht noch nicht so daramatisch aussehen, aber dennoch geht es jetzt rasch zu Ende. Denn Weiß hatte offensichtlich unterschätzt, dass zwei Schwerfiguren und ein Freibauer sehr gefährliche Drohungen aufstellen können.

36.Txa6?

Weiß bleibt optimistisch und vertraut auf das Motto: Das ist lediglich ein Bauer und mein König steht im Quadrat.

36.Sc4! wäre die Notbremse gewesen; z.B. 36...Txb4 37.Dxa6 Dc7 38.Sd2 Dc3 39.Ta2 und nun müsste Schwarz einen genauen Zug finden, um die Initiative zu bewahren.

1) 39...Dc1+ 40.Ke2 g6 41.g3 h5 42.Dc6=

2) Mit 39...h5! sollte er sich erneut um die eigene Königssicherheit kümmern. Außerdem kann dieser Bauer mittelfristig im Angriff mitwirken.

Frage: Wie würden Sie nun fortsetzen?

36...d3! 37.Ke1?

Danach ging es in der Partie Sanchez – Cruz, Barcelona 2014, schnell zu Ende: **37...Df6 38.Kd2 Dxf2+ 0–1**

Die beste Chance bestand in **37.b5**.

(Das schablonenhafte 37.g3 rettet nicht, da es keinen Druck ausübt.

37...h5 38.Sc4 h4–+

– 39.g4 Df6 40.Kg2 Df4

– 39.Kg2 Tc8 40.Db5 Dg5 41.Se3 Tc2)

Frage: Wie sollte Schwarz nun reagieren?

1) Verfrüht wäre das naheliegende **37...Df6?!**, wonach jedoch interessante Varianten entstehen.

Frage: Suchen Sie nach der stärksten Verteidigung!

a) Schlecht wäre **38.Dc1? Dd4 39.De3 Dc3 40.Sd7**.

Frage: Wie würden Sie nun als Schwarzer fortsetzen?

Um die Verteidigung zu durchbrechen, müssen die Verteidiger abgelenkt oder beseitigt werden. Da eine Ablenkung nicht möglich ist, greift Schwarz zum Abtausch.

a1) 40...Txb5? wäre ungeeignet wegen 41.g4!? Dc8 42.Ta7 Tb7 43.Txb7 Dxb7 44.Sxf8 Db1+ 45.Kg2 Kxf8 46.e5!?=, wonach Weiß zum Gegenangriff übergeht.

a2) Die Aktivierung 40...Tc8!! erzwingt Turmtausch, wonach Schwarz sich auf den Königsangriff konzentrieren kann; z.B. 41.Tc6 Txc6 42.dxc6 Dc2 43.Ke1.

Frage: Die weiße Stellung ist kurz vor dem Zusammenbruch. Finden Sie nun den richtigen Weg!

43...Le7!! ist die letzte wichtige Verstärkung. Angesichts der Drohung Lg5 kollabiert die weiße Position: 44.c7 Dxc7 45.Dxd3 Dxd7–+.

b) Die Figuren müssen mit **38.Sc4! Df4 39.Se3 Dxe4 40.Ta1!** neu zur Verteidigung organisiert werden. In höchster Not muss Weiß sämtliche Verteidiger rekrutieren, um das Königshaus zusammenzuhalten. Und da der Bauer b5 die gegnerische Artillerie außen vor hält, kann Weiß seine Schwächen halbwegs sicher decken.

2) Nur mit **37...h5!** behält Schwarz die Initiative.

a) 38.g3?! h4 39.Sd7 Tc8 40.b6 Txc6 41.dxc6 De7–+

b) Nach **38.Ke1!** scheint Weiß gegen verschiedene Ansätze Überlebenschancen zu wahren; z.B. **38...Df6 39.Dc4**, **38...Dh4 39.Dc4 d2+** oder **38...g6 39.Kd2**.

Übung 5: Der Partiezug **20.De4?** rennt förmlich in eine Springergabel hinein. Das taktisch gewiefte Auge eines russischen Altmeisters hilft, die Sache zu einem schnellen Ende zu bringen.

20.Dd1 wäre hingegen noch vollkommen spielbar gewesen.

20...d5! 0–1

Hier gab Weiß sich angesichts von 21.Dxd5 Se2+ 22.Kh1 Sc3 23.Dd3 Sxb1 24.Dxb1 Dxc4 geschlagen, Schnoor – Kalinitschew, Berlin 2012.

Übung 6: Mit **12...hxg5?** unterschätzte Schwarz den folgenden Überaschungsangriff. Denn Weiß kann unmittelbar Druck gegen die aus der Eröffnung übrig gebliebene Hauptschwäche f7 aufbauen.

Mit 12...cxd4! sollte der Hauruck-Angriff abzuschmettern sein; z.B. 13.Sxf7 Kxf7.

1) Ungenügend ist 14.Lh5+ wegen 14...Kg8 15.exd4 Sf6–+.

2) Mit 14.exd4 kann Weiß noch am ehesten im Trüben fischen. Objektiv sollten die Angriffschancen jedoch nicht genügen.

13.Txh8+ Lxh8 14.Dh7 Lf6??

14...Lxd4 15.exd4 Sf8 16.Dg7 cxd4 17.Sb5 Lf5 18.Sxd4+–

15.Lh5 Sf8 16.Dxf7+ Kd7 17.Sd5 Sh7 18.Dxh7 Df8 19.dxc5 bxc5 20.Dc2! Lb7 21.Da4+ Kc8 22.Le8 1-0

Wann kann man jemals mit einer Leichtfigur auf der Grundreihe ein Matt drohen und zugleich als Hobbyspieler einen GM schlagen? Entsprechend führte dieser Sieg für den Weißen zu großer Freude, Mattick – Espig, Pardubice 2010

Übung 7: Oft ist die Beendigung der Entwicklung keine einfache Aufgabe. In der Partie Chabanon – Brunner, Brest 2019, verlor Schwarz mit **21...Db4?** die Konzentration, sodass es nach **22. Tc1 1-0** schon vorbei war.

1) 21...0–0 schafft keine ausreichende Entlastung, denn Weiß behält die Initiative und kann den Druck erhöhen;z.B. 22.Tb1 Dc7 23.Tc1 Sc5 24.Db5 Tc8 25.Le3 Lb6 26.Lf1!+/-.

2) Deshalb war 21...Lxf3! unabdingbar; z.B. 22.Dxa5 0–0 23.gxf3 Dxf3 24.Le7 Dg4+ =.

Übung 8: In der Partie Svidler – Carlsen, London 2013, setzte der Weltmeister hier mit **25...exd3?!** fort und nach **26.Lxd3 Lxd3 27.Txd3 c5 28.Le5 Txd3 29.Lxb8 c4!** hätte Weiß mit genauem Spiel noch brauchbare Rettungschancen haben können; z.B. 30.De1 Lc5 31.Tb1 Dd5 32.Kh2.

Stattdessen war zu Beginn ein forcierter Gewinn möglich – und zwar **25...Lxh3! 26.dxe4 Tg5 27.g3**.

Frage: Präzision ist erforderlich. Wie geht es weiter?

27...Lg4! 28.f3 Tb2!! 29.Dxb2 Lxf3–+

Übung 9: Hier gilt es, den Weg des größtmöglichen Widerstands zu finden.

Tatsächlich ist das einfache **33...exf6!** am stärksten; z.B. **34.Dxe8+ Kh7 35.Df7+ Lg7**

1) 36.Tg4 Dc1+

(Auch 36...g5!? wäre einen Versuch wert.)

37.Kh2 Dh6 mit Gegenspiel.

2) 36.Kh2 Df5 37.Tg4 g5 38.c4 und Schwarz lebt noch.

Interessantere Varianten entstehen jedoch nach dem schwächeren **33...Dc1+? 34.Kh2**

1) Nach **34... Lf4** ist es verhältnismäßig simpel: **35.Tfxg6 Lxg3+ 36.Txg3 Tf8 37.Dg6 Df4 38.Dg7#**, Mullick – Larsson, Stockholm 2019.

2) Zäher ist die Nebenvariante mit **34...Le3 35.h4! Dg1+ 36.Kh3 e4!?**.

Frage: Wie würden Sie nun fortsetzen?

a) 37.Tfxg6? Dh1+ 38.Kg4 Dd1+ 39.Kf5 Tf8+ 40.Kxe4 Tf4+ 41.Kxe3 Dc1+ 42.Ke2 Df1+ =

b) 37.Dxe4? Dh1+ 38.Kg4

Frage:Was passiert jetzt?

38...Lg5!! 39.hxg5 Dh5+ 40.Kf4 Dh4+

c) 37.Tgxg6! Dh1+ 38.Kg3 De1+ 39.Kg4 Dd1+ 40.Kf5 Df1+ 41.Kxe4 De2

Frage: Jetzt keine Ungenauigkeit mehr, sonst ist der gesamte Vorteil wieder weg! Wie lautet die einzige Gewinnfortsetzung?

42.Tf7 Ld2+ 43.Kf5 Dh5+ 44.Tg5 Lxg5 45.hxg5 Tg8 46.Dxe7 Txg5+ 47.Dxg5 Dxf7+ 48.Df6+ +–

Übung 10: In dieser Stellung ist Prophylaxe erforderlich.

1) 29.h3! Db1+ 30.Kh2 Tg6 31.Dh4! (31.De7? De1=) **31...Th6 32.De7**+–

2) Deutlich schlechter wäre **29.Sxb8?**, wonach **29...Db1+ 30.Kf2 Df1+ 31.Kg3 De1+ 32.Tf2 Dxe3+ 33.Tf3 De1+ 34.Tf2 De3+** mit Dauerschach das Resultat wäre.

3) In der Partie Witt – Kolani, Hastings 2019, wählte Weiß mit **29.Td1? Db3 30.Td2 Da2 31.Td1 Tg6** den dritten Weg.

Frage: Wie würden Sie nun fortsetzen?

a) 32.Dh4?? Dxb2 33.Dh3 Dc2 34.Te1 Tb1 35.Dh4 Dxg2#

b) Statt des Partiezuges gab es folgende Rettung: **32.De7! Dxb2 33.g3 De2 34.T1xd3 Tb1+ 35.Td1 Txd1+ 36.Txd1 Dxd1+ 37.Kg2 Df3+ 38.Kg1 Dxe3+ 39.Kg2 Df3+**

Übung 11: 34...Dxb3?

34...Da1+! 35.Kg2 Lxf2 36.Kxf2 Dd4+ 37.Kg3 Dxe4=

35.Dh8 Sc6 36.Da8 Dd1+ 37.Kg2 f6 38.Dxc6+ Ke7 39.Dc7+ 1-0, Gukesh – Senthil, Mumbai 2019

Übung 12: In diesem letzten Beispiel ist es wichtig, die Angreifer zu reduzieren.

1) 27.Tf6!

a) 27...Txg4 28.hxg4 Kg8 Einziger Zug! **29.Tf5 De6 30.Dh4 Te8 31.Lf4** mit einem Mehrbauern, anhaltendem Angriff und prächtigen Gewinnchancen.

b) 27...Lxf6 28.Lxh6 Dxe5 29.Sxe5 Txh6 30.Df3 Lxe5 31.De4+ Tg6 32.Dxe5 ist ebenso vorteilhaft für Weiß.

2) 27.Lxh6 sieht gut aus, allerdings behält Schwarz am Ende eine spielbare Stellung; z.B. **27...Lxh6 28.Tf6 Tfg8 29.Kh1 Df8 30.e6 Dd6 31.Txg6 Txg6 32.Sxh6 Dxe6! 33.Sxf7+ Kg8 34.Se5 Tg7**.

3) 27.h4? erwies sich in der Partie Sutovsky – Zaslavsky, Israel 2020, als zu passiv. **27...De6! 28.Tf4 Dxa2 29.Tf6**

29.Sf6+ Lxf6 30.Txf6 Tfg8 31.Df5 Kh8!–+

29...Lxf6 30.Lxh6 Lg7 31.Lg5+ Kg8 32.Sf6+ Txf6 33.exf6 Dxb2 34.fxg7 Dxg7 35.Df3 f6 36.Lf4 Dd7 37.Lh6 Te8 38.Dh5 Dd4+ 0–1

7.7 Zwischenstopp – Standards

Übung 1: 25...Ta7 ist eine Methode zur Verbesserung der Figurenstellung, die so oder ähnlich häufig anzutreffen ist.

26.f4 exf4 27.Lxf4 Lf6 28.Dd3 Se7 29.g5 Sg6 30.gxf6 Sxf4 31.De3 Sgh5 32.Ld1 Dxf6 33.Lxh5 Tg7+ 34.Kh1 Sxh5 35.Tg2 f4 36.Df3 Txg2 37.Kxg2 Dh4 0–1, Beljawski – Romanischin, Reggio Emilia 1991

Übung 2: Mit **24...Ta7** bereitet Schwarz den Vorstoß a6–a5 vor und entfaltet nach **25.Tb3** mit **25...Da8** Druck in der langen Diagonale a8–h1, Prystenski – Felkel, Fernpartie 2013.

Übung 3: 19...Kf7!? Es ist ja altbekannt: Hat der Gegner kaum Chancen, die Stellung zu öffnen, kann der König evakuiert werden, um danach mit voller Kraft anzugreifen.

20.Df2

20.f4?! Sxf4 21.Txf4 exf4 22.Sg4 Td6?

20...Ke8 21.Dh4 Kd7 22.f4 Sxf4 23.Txf4 exf4 24.Sg4 g5 25.Dh6 De6

25...c4! 26.Lxf6 Dc5+

26.Sxf6+ Kc8 27.Dxg5?

27.Tf1 Lc6 28.Dxg5 c4 29.bxc4 Lxa4 30.Tf2 f3

27...f3 28.Tf1 Tg8 29.Sxg8 Txg8 30.De5?

30.Df6 Txg2+ 31.Kh1 Dg8 32.Dxf3 Txc2 33.Le5=

30...Txg2+ 31.Kh1 Dg6 32.h4 Lc6 33.Df4 Txc2 34.Tg1 Tg2 35.De3 Dg3, Carlsen – Ding, Indien 2019

Übung 4: In dieser Blitzpartie ließ sich der Schwarze einige oberflächliche Schablonenzüge zuschulden kommen. Nach seinem letzten Zug b7–b6 droht er offensichtlich, auf der Diagonale a6–f1 Gegenspiel zu erhalten. Welche Standardreaktion kennen Sie darauf?

14.a4! La6 15.Sb5 Dd7 16.Sc4

Weiß plombiert die hellen Felder, um anschließend die schwarzfeldrigen Bauern anzugreifen. Von einem gegnerischen Königsangriff fehlt jede Spur und am Damenflügel ist sowieso nichts zu holen.

16...Lxb5 17.axb5 Tab8

Frage: Schwarz hat alle Schwächen gedeckt. Wie geht es nun weiter?

18.Lxc5! dxc5 19.Da4 h5 20.h4 Lh6 21.Tad1 g5

Auf 21...Dg4 22.Dc2 Dd7 23.Db3 folgt 23...Dg4 24.Kh2! oder 23...Lg7 24.d6 Kh8 25.Td3 De6 26.f4 exf4 27.e5 jeweils mit Gewinnstellung.

22.hxg5 Lxg5 23.Db3 Kg7 24.f4 exf4 25.gxf4 Lh6 26.e5 Sg4 27.Dh3 Th8 28.f5 Kf8 29.e6 Dd8 30.f6 Sxf6 31.d6 fxe6 32.Se5 Kg7 33.Dg3+ Sg4 34.Sxg4 hxg4 35.De5+ Kg8 36.Dxe6+ Kh7 37.Le4+, Wojtaszek – Naiditsch, Internet 2012

Übung 5: Das Standardmanöver **16...Te8!** dient dazu, dem Angriff mit einem Gegenangriff zu begegnen, indem der Turm nach g6 verlegt wird!

16...Dg6 wäre im Remissinne spielbar.

17.f4 Te6 18.Df3

Letztlich erwies sich die Drohung als stärker als ihre Ausführung.

18...De4 19.Dxe4

19.Df2 Tg6!?

19...dxe4 20.Tg4 La6 21.Te1 Td8 22.Tg3 Tc6 23.f5 Td5 24.e6 Txf5 25.Ta3 Lc4 26.exf7+ Lxf7 27.c3 a5 28.Txe4 Tcf6, Anand – Wang Hao, Douglas 2019

Übung 6: Mit **15...Kh8** leitet Schwarz ein typisches Manöver ein, um die Dame ins Spiel zu integrieren.

16.h3 Dg8 17.e3 g5 18.Shf3 Dh7 19.Da4 Sb6 20.Db3 Sbd7 21.Dc3 a4 mit Gegenspiel, Fedosejew – Karjakin, Douglas 2019.

Übung 7: Mit **18.Te2!** bereitet Weiß eine typische Umgruppierung vor. Dabei galt es, den Blick auf das anfällige Zentrum zu richten. Ebenso sollte geprüft werden, welche Figuren untätig sind – und zwar insbesondere die, für die der Gegner über kein Gegenstück verfügt.

18... Sg5?!

Nach anderen Zügen geht es ähnlich wie in der Partie weiter.

19.Le1!! Se6

19...Sge4 20.Sxd5 Sxd5 21.Dxe4

20.Lh4! g5 21.Lg3 g6 22.Tef2! Sg7 23.h3!?

Noch etwas strenger wäre 23.Le5! Sg4 24.Lxd5! Sxf2 und nun 25.Dxg6 gewesen.

23...Sgh5

23...Tc6 24.Le5 Sge8 25.e4 Txc3 26.bxc3 Sxe4 27.Dxe4!? dxe4 28.Txf7 Txf7 29.Txf7+–

24.Le5 g4 25.Sxd5! Sxd5 26.Txf7! Txf7 27.Dxg6+ Tg7 28.De6+ Kh7 29.Lxd5, Dubow – Potkin, Russland 2012

Übung 8: 37.Kh2 Kh7 38.g4 Ld7 39.Dh1 Dieses Manöver hatte vorher auch Magnus Carlsen in einer Partie genutzt, die seinerzeit durch die Schachpresse ging. Bei diesem Beispiel reduziert Weiß damit das Gegenspiel und bereitet gleichzeitig die Aktivierung des Königs in Richtung Freibauern vor.

39...Lxg4 40.Dxa8 Txa8 41.Kg3 Lf5 42.Lxe5 Lxd3 43.Lxf6 Lxc4 44.Le7 Ta7 45.Kf4 mit gewinnträchtigem Endspiel, Litwinenko – Talos, Fernpartie 2014.

Übung 9: Auffällig ist bei Schwarz das Fehlen des weißfeldrigen Läufers. Dadurch bekommt Weiß die Möglichkeit, eine Standardidee umzusetzen.

11.Ld2! b6 12.Db1! Kh8 13.Da2 mit weißem Vorteil, Baffo – Johnson, Fernpartie 2015.

Übung 10: In diesem Stellungstyp ist eine raumgreifende Maßnahme notwendig, wobei der König oft die Wurzel der Bauernkette deckt.

20...Le7 21.Kg1?! f5! 22.Sc3 Se5 23.h3 h5! 24.Sf3 Sxf3+ 25.exf3 Lf6 26.Te1 Kf7 27.Se2 g5 und Schwarz steht klar besser, Artemijew – Caruana, Wijk aan Zee 2020.

Übung 11: 19.Ta3 Dc8 20.Td3

Das ist eine weitere Standardform des Turmschwenks.

20...f6 21.Df3 Lf7 22.h4 Lh6 23.b3 a6 24.Sc3 Dc7 25.Tfd1 Dxa5 26.Kh2 Te6 27.Lxd6 b5 28.cxb5 axb5 29.Lg3 Txd3 30.Txd3 Kh8 31.Df5, Sherwood – Burridge, Fernpartie 2019

Übung 12: Mit **19...Ld8!** bringt Schwarz seine am schlechtesten stehende Figur auf eine Diagonale, auf der sie abgetauscht oder aktiviert werden kann.

20.Kh1 Tc8 21.Ta2 Db8 22.De2 b5, De Freitas – Sazon, Fernpartie 2014

Übung 13: Nachdem Weiß seinen weißfeldrigen Läufer auf f5 gegen einen schwarzen Springer abgetauscht hat, sind die weißen Felder in seinem Lager stark geschwächt. Und da seine Bauernstruktur schwarzfeldrig orientiert ist, sieht es positionell nicht rosig für ihn aus. Da allerdings seine Bauernkette zum Königsflügel zeigt, stellt ein dortiger Angriff die einzige Chance dar.

Mit **18.Te1** beseitigt er allerdings vorab sämtliche Grundreihenprobleme (18.Sg5? Sxd4) und erhöht zugleich die Mobilität seiner Figuren.

18...a5

18...Kh8!? 19.Sg5+–

Mit **19.Dd2!** nutzt Weiß seinen Raumvorteil und die schwarzfeldrige Orientierung und stellt außerdem schwarzfeldrige Drohungen am Königsflügel auf (u.a. Sxg7).

19...Sb8

Frage: Wie würden Sie nun fortsetzen?

20.Df4

Da Weiß die Gewinnkombination 20.Sxg7 entweder übersehen hat oder diese ihm nicht ganz klar war, wählt er den ruhigen Weg zum Erfolg: die gefährliche Umsetzung der Dame nach g3!

(Partiefolge weiter unten)

20.Sxg7! gewinnt schneller, erfordert allerdings eine konkrete und schwierige Variantenberechnung.

20...Kxg7

20...Txc1 21.Dh6 Txe1+ 22.Txe1+–

21.Dh6+ Kh8

Frage: Welcher präzise Zug ist nun zwingend erforderlich?

22.Lg5! De8

Frage: Worin liegt die Pointe?

Über den pointierten Rückzug **23.Dh4!** führt der Weg zum Erfolg, denn er gewinnt ein wichtiges Tempo.

1) 23...Tc7 24.Tb3

2) 23...Sc6 24.b5

3) 23...f6 24.exf6 Ld8 25.f7 Txf7 26.Dh6 jeweils mit weißer Gewinnstellung.

Zurück zur Partie.

20...Sd7 20...Kh8!? **21.Dg3 g6 22.Lg5**, Baklan – Braun, Deutschland 2012

Übung 14: 17.g4! hxg4 18.Sh2

Dieses bekannte Manöver führt meist zu gefährlichem Angriff – und so auch hier.

18...Ld8 19.Sxg4 Lb6 20.Kh1 dxc4 21.Sh6+ Kh8 22.Dd1, Papenfuß – Jacob, Fernpartie 2017

Übung 15: Hier bereitet Weiß mit **10.a4!** ein Standardmanöver vor – und zwar **10...Dc7 11.Le3 Td8 12.Db1 Lf8 13.Lc4 Sc5 14.Sg5 Le6 15.Sxe6 Sxe6 16.Lxe6 fxe6 17.Da2 Kf7 18.a5 Dd6 19.Tf1!** mit klarem Vorteil, Arranj – Prieckaerts, Fernpartie 2018

Übung 16: 25.Kh2 Lf8 26.Dh1 Te8 27.Sc6 h5 28.b4 h4 29.g4 mit Initiative, Meier, G. – Iordachescu, Mulhouse 2011.

Übung 17: Eine kleine sanfte Wiederholung: **28...Ld8 29.Tg1 Lb6 30.Tbf1 Tg8 31.Dxa6 Tg6 32.Tg2 Sf3 33.h4 Sd2 34.Db5 f4 35.Sa4 Sf3 36.Lxf3 exf3 37.Db4 fxg2+ 38.Kxg2 Dxh4 39.Dc3+ f6**, Volovici – Polownikow, Fernpartie 2014.

Übung 18: 22...h5!? 23.Dg2 Df5! 24.Tbe1 Dh7 25.h4 Se6 26.Se5 a4 27.Sh3 Sd7 28.Lc3 Sb6 29.e4 f6 30.Sd3 Sc4 mit deutlichem Vorteil, Ye – Antonio, China 1992.

Übung 19: Die typische Verteidigung **17...Kh8!** zur Vorbereitung eines Gegenangriffs kommt in vielen Eröffnungen vor – wie z.B. im Igel-Aufbau.

18.b3 Tb8 19.a4 Tg8!! 20.T1f3?! g5! 21.fxg6 Txg6 22.Tf1 Se5 23.e3 Df8! mit deutlichem Vorteil, Gatto – Bordier, Fernpartie 2015.

Übung 20: 36.Kh2 Kg6 37.De1 T8c7 38.Dh1

Das war bestimmt nicht mehr schwer – oder?

38...Sd2 39.Txc6 Txc6 40.Lxd5 Txc1 41.Dxc1 Dxd5 42.Dxd2 b5 43.axb5 axb5 44.Kg1 mit deutlich besserer Stellung für Weiß, Wang Yue – Tkachiev, Jakarta 2011.

7.8 Übungsaufgaben

Übung 1: Im klar definierten Kampf „Zentrum gegen Läuferpaar" will Weiß will sein Zentrum halten und mittelfristig auf der Basis seines Raumvorteils einen Königsangriff starten, während Schwarz das Zentrum bekämpfen will. Zu diesem Zweck haben Sie verschiedene Angriffsinstrumente kennengelernt, um Schwächungen hervorzurufen. Einerseits kann man versuchen, mit Bauernvorstößen etwas zu erreichen – andererseits kann ein Abtausch vorbereitet werden, um die Zahl der Verteidiger zu dezimieren.

Bei dem Ansatz **17...Da5!!** sind die weißen Felder ein wichtiger Faktor. Da Weiß diese nicht mehr kontrollieren kann, wird das Spiel gegen den Bauern e4 entscheidend begünstigt.

Alternativ käme übrigens auch 17...Da6 18.e5 Sd5 19.Dc1 Sxf4 20.Dxf4 Db5 mit besserer Stellung in Betracht.

18.Dc1?! stößt auf taktische Probleme.

1) Nach 18.Dc2 zielt Schwarz mit 18...Db5! weißfeldrig auf die akut mangelnde Harmonie unter den weißen Schwerfiguren ab.

2) 18.Ld2 Db5 19.Dc2 Sh5 20.Sxh5 Dxh5 21.Te3 Ld7[3] nebst Te8–e6–g6 sichert dem Schwarzen ebenfalls Vorteil.

Frage: Welche Fortsetzung hat Weiß unterschätzt?

18...Sh5! 19.Kh2 Sxg3 20.Lxg3 c5!

Angesichts des ungedeckten Turms e2 ist d4-d5 verhindert.

21.dxc5 Dxc5 22.Tc2 Db4 23.e5?

Dies verschlimmert die Lage, da nun die schwarze Bauernlawine mobil wird.

23...d5 24.a3 De4 25.Sd2 Df5 mit baldigem Schwarzsieg, Aravindh – Tomaschewski, Chanty-Mansijsk 2019.

Übung 2: Schwarz möchte offensichtlich mit Db5 etwas Leben in die Bude bringen. Diese Absicht kann Weiß relativ leicht vereiteln.

19.Tad1!

1) Nach 19.Sh2?! hat der Gegner doch noch Überlebenschancen; z.B. 19...Db5 20.Ld1.

(Auch nach 20.Tab1 oder 20.b3 entstehen zu viele Schwächen und Schwarz kann einfach mit 20...Sc6 fortsetzen.)

20...Sc6! 21.Le2 Da4 22.Lxa6 Dxa6 23.Sg4 Se7

2) 19.Lg5, womit Weiß sich ebenfalls gegen Db5 richtet, wirkt wie eine ernsthafte Alternative zum Textzug. Nach 19...Kh8 nebst Sg8 ist es dennoch nicht ganz einfach, die Verteidigung zu knacken. In der Partie spart Weiß dieses Tempo jedoch ein.

19...Db5 20.Lb1

Wichtig ist wieder die Erkenntnis, dass die c-Linie dem Schwarzen nichts einbringt, da es darin keine Einbruchsfelder gibt. Und so kann Weiß einen typischen Königsangriff anstreben.

20...Tc7

Frage: Welches Standardmanöver kann Weiß anwenden?

Das bekannte Motiv **21.Sh2!** war schon wiederholt anzutreffen.

21...Tfc8 22.Sg4 Kh8 23.h4 Sg8 24.h5 Lf8 25.a3 Da5

Frage: Nun will Weiß die Dame in den Angriff integrieren. Sehen Sie, wie dieses Vorhaben realisiert werden konnte?

26.Df2 b5 27.Sf6! b4 28.g4! bxa3 29.bxa3 Dxa3 30.Dh4

Nun ist es aus, denn der Angriff ist unwiderstehlich.

30...g5 31.Lxg5 h6 32.Lf4 Lg7 33.g5 Df8 34.Sxg8 Kxg8 35.gxh6 Lxh6 36.Te3 Kh8 37.Tg3 Tc3 38.Txc3 Txc3 39.Df6+ Lg7 40.Dg5 Papenfuß – in't Veld, ICCFernpartie 2017

Übung 3: Über den Punkt c7 allein kommt Weiß nicht tief genug ins gegnerische Lager hinein. Er muss eine weitere Schwäche anvisieren und findet sie auf b7. Dahin macht sich mit **17.Sd2!** der Springer auf dem Weg. Von der Grundidee her bringt Weiß somit eine im Moment untätige Figur ins Spiel. Da jedoch das Spiel gegen *eine* Schwäche nicht ausreicht, muss deren Anzahl deutlich erhöht werden.

Hingegen trifft die naheliegende Fortsetzung 17.cxd6 cxd6 18.Dc7 auf eine starke Ressource.

Frage: Welches ist der schwarze Trumpf?

Mit dem starken Konter 18...De8!! entfesselt Schwarz den Läufer und weist darauf hin, dass der weißen Dame nur wenige Felder zur Verfügung stehen. Nach19.Dxb7?! gleicht Schwarz mit 18...a5! 20.e4 Tdb8 21.Dc7 axb4 22.axb4 Txb4 vollkommen aus.

17...f5 18.Sb3 f4?!

Ein in der Praxis oft anzutreffendes Vorgehen. Obwohl die Figuren von Schwarz bei weitem nicht optimal postiert sind, greift er den weißen König an, dessen Schutzspringer sich zu weit vom Königsflügel entfernt hat. Dabei missachtet er allerdings die gegnerische Möglichkeit, schnell im Zentrum aktiv zu werden.

18...La4 19.Sa5 b6 20.cxd6 Txd6

Frage: Wie würden Sie nun fortsetzen?

1) Nach 21.Sc6 Lxc6 22.dxc6 e4 kann der Springer f7 das Feld d3 anvisieren

2) 21.b5!! ist eine wichtige Pointe, die nochmals die Verzahnung von Strategie und Taktik unterstreicht. Damit die Schwächen ausgenutzt werden können, muss der Läufer a4 als taktische Schwäche wahrgenommen werden; z.B. 21...bxa5 22.Dc4 a6 23.Dxa4 axb5 24.Lxb5 mit klarem Vorteil.

19.Sa5 Sg5?

Nun verliert die letzte nützliche schwarze Figur die Kontrolle über das Zentrum. Somit ist die Grundlage für den Gegenangriff gelegt.

19...b6 würde deutlich bessere Rettungschancen bieten; z.B. 20.cxd6

1) 20...cxd6 21.Sc6 Lxc6 22.dxc6+–

2) 20...Sxd6 21.Sc4! Damit werden die Schwächen direkt bekämpft. 21...Te8 22.Tfe1! und Schwarz muss sich weiter zäh verteidigen.

20.exf4 exf4

Frage: Schwarz hat einige gefährliche Absichten am Königsflügel. Sind diese Ihrer Meinung nach ernstzunehmen?

21.Tfe1! ist einfach und stark, denn danach kann der Läufer via f1 an der Verteidigung mitwirken. Ansonsten bleiben die Schwächen. Sollte die schwarze Dame zusätzlich über g6 angreifen wollen, kann der Turm über e7 eingreifen. Deswegen hat Schwarz kaum ernsthafte Chancen.

21...Tf8 22.Lh5

Weiß vermeidet jegliche taktischen Motive und sichert sich so eine klare Gewinnstellung. In der Folge muss Weiß nur noch sicherstellen, dass das Gegenspiel nicht stark genug wird, und dann kann er seine Trümpfe zur Geltung bringen.

22...Df6 23.Dxf6 Txf6 24.Te7 Lf5 25.Sxb7 Th6 26.h4 Txh5 27.hxg5 Txg5 28.f3 Kf8 29.Txc7! Te8 30.cxd6 Te2 31.g4! Lxg4

31...fxg3 32.d7+–

32.Kf1 Te3 33.fxg4 Tf3+ 34.Ke2 Te3+ 35.Kf2 Txd5 36.d7 Td2+ 37.Kf1 1–0, Witjugow – Bauer, Batumi 2012

Übung 4: Zwar ist die weiße Stellung zementiert, aber da seine Figuren auf den Königsflügel konzentriert sind, muss stets mit einem Durchbruch gerechnet werden.

Mit **53.Tf2!**+– vermeidet Weiß den Turmtausch und will nun unmittelbar am Königsflügel gewinnen. Und dagegen ist tatsächlich kein Kraut gewachsen.

53...Tb7 54.Lxg5! fxg5 55.f6 Lxg4 56.Lxg4 La5 57.Dxg5 Tf7 58.Le6, 1–0, Naiditsch – Zagorskis, Warschau 2013

Übung 5: Die simple Erkenntnis, dass Schwarz eindeutige Entwicklungsprobleme hat, sollte dazu führen, dass Weiß Linienöffnungen anstrebt, damit seine Mehrzahl an aktiven Figuren Zugang zur gegnerischen Stellung erhält.

Mit **29.Ka1!** möchte er diesen Plan ohne Risiko umsetzen und bringt daher zunächst in Seelenruhe seinen König in Sicherheit.

29.a4! Th5 30.axb5 axb5 31.Db4 Db7 32.c4 Tf5 33.cxb5 Dxd5 34.Da4 würde demselben Zweck dienen und entsprechend ebenfalls gewinnen.

29...h3 30.c4!!

Nun wird die Stellung mit Krawall geöffnet und die gegnerische Stellung erstürmt.

30...bxc4 31.Db4 Th4 32.Tc1 Te4 33.Tc3

Diese einfache Stabilisierung entscheidet die Partie. Nun droht die weiße Dame, Haus und Hof des Gegners zu erobern. Deshalb geht Schwarz in den Harakiri-Modus über.

33...Le7 34.fxe7 Kxe7 35.Db6 Tg4 36.Lh6 Dc5?

Das stellt die Partie sofort ein.

37.Db7+ Ke8 38.Tf3 f5

Frage: Wie beenden Sie die Schlacht am schnellsten?

39.Lf8! ist der schnellste und schönste Weg zu einem feinen Sieg, Nepomnjaschtschi – Gratschew, Russland 2013.

Übung 6: Weiß plant offensichtlich, den gegnerischen Königsflügel zu erstürmen – gegebenenfalls mit dem Opfer Sd2–e4–f6. Allerdings musste er für dieses Vorhaben einige Schwächen in Kauf nehmen und die Bauern auf schwarzen Feldern platzieren. Hieraus ergeben sich potenzielle Konterchancen, indem Schwarz sich Zugang zum weißen Königsflügel verschafft – idealerweise entlang der weißen Felder, aber alternativ auch auf den offenen Diagonalen a7-g1 und a8-h1.

Zunächst will Schwarz jedoch den weiteren gegnerischen Vormarsch unterbinden, indem er seinen Springer e8 über die weißen Felderschwächen aktiviert.

Nach **18...g6!** können die Bauern nicht weiterlaufen und der eigene Springer kann über e8–g7–f5 ins Spiel eingreifen.

19.Sde4 Sg7 20.Sf6+ Lxf6 21.gxf6 Sf5

Nun hat Weiß einen schönen Bauern auf f6, aber das ist auch schon alles, denn die restlichen Figuren stehen vollkommen unharmonisch. Deshalb geht Schwarz nun zu Teil 2 über und öffnet die Stellung.

22.h5

Frage: Wie würden Sie nun fortsetzen?

Mit dem Bauernopfer **22...c4!!** räumt Schwarz die Diagonale a7–g1.

22...Sxe5 23.fxe5 Td4 24.Dc2 Dxe5 25.Tf2 Sh4 sollte ebenfalls gewinnen, allerdings wollte Schwarz das damit einhergehende minimale Risiko vermeiden.

23.hxg6 hxg6 24.Dc2 Db6+ 25.Tf2 Sc5 26.Lxc4 La6!

Ohne den weißfeldrigen Verteidiger hat der Weiße keinerlei Verteidigungsmöglichkeiten mehr.

27.Lxa6 Txa6 28.Kg2 Sd3 29.Tf1 Ta7 30.Se4 Tad7 31.De2 Td4 32.Ld2 Dxb2 33.Tab1 Txe4 34.Dxd3 Dxd2+, Firouzja – Ding, Khanty-Mansiysk 2019

Übung 7: Weiß hat nicht nur einen Freibauern, sondern konnte dem Schwarzen auch empfindliche Schwächen am Königsflügel zufügen. Damit der Angriff dort funktionieren kann, ist eine weitere Maßnahme erforderlich.

Mit **32.Ta1!** soll zunächst scheinbar nur der Freibauer unterstützt werden.

32.Lxg6?! ist übereilt, denn für einen Opferangriff würde Weiß mehr Angreifer benötigen. Nach 32...hxg6 33.Dxg6+ Sg7 hat Schwarz alles im Griff; z.B. 34.Tf3 Te7! (Nach 34...Tbf8? 35.Ta1! Dd8 36.b6 steht Weiß klar besser.)

35.Lg5 Le8 36.Tf8+ Kxf8 37.Lxe7+ Kg8 und es sieht gut für Schwarz aus.

32...Tf6 33.Taa3!+–

Tatsächlich will Weiß die schwarzen Felder am Königsflügel erobern und die Partie im Mattangriff entscheiden!

33.Ta6 Db7 34.Tc6!? sieht grundsätzlich brauchbar aus und sollte auf lange Sicht auch gewinnen, obwohl die Partie länger dauern würde.

33...Dc5 34.Dd2! Dc7

34...Txb5 35.Tf3 Db4 36.Dd1+–

Frage: Wie würden Sie nun fortsetzen?

35.b6!! lenkt den Turm von der Grundreihe ab, sodass nach **35...Txb6** der Schwenk **36.Tf3!** gefolgt von **36...d3 37.Dxd3 Lb5 38.Dd2 Tb8 39.h4** die Partie sofort entscheidet, Weldon – Tienhoven, Fernpartie 2019.

Übung 8: Schwarz strebt offensichtlich Gegenspiel im Zentrum an. Da die weiße Truppe jedoch gut zentralisiert steht, ist es nicht einfach, die weiteren Schritte in die Tat umzusetzen. Zunächst sollte jedoch eine prophylaktische Maßnahme getroffen werden.

22.Td1! g6

Schwarz zögert mit konkreteren Maßnahmen und genau diese Inkonsequenz nutzt Weiß mit dem provokarten Zug **23.De3!?** psychologisch aus. Er deutet einen Königsangriff an und fordert eine Reaktion heraus. Dank seiner gut zentralisierten Figurenstellung hat er selbst nämlich kaum etwas zu befürchten.

23...f4?

Damit gibt Schwarz jede Dynamik preis und bleibt auf allerlei statischen Problemen sitzen (Schwäche c4; labile Figurenstellung).

Nach dem besseren 23...fxe4 24.Sxe4 Sxe4 25.Lxe4 kann Weiß sowohl am Königsflügel (u.a. mit Sf3–h2) vorgehen oder am Damenflügel den Bauern c4 angreifen und somit seinen Vorteil bewahren.

24.De2 La6?!

Die Alternativen würden das Leiden etwas verringern.

1) 24...Ld7 25.Ta1 Lf6 26.Df1 Tb8 27.Ta5

2) 24...Lf6 25.Tb1 Sb7 26.Ta1 Ld7 27.Df1 Tb8 28.Db1 Lb5 29.Ld1 Ld8 30.Le2 mit jeweils klarem Vorteil.

25.Ta1 Ta8 26.Df1 Dc8 27.Ta5 Scd7

Nach 27...Sb3 sollte jede gegnerische Aktivität sofort im Keim erstickt werden. Also 28.Ta3! Sxd2 29.Sxd2 und Weiß bewahrt seinen Stellungsvorteil.

28.Da1 Lb5

Schwarz kann die Stellung gerade noch zusammenhalten. Für Weiß gibt es nun eine interessante Idee, die u.a. aus einem der zahlreichen Duelle „Fischer – Spasski" bekannt ist. Weiße hat noch untätige Figuren, die direkt gegen die schlimmste gegnerische Schwäche vorgehen können: die labile Figurenstellung!

Frage: Wie würden Sie im Geiste von Bobby Fischer fortsetzen?

29.Sb1! g5 30.Txa8 Sxa8 31.Da7 Sc7?

Nach diesem technischen Fehler (statt zäher 31...Da6) bricht die Stellung endgültig zusammen.

32.Sa3 La6 33.La4 Sf6 34.Sxg5 Sfxd5 35.exd5 Lxg5 36.Lxd6 Sxd5 37.Ld7 Db7 38.Le6+ Kg7 39.Lxe5+ Lf6 40.Dd4, Firouzja – Harikrishna, Prag 2019

Übung 9: 24.Te1! ist eine scheinbar einfache, allerdings äußerst tiefsinnige Prophylaxe, um jegliches Gegenspiel im Keim zu ersticken.

24...f6 25.Tcc1!!

Nun ist die gesamte Grundreihe hinreichend geschützt, sodass Weiß am Damenflügel zum Angriff übergehen kann.

25...De7 26.a4 Tb8 27.c6 b5 28.axb5 axb5 29.Txe5 fxe5 30.Le2 Da7+ 31.Kh1 Df2 32.Tf1 Dh4 33.Kg1 De7 34.De3 e4 35.Dd4 e3 36.h4, Welle – Falatowicz, Internet 2011

Übung 10: Der Bauer e6 ist bedroht und Schwarz muss etwas unternehmen. Da er bereits mit der Dame ins gegnerische Lager eingedrungen ist, möchte er gerne seinen Angriff fortsetzen. Entsprechend will er idealerweise weitere Angreifer ins Geschehen führen. Welche Figur ist noch ziemlich untätig? – Ja genau: der Springer!

26...Tf6!!

26...Sf4? 27.gxf4 exf4 28.Sg2 Dxg4 29.f3 ist eindeutig zu früh.

27.Dc2 Sh8!!

Nun droht Schwarz, den Springer unverzüglich zu aktivieren.

Frage: Wie würden Sie nun fortsetzen?

Mit **28.Td1?** verpasst Weiß die Chance, das Gleichgewicht zu wahren.

Mit dem Bauernopfer 28.g5 hätte er nicht nur Schwächen hervorgerufen,, sondern – was viel wichtiger ist: Er hätte das Rangierfeld g5 für den Moment blockieren können; z.B. 28...hxg5 29.Dd1 Dxe4 30.Te1 und Weiß bleibt im Spiel.

28...Sf7 29.Td3 Tg6

Immer die Aufmerksamkeit bewahren! (29...Sg5? 30.Sd5!)

30.Dd1 Dxe4µ, Wei Yi – Anton Guijarro, Khanty-Mansiysk 2019

Übung 11: Es ist offensichtlich, dass Weiß einen gefährlichen Angriff beabsichtigt. Daher muss Schwarz sich einen Verteidigungsplan ausdenken. Nach entsprechender Prophylaxe kann er dann bequem zum Gegenangriff übergehen. Die Frage ist jedoch, welche Punkte empfindlich und ergo schutzbedürftig sind.

15...Tg8!

(Partiefolge weiter unten)

Die folgenden Alternativen mögen die Sinnhaftigkeit dieser Prophylaxe unterstreichen.

1) 15...a5? 16.Dh3 Kh7 17.Tg3 +–

2) Nach **15...Sc5?! 16.Td4** muss Schwarz die Dinge angesichts der Drohung Lxh6 forcieren: **16...Lxc3! 17.Dxc3 Se4**

Frage: Wie würden Sie hierauf reagieren?

18.Txe4! Dxe4 19.Td1 (19.Dxc6?! Dd5!) **19...Dc7** und nun wäre z.B. **20.g4** oder **20.Td6** mit positioneller Dominanz die richtige Reaktion gewesen.

3) 15...Le7!? geschieht mit der Idee, 16.Dh3 mit 16...Lg5 zu beantworten. Nach **16.Dg4 f5! 17.Dh5 De8 18.Dh3 Dg6 19.Tg3 Dh7** steht die Dame allerdings nur bedingt angriffsbereit. Dafür ist jedoch zumindest der gegnerische Angriff verhindert.

Zurück zur Partie.

16.Dg4 f5!

Damit gewinnt Schwarz einerseits Raum und droht andererseits, seine Dame ins Spiel zu bringen.

17.Dh5 De8 18.Dh3 Lf8!

Nun ist soweit alles stabilisiert und Schwarz kann zum Gegenangriff übergehen.

19.Tg3 Tb8 20.Ld2 Df7 21.f4 Sb6! 22.Td1 a5 23.Le1 a4, Tsonev – Machado, Fernpartie 2013

Es war offensichtlich, dass Weiß einige Tempi verschenkt hat. Dennoch hätte der schwarze Plan nach dem besseren 16.Dh3 ähnlich ausgesehen, wobei speziell den schwarzen Feldern große Bedeutung zugekommen wäre. Nach 16...Lf8! 17.g4 Tb8 18.g5 g6 19.gxh6 Le7 steht der König dank des gegnerischen „Regenschirms" vorerst sicher. Diese Stellung können Sie prächtig als Ausgangssituation für einige Analyseabende oder Trainingspartien nutzen.

Übung 12: Die schwarze Stellung wirkt bereits anrüchig, allerdings muss Weiß noch energisch vorgehen. Gelingt Schwarz nämlich die Rochade oder erreicht er eine sichere Königsstellung, ist er wieder mit im Rennen. Deshalb ergreift Weiß mit jedem Zug Maßnahmen, um die gegnerische Entwicklung zu erschweren.

12.dxe6 Lxe6 13.Lg5!

Nach 13.Sd5?! Lxd5 14.exd5+ Le7 15.Lg5 0–0–0 lebt Schwarz wieder.

13...f6 14.Sd5 Dc6

Frage: Wie kann Weiß seine Initiative weiter entfalten?

Mit dem starken Zug **15.b4!!** öffnet Weiß Tür und Tor zum gegnerischen König. Angesichts seines Entwicklungsvorsprungs ist es nur logisch, dass er zusätzliche Linien für seine noch nicht aktiven Figuren anstrebt.

15...fxg5 16.b5! axb5 17.Sxg5 Lg8 18.cxb5 Dd7 19.Sb6 Dd8 20.Sxa8 Dxa8 21.e5 dxe5

21...d5 22.b6 Le7 23.e6 Lxg5 24.hxg5 Se7 25.a4!?+–

22.a4 Le7 23.Dc2 Th6 24.De4 Dd8 25.Ted1, Hoffmann – Grebenschikow, Fernpartie 2017

Übung 13: Da dem weißfeldrigen Läufer des Weißen hier offenbar eine zentrale Funktion zukommt, sucht Schwarz nach Möglichkeiten, dessen Einfluss einzuschränken. Und da er außerdem seine Majorität am Damenflügel stärken will, ist eine kreative Lösung gesucht.

Mit **23...Tf5!!** schiebt er dem weißen Läufer einen Riegel vor, denn angesichts der luftigen Königsstellung darf Weiß den Läufer kaum hergeben.

24.Le1 b4 25.Lf3

Frage: Rufen Sie sich in Erinnerung, worum es in der Stellung geht und bleiben Sie konsequent. Wie geht es weiter?

Nach **25...Ta5!** kann der Turm über die dritte Reihe Druck ausüben.

26.e4 Dd7 27.e5 Ta3 28.Df2 Txf3!

Und als Konsequenz kann er sich doch noch für den Läufer opfern! Jetzt verläuft die Jagd auf den weißen König sehr schnell und effektiv.

29.Dxf3 Lb7 30.Df1 Lf8 31.Txc4 La6 32.Txc8 Lxf1 33.Txf8+ Kxf8 34.Kxf1 Db5+ 35.Kf2 a5 36.Tb2 Dc4 37.Kg2 Dxd4 38.Td2 De3 39.Kf1 a4 40.Td8+ Ke7 41.Td6 Dc5 42.Td3 Dc4, Brookes – Borzenko, Fernpartie 2012

Übung 14: Mit **26...Tb7!** sollen nicht nur konkrete Drohungen gegen b6 verhindert werden, sondern vor allem Dh5. Also eine relativ leicht zu findende Prophylaxe, nach der das Projekt „Königsangriff“ mit einfachen Zügen wieder aufgenommen werden kann.

27.Lc3 g5 28.Tb3 hxg3 29.hxg3 Th7 30.a5

Frage: Wie sollte Schwarz auf das Angebot reagieren? Gehen Sie bei der Beantwortung nach logischen Prinzipien und ohne konkrete Variantenberechnung vor!

Das Angebot nimmt Schwarz mit **30...bxa5!** dankend an, da er an beiden Flügeln angreifen will.

31.Txa5 Lc8 32.Tba3 Tff7

Der Turm blockt den Angriff ab und kann ebenfalls via b7 eingesetzt werden.

33.Kf1

Auf das unachtsame 33.La1 folgt kurz und bündig 33...Df8 34.Db2 Dh6 35.Tb3 Dh2+ 36.Kf1 f4 37.exf4 Lh3 38.Lxh3 Dxh3+ 39.Ke1 Dh1+ 40.Kd2 Th2!.

Frage: Wie kann Schwarz seine Stellung verbessern?

33...Df8!

Selbstverständlich muss auch die Dame am Kampf teilnehmen.

34.Ke1

Flieht der König nicht, wird Schwarz nach Dh2 und Lxg3 mit f5-f4 zu ihm durchdringen.

34...Dh6 35.Kd1 Dh2 36.Df1

Frage: Was ist nun zu tun?

Mit **36...Te7!!** überdeckt Schwarz sein Zentrum und plant erneut, sich mittels f5–f4 Zugang zum weißen König zu verschaffen.

36...f4 wäre angesichts von 37.gxf4 Lg4+ 38.Kc1 gxf4 39.Lxe4! zu früh.

37.Lf6 Tb7! 38.Kc2 f4! 39.exf4

Keine Rettung bietet 39.Lxe4? wegen 39...fxg3 40.Lxh7+ Dxh7+ 41.Td3 Lf5 42.Kd2 Dh2.

39...e3! 40.Txe3

40.fxe3 Lh3–+

40...Lf5+, Nucci – Pommrich, Fernpartie 2020

Den technischen Teil nach 40...Lf5+ 41.Td3 gxf4 (u.a. einen Damenschwenk von h2 nach h7) wollte Weiß sich nicht mehr anschauen.

Übung 15: Hie wollen beide Seiten angreifen und wie in solchen Fällen üblich, muss dabei stets an die eigene Königssicherheit gedacht werden. Daher greift Weiß zu einer wichtigen Prophylaxe.

23.a3!! Te8 24.g5 Lf8 25.h4 b5 26.Sa2!

Damit ist das Feld b4 unter Kontrolle gebracht. Weiß erhöht die Schlagzahl, auch weil die gegnerischen Bauern hiernach schwach werden können.

26...Db6 27.Lc2 b4 28.Sxb4 Ta5

Frage: Wie würden Sie nun fortsetzen?

29.Te3!! Tea8 30.Tb3 Da7

Nachdem Schwarz keine Angriffschancen mehr hat, geht es mit dem Plan des Weißen weiter.

31.h5 La4 32.hxg6 fxg6 33.Sxd5 Lxb3 34.Lxb3 Kh8 35.Th1 b6 36.e6 Lg7 37.e7, Akobian – Ipatow, St. Louis 2019

Übung 16: In dieser ziemlich gewöhnlichen Stellung müssen Sie wieder Ihre Rechenkraft mit der Wahrnehmung konkreter Ziele verbinden. So besitzt Schwarz eindeutige Schwächen am Königsflügel, allerdings muss Weiß genau prüfen, wie er diese angesichts seines auf c3 hängenden Bauern auszunutzen gedenkt.

21.Se5!

Die Alternativen führen nicht zum gewünschten Erfolg.

1) Nach 21.Lg5?! Lb5! 22.De3 Sc4 23.Df4 und nun 23...f6! 24.Lh6 Dd6 überlebt Schwarz.

2) Und 21.d5 wird kaltschnäuzig mit 21...Lb5! 22.Dc2! f5! beantwortet.

(Beachtung verdient auch 22...Lc4!?.)

Nach 23.Ld3 Txd5 24.Lxb5 Dxb5 25.Txe6 Txd1+ 26.Dxd1 bleibt Schwarz beispielsweise mit 26...Db3 in Kampfesstimmung.

3) Derweil führt 21.h5 zu Zugumstellung zur Textfolge. Letztlich sollte Weiß in diesem Fall das Qualitätsopfer im voraus sehen. Eine eigenständige Idee wäre hingegen 21...Txc3 22.Lg5 Lxg5 23. Sxg5 a4 24.Tb1 Dc7 25.hxg6 hxg6 26.Lxg6 fxg6 27.Dxe6+ Kg7 und nun der Rückzug 28.Dg4!! mit sofortiger Gewinnstellung.

21...La4

1) Auf 21...Txc3?! folgt 22.d5! Lxh4 23.Sxd7 Txd7 24.dxe6 Dxe6 25.Lh6 mit vernichtendem Angriff.

2) 21...f5 22.h5! ist für Schwarz kaum erstrebenswerter; z.B. 22..fxe4 23.hxg6 exd3 24.gxh7+ Kh8 25.Sf7+ Kg7 26.Dh5+- oder 23...g5 24.h6 mit unwiderstehlichem Angriff.

22.Td3 Lb5

Weiß opfert die Qualität, da nun sämtliche Figuren am Angriff beteiligt sind, während die meisten gegnerischen Figuren daplatziert sind. In solchen Fällen dürfen Sie als Angreifer gern optimistisch ans Werk gehen.

Frage: Wie kann der Druck in etwas Greifbares umgemünzt werden?

23.h5!! Lxd3 24.Lxd3 Lf8

Nach 24...Txc3 25.hxg6 hxg6 26.Lxg6 fxg6 27.Dg4 Lf6 28.Dxg6+ Lg7 29.Lg5 hat Weiß starken Angriff, der eventuell „nur" zu einem technisch gewonnenen Endspiel führt.

Frage: Was können Sie dem Weißen empfehlen?

25.Lg5! Tdc8

25...Td5 26.Lf6 Lg7 27.Lxg7 Kxg7 28.Df3 Dd6 29.h6+ Kg8 30.Sg4+–

26.Sg4! Lg7 27.Sf6+ Lxf6 28.Lxf6 Dd6

Nach 28...Txc3 29.Dd2 Dd6 30.hxg6 fxg6 31.Lxg6 ist es auch aus.

29.Dg4 e5 30.Lxe5

Im Hinblick auf die ganzen Felderschwächen am Königsflügel gab Schwarz auf, Chocenka – Rautenberg, Fernpartie 2018.

Übung 17: Diese Stellung ist durch die Bauernstruktur geprägt, aus der für beide Seiten klare Ziele abzuleiten sind. Weiß will über kurz oder lang am Damenflügel einen Freibauern bilden, während Schwarz seinen Trumpf auf g4 gern für einen Mattangriff einsetzen würde. Wer angreift, braucht in der Regel eine größere Anzahl von Angreifern.

Mit **23...Sd7!** hält Schwarz einen gefährlichen Angreifer auf dem Brett, denn gerade das Duo von Springer und Dame kann sich als äußerst stark erweisen.

1) 23...Sxb3 24.axb3 wäre weniger im Sinne eines Königsangriffs.

2) Und 23...Te8 trifft auf 24.Df2! mit Anvisierung der Schwächen f7 und c5, wonach es nicht mehr klar ist, ob Schwarz noch Vorteil hat.

24.Ld2

Frage: Wie würden Sie nun fortsetzen?

Mit dem Gegenangriff **24...Le5!** ruft Schwarz zunächst Felderschwächen hervor.

25.g3

Dies kann der Springer d7 zwar als Einladung interpretieren, aber Schwarz darf nicht schablonenhaft vorgehen, da Weiß noch zahlreiche Verteidiger zur Verfügung hat. Also beschäftigt Schwarz seinen Gegner am Damenflügel, um dessen Figuren von deren wichtigsten Aufgabe abzulenken: der Sicherung des Königs!

Und übrigens – natürlich nicht 25.Lxa5? wegen 25...Lxh2+! 26.Kxh2? Dh4+ 27.Kg1 g3–+.

25...Dc7 26.Tfc1?!

Frage: Wie würden Sie nun fortsetzen?

Mit **26...Ta8!** beabsichtigt Schwarz, die weißen Figuren noch weiter zu vertreiben und quasi einen Minoritätsangriff zu starten, bei dem die weiße Mehrheit aktiv bekämpft wird.

27.a4

Durch diese Abwehrmaßnahme werden sowohl gegnerische wie auch eigene Bauern festgelegt. Insgesamt sieht es noch gar nicht so dramatisch aus.

Frage: Wie würden Sie fortfahren?

Mit **27...Tfb8!!** werden die weißen Figuren mehr oder minder an die eigenen Schwächen gebunden. Je nach Reaktion kann Schwarz nun starke Drohungen aufstellen.

27...Lg7 28.Lf4 Se5 29.Lxe5 Lxe5 30.c5

28.Le3

1) 28.De4 Txb3 29.Txb3 Sc5 30.Dc2 Sxb3 31.Dxb3 Tb8 32.Dd3 Tb2 33.Le3 Dd7–+

2) 28.Lc3 Lxc3 29.Dxc3 Tb4–+

Frage: Wie würden Sie nach dem Partiezug 28.Le3 vorgehen?

28...Lg7!! räumt das lang ersehnte Feld e5 für den Springer.

29.c5 29.Lf4 Tb4–+ **29...Te8 30.Lf2 dxc5 31.Sxc5 Se5! 32.Dd1 Sf3+ 33.Kh1 Te5 0-1**, Tacke – Nöth, Internet 2014

Übung 18: In dieser nahezu symmetrischen Struktur hat Schwarz ein paar kleine Schwächen auf den dunklen Feldern und zahlreiche Bauern auf den weißen. Weiterhin ist es wichtig, den Kampf um die dunklen Felder zu dominieren. Diese statischen Schwächen will er durch den dynamischen Vorteil eines auf c7 eindringenden Turms kompensieren. Er möchte rasch auf der c-Linie verdoppeln und damit die Initiave erobern. Entsprechend besteht das weiße Konzept darin, diese Idee zu verhindern. Zu diesem Zweck ist es wichtig, die dunklen Felder zu kontrollieren, und einmal mehr werden Abtausch und Prophylaxe eine wichtige Rolle spielen.

Denn gerade bei Bauernstrukturen mit eindeutigen Schwächen ist ein gutes Auge für vorteilhafte Endspiele hilfreich. So lässt sich als Ziel formulieren, welche Figuren auf dem Brett bleiben sollen. Dies nutzt Weiß im vorliegenden Beispiel als Waffe, und Sie können noch einmal selbst überlegen, welche Figuren Sie abtauschen wollen und wie dies zu realisieren wäre.

Mit dem unerwarteten Rückzug **21.Db2!!** kämpft Weiß um das Feld e5, wobei er den Verteidiger des Feldes e5 mit Lb5 abtauschen will.

21...De7

Die Alternative 21...Tfc8 führt nach 22.Lb5 Sa5 23.Lxd7 Dxd7 24.Se5 Dd6 25.Txc7 Txc7 26.Db5! zur Problematik „guter Springer/schlechter Läufer", die dank der instruktiven Beispiele aus dem 4. Kapitel gut bekannt sein dürfte.

Mit **22.a4** möchte Weiß auf lange Sicht seinen zukünftigen Freibauern vorantreiben und auf kurze Sicht das Feld b5 sichern.

22...Ta8?! kann nicht gut sein.

23.Lb5 Tac8 24.g3!

Da Schwarz kaum etwas machen kann, sichert Weiß zunächst die dunklen Felder ab.

24...g6

Nach diesem weiteren eigenartigen Zug ist die Stellung reif für die entscheidende Umformung.

25.Lxc6! bxc6 26.Tc2 Tb8 27.Da2 Ta8 28.a5 Ta6 29.Kg2

Während Weiß nun einen Freibauern sowie eine Angriffsmarke auf c6 nutzen kann, hat Schwarz weiterhin kaum Gegenspiel. Und da beide Türme beschäftigt sind, hält sich auch die Gefährlichkeit von **29...g5** in Grenzen. Deshalb konzentrierte Weiß sich in Ruhe auf den Damenflügel und verwertete später seinen Freibauern. Da dies recht lehrreich anzusehen ist, folgt der Rest ohne Worte.

30.Tec1 h6 31.Da4 Le8 32.Sb3 Tca7 33.Da1! g4 34.Se1 gxh3+ 35.Kxh3 Tb7 36.Da2 Tb5 37.Sd3 Dd6 38.Tc3! h5 39.Ta1 Sf6 40.Sbc5 Ta7 41.Tb3 Se4 42.a6 De7 43.Kg2 Sxc5 44.Sxc5 Dd6 45.Txb5 cxb5 46.Da5 Db8 47.Sxe6, Kribben – Serradimigni, Fernpartie 2012

Auch wenn die schwarze Spielweise zum Teil recht seltsam wirkte, war es vor allem wichtig zu erkennen, dass Weiß den Abtausch auf c6 anstreben sollte. Dass dies einer Vorbereitung bedurfte und je nach gegnerischer Spielweise angepasst werden musste, ist natürlich unbestreitbar. Dennoch war dies eine stark geführte Partie mit großem Lehrgehalt.

Übung 19: In dieser Stellung hat der Weiße bereits deutliche Akzente am Königsflügel gesetzt. Er möchte offensichtlich Linien öffnen und mit Dh5 einen direkten Mattangriff starten. Daher sind verschiedene Möglichkeiten zu prüfen.

Da sich der Läufer e7 kaum bewegen kann, wäre die Flucht mit 20...Kf8 eine natürliche Reaktion, um den König in Sicherheit zu bringen. Allerdings ist es nach der Mustervariante 21.Lxh7 Tc4 22.c3 Tac8 23.Lc2! Txc3 24.Dh5 Txc2+ 25.Sxc2 Ke8 26.Kb1 nicht klar, ob Schwarz am Ende tatsächlich das Remis erreicht. Deshalb suchte er in der Partie lieber nach forcierten und eindeutigen Möglichkeiten.

Statt zu fliehen, sucht er nach einer Möglichkeit, seinen schwarzfeldrigen Läufer zum Gegenangriff auf die lange Diagonale h8–a1 zu überführen, ohne jedoch ein Damokles-Schwert auf f6 befürchten zu müssen. Zu diesem Zweck stellte er scheinbar einen Bauern ein.

20...f5!! 21.Sxf5 Lc5!! 22.Sg3 La4! 23.Dh5! Ld4

Schwarz hat den Druck gegen c2 optimiert und die dunklen Felder unter Kontrolle gebracht, wodurch der eigene König momentan im Zentrum geschützt steht.

24.Dxh7+

24.b3 läuft analog zur Partie.

24...Kf8 25.b3

Frage: Wie würden Sie nun fortsetzen?

Mit **25...Lxb3!** kann Schwarz rechtzeitig Linien öffnen und Weiß muss aufpassen, dass der gegnerische Angriff nicht durchschlägt. Deshalb folgte **26.axb3 a4! 27.Se2**, um den schwarzfeldrigen Läufer zu bekämpfen.

27...Le3+ 28.Kb1 axb3

Da die schwarzen Drohungen mehr als ernstzunehmen sind, ist es nun Zeit für Weiß, die Notbremse zu ziehen.

29.Dh6+ Ke7 30.Df6+ Kf8 31.Db2

Das Dauerschach hat Weiß jederzeit in der Tasche. Deshalb probiert er noch etwas anderes.

31...Ta5!

Die Verdopplung der Türme sollte nun die zu erwartende Friedenspfeife anzünden.

32.cxb3 Tca8! 33.Dh8+ Ke7 34.Dc3?

Da es sich um eine Fernschachpartie handelt, ist von einem Tippfehler auszugehen, der eine lehrreiche Partie letztlich unnötig wegwirft. (34.Df6+ Kf8 35.Db2 würde das Remis sichern.)

Frage: Wie würden Sie jetzt fortsetzen?

Nach **34...d4!** kommt die Dame nicht mehr zum gegnerischen König und es ist vorbei, Richter – Greig, Fernpartie 2019.

Unabhängig von dem unschönen Ende war es jedoch eine anspruchsvolle Übung, die prophylaktische Gedanken mit der Verbesserung der Figurenstellung und Rechenkraft verband.

Übung 20: Nun bekommen Sie eine Aufgabe, bei der Sie Rechenkraftund alles bisher Gelernte einsetzen müssen.

Die Stellung sieht schon sehr verdächtig aus, aber wie genau dringt man durch? In solchen Stellungen gilt es zu prüfen, wo sich die gegnerischen Kernschwächen befinden. Dabei fällt neben f7 der Bauer d6 auf. Natürlich sollten zunächst die konkreten Ideen mit Txf7 geprüft werden. Wenn dies nicht klappt, hilft es, nach Verbesserungen Ausschau zu halten. Im aktuellen Fall möchte Weiß gerne den Bauern d6 verstärkt ins Visier nehmen. Dafür ist jedoch eine vorherige Prophylaxe notwendig.

22.g4!! schränkt den Wirkungskreis des Turms b4 ein und verhindert in verschiedenen Varianten den Ausfall Dc8–f5. Damit wird zugleich das Manöver Lg5–h4–g3 vorbereitet, welches die weitere Verstärkung durch Sf3–g5 ermöglicht.

(Partiefolge weiter unten)

22.Txf7+ führt lediglich zum Dauerschach.

(22.Lh4 Txh4 23.Sxh4 Se5)

22...Kxf7 23.Te7+

Frage: Wie würden Sie nun fortsetzen? Rechnen Sie möglichst genau und tief!

1) 23...Kg8!? 24.De6+ Kh8 25.Txd7 Txb5 26.Lf6 Dxd7 27.Dxd7 Tb1+ 28.Kh2 Lxf6 29.De6 mit unklarer Stellung

2) 23...Kf8!

a) 24.Tf7+ Kg8 25.De7 Lc3 26.Lh6 De8 27.Tg7+ Kh8 28.Txh7+ Kg8 29.Tg7+ =

b) 24.Txg7 Kxg7 25.De7+ Kh8 26.Lh6 Dg8 27.Sg5 Tf8 28.Lxf8 Sxf8 29.Sf7+ Kg7 30.Sxd6+ Kh8=

Zurück zur Partie.

22...Sf6

22...Tb2 23.De1 Txb5 24.Lf4 Tb6 25.Sg5+–

23.Lh4 Tb1+

23...Sxd5

Frage: Wie würden Sie nun fortsetzen?

24.Sg5!! Sxe7 25.Txe7 Tf4 26.Lg3 Tf6 27.Lxd6 Kg8 28.Le5+–; 27...Txd6 28.Txf7+ Kg8 29.Txg7+ Kxg7 30.De7+ Kh6 31.Sf7+ +–

24.Kh2 Tb2 25.Sd2

Der Springer ist auf dem Weg nach c4.

25...h5

Frage: Wie würden Sie nun fortsetzen?

26.Dd3!! Txd2 27.Dxd2 hxg4

Frage: Wie würden Sie nun fortsetzen?

Mit **28.Da2** droht Weiß vernichtend Lxf6 nebst Te8 und Eroberung des Bauern a7. Deshalb versucht Schwarz die Flucht nach vorn.

28...g5 29.Lxg5 Df5

Frage: Wie würden Sie nun fortsetzen?

30.b6!!

Nerven bewahren! Erneut hilft die pure Rechenkraft, die Sie beim Zwischenstopp trainieren konnten.

30...Sd7 31.b7 Tb8 32.Lh4 Le5+ 33.T7xe5 Sxe5 34.Da6

34.Dxa7 ist ebenfalls hinüber für Schwarz.

34...Dg6 35.Dxa7, Kovács – Harvey, Fernpartie 2019

Übung 21: Solange der schwarze Königsflügel in Unordnung ist, bleibt der König das Angriffsziel. Daher gilt es zu prüfen, wie effektiv die Bauernbarrikade gestürmt werden kann. Dabei sind vorwiegend die Punkte zu fokussieren, welche sich in unmittelbarer Nähe des Königs befinden (g7, f7) und jene, die nicht gut gedeckt sind (e6). Sobald diese Schwachstellen gefunden sind muss die Figurenstellung dergestalt verbessert werden, dass die Verteidigung zusammenbricht.

Mit **16.g4!** bereitet Weiß eine Umgruppierung zwecks Anpeilung der Kernschwächen e6 und g7 vor.

16.f4

1) 16...Sg6 wäre zwar zäh, allerdings hat Schwarz nach 17.Sxg6 fxg6 18.Dg4 Df7 19.Txa5 Sc7 20.La3 mehr Schwächen zu beaufsichtigen.

2) Nach 16...Dd7! 17.Txa5 Sc7 18.Df2 a6 kann Schwarz sowohl seinen Damenturm als auch den Springer c7 aktivieren.

16...Dd7 17.Txa5 Sc7 18.Sg2 Sc6 19.Ta1 Sb5 20.Ld2 a5 21.f4 a4 22.f5 a3 23.Sf4! Sd8 24.Dg2

Die Idealformation ist erreicht und Schwarz sieht sich mit gewaltigen Problemen konfrontiert. Der Bauer e6 ist zwar geschützt, aber dafür ist der Bauer g7 enorm anfällig.

24...a2 25.fxe6 Sxe6

(Partiefolge rechts)

Nach **25...fxe6** muss Weiß dennoch genau vorgehen, damit Schwarz kein Gegenspiel erhält; z.B. **26.g5 h5 27.Sg6 Sf7 28.Df3 De8**.

Frage: Wie würden Sie nun die Stellung verstärken?

Mit **29.Dd1!** verhindert Weiß vorerst Springerabzüge wegen Tf8+. Außerdem will er mit Dc1–b2 den Bauern a2 erobern. Fällt dieser Trumpf, wird die schwarze Stellung ohne Gegenwehr zusammenbrechen.

29...Th7

Frage: Vorsicht! – Was plant der Gegner?

1) Nach **30.Dc1? Sxg5! 31.Tf8+ Dxf8 32.Sxf8 Sf3+ 33.Kg2 Txf8 34.Txa2 g5** lebt Schwarz wieder!

2) Nach **30.h4! Sc7** muss Weiß geschickt den schwarzen Abzugsangriffen aus dem Weg gehen und dabei vor allem sämtliche Springergabeln vermeiden.

Frage: Eine Knobelaufgabe: Wie würden Sie fortsetzen?

1) 31.Kh1?! Sxg5 32.Tf8+ Dxf8 33.Sxf8 Se4!

2) 31.Kh2! Th8 32.Kg2!

a) Nach **32...Th7** kann Weiß mit **33.Dc1** ohne Sorgen die Ernte einfahren.

b) Und **32...Ta6** führt nach **33.Dc1 Kh7 34.Sf4 g6 35.Db2 Tf8 36.Txa2 Txa2 37.Dxa2** zu einer positionellen Gewinnstellung ohne Gegenspiel, was Schwarze offensichtlich vermeiden wollte.

Zurück zur Partie.

26.Dxd5 Dxd5 27.Sxd5

Nach Gewinn des Bauern ist die Stellung angesichts des gewaltigen Zentrums gleichfalls als gewonnen einzuschätzen, Cruz – Relyea, Fernpartie 2019.

Übung 22: Mit **24...h5!** verhindert Schwarz alle mit dem Vorstoß g4 einhergehenden offensiven Möglichkeiten und braucht nur noch die gegnerischen Bauern als Angriffsziele festzulegen.

25.Kh1 Sg8!!

Ganz genau! Der Springer gehört nach f5. Denn angesichts von dessen Zusammenspiel mit den Schwerfiguren ist die weiße Stellung hinüber.

26.Lh3 Tf3 27.Tg1 Sh6 28.Tg2 Taf8 29.Lc3 Sf5 30.Tag1 Sxh4 31.Th2 Sf5 –+

Nun hat Schwarz nicht einmal mehr einen Minusbauern und weiterhin Angriff, Poletajew – Cvak, Fernpartie 2019.

Übung 23: In dieser Stellung ist die Kernfrage, wie Weiß seine Überlegenheit am Damenflügel verwerten kann, ohne am Königsflügel mit Problemen rechnen zu müssen. Da Schwarz insbesondere die Bauern g2 und h3 im Visier hat, muss entschieden werden, wie diese empfindlichen Punkte zusätzlich geschützt werden können.

Mit **25.Kh2!** befolgt Weiß das alte Konzept von Aaron Nimzowitsch: die Überdeckung relevanter Punkte. Dadurch entschärft er schrittweise das schwarze Gegenspiel, obwohl allein dies noch nicht ausreicht.

Nach der Alternative 25.a5 bxa5 26.Txa5 Txa5 27.bxa5 Sh6 28.Sc3 De8 29.Se2 Sf5 ist nicht klar, wie Weiß vorankommen soll, zumal das Gegenspiel unter Umständen zu deutlichen Vereinfachungen führen kann; z.B. 30.De4 Sxe2+ 31.Lxe2 Sd4=.

25...Sh6

Frage: Wie geht es weiter?

26.Ta3! Tf5

Sollte Schwarz seinen Turm nicht auf die h-Linie manövrieren, behält Weiß ebenfalls die Kontrolle und in allen Varianten etwas Vorteil; z.B. 26...Sf5 27.Dd2

1) 27...Tf6 28.g3 Sg6 29.Sg5

2) 27...Sg6 28.g3

3) 27...Lxb5 28.axb5 Txa3 29.Txa3 De8 30.g3 Sh5 31.Lg2

27.De1 räumt die dritte Reihe für den Turm, sodass dieser tatsächlich prophylaktisch eingesetzt werden kann. Zugleich bleibt der Springer auf b5 und bindet die gegnerische Dame an die Verteidigung des Bauern c7. Das ist Teil 1 der Prophylaxe.

27...Th5 28.Sd2!

Nun geht es darum, das Zentrum in den Griff zu bekommen, mit a4–a5 die b-Linie zu öffnen und c4–c5 vorzubereiten.

28...Sg4+

Nach 28...Sf7 29.Se4 Ta6 30.a5 bxa5 31.bxa5 Th6 32.Tg3 Lf5 33.Sbc3 Ta8 34.c5 behält Weiß Vorteil.

29.Kg1 Sf6 30.a5 bxa5 31.bxa5 Th4 32.Te3

Während Schwarz keine nachweisbaren Fortschritte erzielen konnte, gelang es Weiß, am Damenflügel die angestrebte Öffnung zu erreichen und ansonsten eine angemessene Verteidigungsstellung aufzubauen.

32...Th6

Nach 32...Lxb5 bekommt Schwarz Probleme auf den weißen Feldern und zudem wird der Bauer c7 anfällig. Da Weiß in der Folge einen Freibauern erhält, werden die schwarzen Figuren fatal an diesen gebunden sein; z.B. 33.cxb5 S6xd5 34.Tb3 (34.a6!?) 34...Th6 35.a6±.

33.Sc3 Tg6 34.Kh1 Db8 35.Sce4 Df8 36.Tb3 Lc8

Frage: Wofür ist die Zeit jetzt reif?

37.h4!

Endlich befreit Weiß sich vom Druckspiel gegen h3.

37...Sxe4 38.Sxe4 h6 39.g3 Sh5 40.Lg2 Sf6 41.Kg1

Die technische Vorteilsverwertung gehört nicht mehr zur Thematik dieses Buches, Crielesi – Ryes Maldonado, Fernpartie 2020.

Übung 24: In dieser scheinbar ruhigen Stellung ist das schwarze Läuferpaar weitestgehend ausgeschaltet. Außerdem schwebt insbesondere der König in großer Gefahr, da Weiß die h-Linie leicht nutzen kann. Daher ist eine umgehende Verbesserung der Figurenstellung notwendig, die gegebenenfalls Abtauschaktionen umfasst.

Mit **21...Db5?** verstellt Schwarz eigenen Figuren.

(Partiefolge weiter unten)

Der richtige Plan konnte sogar in zwei verschiedenen Zugfolgen ausgeführt werden:

1) Mit **21...a5! 22.e5 Da4 23.Td2 La6** konnte zunächst der weißfeldrige Läufer aktiviert werden, um den Schutz des gegnerischen Königs und des Bauern d4 zu reduzieren und somit Gegenspiel zu schaffen.

2) Und mit **21...Da4!** konnte zuerst der Kampf um die zweite Reihe eingeleitet werden; z.B. **22.Td2 a5 23.Tb1**

(23.e5 La6 24.Tb1 Lxe2 25.Dxe2 Tc4 26.De4 Dc6=)

23...La6 24.Sg3 Tc2 25.e5 Dxa2 26.Txb6 Txd2 27.Dxd2 Dxd2 28.Lxd2 Ld3 29.Lxa5 Td8 30.Tb4 Ta8 31.Lb6 Lh6 und dank des inzwischen aktivierten Läuferpaars kann Schwarz den Remishafen erreichen.

Zurück zur Partie.

22.Td2!

Nach dieser nötigen Prophylaxe für die zweite Reihe geht es am Königsflügel rund.

22...Tfe8?

Nach 22...Tc4 23.e5 Tfc8 24.Kf2 Tc2 25.Th1 Db2 26.Txc2 Txc2 27.Lf6 Txe2+ 28.Dxe2 Dxd4+ 29.De3 Db2+ 30.Kg3 Lxf6 31.exf6 Dxf6 32.Td1 kann Weiß im Endspiel um den vollen Punkt kämpfen, obwohl dies natürlich keineswegs einfach ist.

23.e5 Tc4 24.Kf2

Nun ist es aus!

24...f6 25.exf6 Lf8 26.Df4 Df5 27.Dh4 e5 28.Th1 Kf7 29.Dh7+ Ke6 30.Dg8+ 1–0, Tscheparinow – Tschigajew, Caleta 2020

Übung 25: Da Schwarz mit c5–c4 den Kampf um das Zentrum aufgegeben hat, hat Weiß freie Hand bei der Organisation eines Königsangriffs. Dabei ist es wichtig, die verschiedenen Verteidigungsideen zu erschweren.

Mit **25.g4!** nimmt Weiß den schwarzen Leichtfiguren Felder und erschwert Verteidigungsideen mit dem f-Bauern.

25...b5 26.Tg2 Kg7 27.De1 b4 28.Sce2 a5

Da Schwarz die gegnerischen Absichten konsequent ignoriert, läuft der Angriff noch überzeugender.

29.Dg3!?

Eigentlich hätte sogleich Dh4 folgen können.

29...Tad8 30.Dh4 Kh8

Inzwischen gibt es verschiedene Wege zum Erfolg. So knöpft Weiß sich den momentan schwächsten Punkt h7 vor, um dadurch weitere Schwächen hervorzurufen.

31.Sh3 f6

31...Kg7 32.Sg3+–

32.Dh6 Tg8 33.Sef4 Le8 34.Kh1

34.Sh5 Sf5 35.gxf5 gxh5 36.Tg6+–

34...Lf7 35.Sh5 Sf5 36.gxf5 gxh5 37.Tg6

Damit ist es hinüber.

37...Df8 38.Dxh5 De8 39.Dh6 Td7 40.Sf4

Dxe3 41.Txf6 b3 42.Txf7 Txf7 43.Sg6+ Txg6 44.Dxe3 bxc2 45.De8+ Kg7 46.De5+ Kh6 47.Dxd5 Tgf6 48.Dxc4 Txf5 49.Txf5 Txf5 50.Dxc2 Tf1+ 51.Kg2 1–0, Dos Santos – Demian, Fernpartie 2016

Übung 26: In dieser scharfen Stellung mit beiderseitigem Angriff hat Weiß zuvor zu einem Qualitätsopfers gegriffen. Bedingt dadurch dürften Linienöffnungen der Turmpartei helfen, sofern die Türme durch das Opfer am Kampf teilnehmen können. Bei Bedarf kann Weiß allerdings auf den Springer als zusätzlichen Akteur zurückgreifen. Insgesamt muss er genauestens prüfen, welche Öffnungen den Zugang zum gegnerischen König ermöglichen, ohne dabei die gegnerischen Absichten zu missachten. Denn der Bauer b2, der lediglich durch den König geschützt und entsprechend verwundbar ist, stellt offensichtlich die größte Schwäche im weißen Lager dar.

22.f5! wirkt zwar am logischten, obwohl die weiteren Konsequenzen genauestens abgewogen werden müssen.

(Partiefolge auf Seite 188 links)

1) Die Alternative **22.g6?** ist fehlerhaft.

Frage: Wie sollte Weiß darauf reagieren?

Der Konter **22...f5!** gewinnt Zeit und somit ein wertvolles Gut in einer scharfen Stellung.

23.exf5 La8

a) 24.Sb3 Sxb3+ 25.cxb3 Dxb3 26.Td2 Lf6 27.Tc2

Frage: Was passiert jetzt?

27...Db7!! mit klarem Vorteil für Schwarz.

b) Auch nach **24.fxe6 Dxb2+ 25.Kd2 Sxd3 26.Kxd3 Tc8 27.Sce2 Tc5** wirkt die weiße Stellung sehr verdächtig.

2) 22.h6?! ist eine interessante Idee, um mehr Schwächen zu schaffen. Allerdings gibt dies dem gegnerischen Turm die Möglichkeit, am Kampf teilzunehmen.

a) 22...La8 23.hxg7 Tg8

a1) 24.g6 Txg7 25.gxf7+ Kxf7 26.Dh5+ Kg8

Frage: Worauf muss Weiß aufpassen? Wie sollte er fortsetzen?

– 27.Lb5!! Es ist absolut notwendig, den gegnerischen Plan zu entkräften, wenn auch nur temporär. So bekommt Weiß hinreichend Zeit, um zumindest den Rettungsanker werfen zu können; z.B. 27...axb5 28.Th1 Sxe4 29.Dh8+ Kf7 30.Dh5+ Kg8=.

– 27.Th1? Sxd3+ 28.cxd3 Lf6!

Ich kann es gar nicht oft genug wiederholen: Bei jedem Angriff stets auf die eigene Königssicherheit achten! (28...Dxb2+ 29.Kd1=)

29.Sce2 Dc5+ 30.Dxc5 dxc5 31.Sxe6 Tg2 32.Tg1 Txg1+ 33.Sxg1 Lxb2+ 34.Kd2 c4 und nun muss *Weiß* ums Remis kämpfen.

a2) Die Alternartive 24.Sb3 Sxb3+ 25.cxb3 Dxb3 26.Td2 Txg7 27.Dh5 Tg8 28.Dh7 Kd7 29.Ld4! wirkt insgesamt noch nicht überzeugend. Aber immerhin konnte Schwarz seine Türme verbinden, sodass nun alle mitspilen. Dennoch ist Weiß nicht in Gefahr.

b) 22...gxh6 23.g6 h5

Frage: Noch einmal ist Präzision erforderlich. Wie geht es weiter?

b1) 24.gxf7+? Kxf7 25.Dh3 Lf6 26.e5 dxe5 27.fxe5 Lxe5

– 28.b3? Sxd3+ 29.Dxd3 Tbd8 führt zu einer Gewinnstellung für Schwarz.

– 28.Tf1 Sxd3+ 29.cxd3 Dxb2+ 30.Kd1 Lc8 31.Lg3+ Ke8 32.Lxe5 Dxc3 33.Lxb8 Dxd4 und Weiß kann noch kämpfen.

b2) 24.Dh3!

– 24...Lf6 25.e5 dxe5 26.fxe5 Lg5+ 27.Le3 Lg2 28.gxf7+ Kxf7 29.Dg3 Dxb2+ 30.Kd2 Lxe3+ 31.Dxe3 Sxd3 32.Dg5=

– Nach 24...La8 25.b3 fxg6 dürfte Weiß sowohl mit Ld3–c4 als auch mit e4–e5 hinreichend Gegenspiel bekommen, zumal die gegnerischen Türme noch nicht aktiv sind. Diese Stellung dürfte sich übrigens gut fürs Training eignen, um mit beiden Farben ein Gefühl für Gefahren und dynamische Chancen zu erhalten.

Zurück zur Partie.

22...e5 ist der prinzipiellste Zug, obwohl Schwarz womöglich die gegnerische Absicht unterschätzt hat.

Möglicherweise kann Schwarz mit der folgenden Computer-Variante ums Remis kämpfen, die Sie zu weiteren und sicherlich lehrreichen Analysen motivieren möge: 22...Lc8 23.f6 gxf6 24.g6 Tg8 25.Lb5+ axb5 26.Sc6 Dc4 27.Sxb8 b4 28.h6 bxc3 29.h7 Txg6 30.Dxg6 fxg6 31.h8D+ Lf8 32.Dxf6 cxb2+ 33.Kb1 Da4 34.Dxg6+ Kd8 35.Df6+ Kc7 36.Dxb2 Dxe4 37.Lxc5 dxc5 38.Db5 Db4+ 39.Dxb4 cxb4 40.Sc6! und Weiß kämpft weiter um den vollen Punkt.

23.Sf3 Lc6 24.Lxc5! Dxc5

Nach diesem erzwungenem Abtausch sieht es eigentlich stabil für Schwarz aus.

Frage: Womit kann Weiß seine optimistische Absicht, den guten Läufer abzutauschen, rechtfertigen?

25.f6!! setzt vollkommen auf die weißen Felder! Denn nur Schwarz verfügt noch über einen weißfeldrigen Läufer! Die Blockadefunktion übernehmen hingegen die Springer.

25...gxf6 26.g6 De3+

26...fxg6 27.hxg6 Tg8 28.Dh5 Kd7 29.Sd2 sieht wenig spaßhaft für Schwarz aus.

27.Kb1 fxg6 28.hxg6 Dc5

Frage: Wie geht es nun weiter?

Mit **29.Se2!** macht sich der Springer einerseits auf den Weg zu den weißen Feldern am Königsflügel und andererseits können ernstere Opferideen gegen b3 entschärft werden.

29...Tg8

Auch nach 29...La4 30.Sc1 ist die schwarze Stellung wenig beneidenswert.

30.De6 Tg7 31.Th1 Kd8 32.Th7!

Nun erreicht Weiß forciert ein positionell gewonnenes Endspiel.

32...Db6 33.b3 Ld7 34.Dd5 Lc6 35.Dc4! Lb5 36.Txg7! Lxc4 37.Lxc4

Angesichts der weißfeldrigen Dominanz und des geschlossenen Charakters der Stellung erweist sich die Dame als vollkommen unterlegen.

37...Lf8

37...Kd7 38.Sc3 Dc5 39.Ka2 Df2 40.Kb2 Dxf3 41.Sd5 Te8 42.Sxe7 Txe7 43.Txe7+ Kxe7 44.g7+–

38.Tg8 Kd7 39.g7 Lxg7 40.Txg7+ Kd8 41.Sc3 Db4 42.Tg8+ Kd7 43.Txb8 Dxb8 44.Sh4 a5 45.Sf5 Kc6 46.Se7+ Kd7 47.Scd5 Ke8 48.Kb2 Kf8 49.Sf5 Dd8 50.Ka3 1–0, Cumming – Milde, Fernpartie 2020

Weiß wird den a-Bauern erobern und früher oder später den b-Bauern umwandeln, was Schwarz sich nicht weiter ansehen wollte.

Übung 27: Tatsächlich lässt sich hier streiten, ob es sich nicht bereits um ein Endspiel handelt. Dennoch habe ich das Beispiel aus didaktischen Gründen aufgenommen.

Die schwarze Stellung wirkt angesichts der Bauerninseln sehr verdächtig. Im Moment decken sich die Figuren gegenseitig, sodass eine gewisse Stabilität vorliegt. Um die gegnerische Mauer zum Einsturz zu bringen, müssen die Leichtfiguren des Angreifers eingreifen können. Allerdings muss Weiß dabei auf die eigene Königssicherheit achten.

41.Kg1!!

Nun droht Sh4 oder Sh2, je nach der gegnerischen Antwort.

41...Df6

41...Dc7 42.Dxc7 Txc7 43.Se5 Sf6 44.Td4+–

Mit **42.Db8!** visiert Weiß weitere Schwächen an: die Grundreihe und den Bauern f4.

42...Dg7

42...Lxa2 43.Sd4 Dd6 44.Dxd6 Sxd6 45.Sxc6+–

43.Te1!

Nach dem Abtausch des letzten starken Verteidigers werden die gegnerischen Bauern fallen. Der Rest ist nun nur noch eine Sache der Technik.

43...Txe1+ 44.Sxe1 Lf7 45.Dxf4 1–0, Galytskyi – Hassim, Fernpartie 2020

Hier noch eine Aufgabe für Sie: Versuchen Sie, diese Stellung gegen einen nominell Stärkeren zu gewinnen.

Übung 28: Hier haben beide Seiten bereits einiges erreicht. Weiß konnte einen Springer auf d6 installieren, Schwarz einen auf d4. Strukturell hat Schwarz zwei isolierte Bauern, während Weiß über eine klare Mehrheit am Königsflügel verfügt. Damit eine Mehrheit aktiv werden kann, ist es wichtig, die Damen auf dem Brett zu behalten. Thematisch geht es hier also um die Vermeidung von Abtausch. Auch sollten angesichts der Stärken am Königsflügel die eigenen Chancen in diesem Bereich erkannt werden. Natürlich sollten Sie hier und da auch das prophylaktische Denken anwenden.

Mit **20.Kh1!** bereitet Weiß den Vorstoß des f-Bauern vor.

20...a5 21.Sg1!

Tatsächlich gab es eine Vorgängerpartie, wo Schwarz zum Damentausch kam und somit die gegnerischen Ambitionen vereitelte: 21.Dd3 Sxf3 22.gxf3 Da8! 23.De4 Sd4 24.Dxa8 Txa8 25.f4 f6 26.Tfd1 a4, Müller, M. – Cornelisse, Fernpartie 2014.

Bei der Verhinderung des nach **21...Sb5!** drohenden Damentauschs muss Weiß irreversible Bauernvorstöße vermeiden.

(21...Da8 22.f4 g6 23.Se2 mit weißem Vorteil.)

Denn diese Bauern können eventuell leicht abgetauscht werden und hemmen außerdem die Aktivität der eigenen Figuren. Deshalb ändert Weiß seine Strategie und setzt auf die strukturellen gegnerischen Schwächen.

Frage: Wie sah diese Planänderung aus?

22.Sc4! Ta6 23.Se2

Nach 23.f4?! Dxd1 24.Tfxd1 Sbd4 erhält Schwarz dynamisches Gegenspiel.

23...f5 24.exf6!

Nach 24.Dxd8 Txd8 25.Tfd1 Txd1+ 26.Txd1 Ta8 nebst Td8 entsteht ein sehr remisliches Endspiel. Schwarz hat den gegnerischen Freibauern sicher unter Kontrolle und kann sich entsprechend problemlos des Bauern b2 entledigen. Danach sollte er kaum noch Schwierigkeiten bekommen.

24...Dxf6

Nach dieser Entfernung der gegnerischen Dame gilt die ursprüngliche Maßgabe: Figuren aktivieren und auf die Bauernmehrheit setzen.

Frage: Wie setzte Weiß seinen Plan um?

25.Sg3! Dd8 26.Se4 Sbd4 27.Dd3 Dc7 28.f4 h6 29.Se5

Nachdem Weiß nahezu alles Gewünschte erreicht hat, opferte Schwarz mit 29...c4 einen Bauern und verlor das resultierende Endspiel mit Turm und Leichtfiguren, Menéndez Rodríguez – Conde Poderoso, Fernpartie 2020.

8. Nachwort

Damit ist das Ende des Aufgaben-Marathons erreicht. Ich hoffe, Sie konnten der Fülle von Beispielen und Analyse einiges an Interessantem und Lehrreichem abgewinnen – und zwar sowohl in Hinsicht auf die Ästhetik, als auch auf die strategischen Motive.

Darin enthalten sind noch viele weitere Beispiele, von denen wir in diesem Buch eine Auswahl vorstellen konnten.